电力营销服务技能培训
习 题 集

国网河南省电力公司新乡供电公司 ● 编

中国电力出版社
CHINA ELECTRIC POWER PRESS

内 容 提 要

　　本书包括法律法规知识、供电服务知识、营销业务知识、企业文化知识、智能用电以及配电安规知识等六个部分，汇集了《中华人民共和国电力法》《电力供应与使用条例》《供电营业规则》《国家电网公司供电服务规范》《国家电网公司业扩供电方案编制导则》等新时代电力营销员工需要掌握的基本业务知识。以填空题、选择题、判断题、简答题的方式将各类知识点进行整理，汇编成册。全书以工作业务为导向，规范作业流程，突出技能实例，其内容符合电力行业现行工作规程。

　　本书可作为电力营销员工各相关岗位工作人员自学、培训和考试教材，还可作为高等职业教育院校电力营销类实训指导教材，也可供专业业务人员和管理人员阅读和参考。

图书在版编目（CIP）数据

　　电力营销服务技能培训习题集/国网河南省电力公司新乡供电公司编 . —北京：中国电力出版社，2020.6
　　ISBN 978-7-5198-4522-3

　　Ⅰ．①电⋯　Ⅱ．①国⋯　Ⅲ．①电力工业－市场营销－营销服务－中国－职业培训－习题集　Ⅳ．①F426.61-44

　　中国版本图书馆 CIP 数据核字（2020）第 051666 号

出版发行：中国电力出版社
地　　址：北京市东城区北京站西街 19 号（邮政编码 100005）
网　　址：http://www.cepp.sgcc.com.cn
责任编辑：王杏芸（010-63412394）
责任校对：黄　蓓　马　宁
装帧设计：王红柳
责任印制：杨晓东

印　　刷：北京天宇星印刷厂
版　　次：2020 年 6 月第一版
印　　次：2020 年 6 月北京第一次印刷
开　　本：787 毫米×1092 毫米　16 开本
印　　张：17.5
字　　数：463 千字
定　　价：68.00 元

前 言

随着国家服务经济时代的全面到来，以客户为中心的电力市场体系日益完善。新时代的市场需求，对电力营销人员的业务技能提出了新的、更高的要求。电力营销员工的服务理念和技能对公司的服务品质和企业形象有着至关重要的影响，为了进一步强化营销服务专业技能培训，提高营销服务队伍素质，持续提升供电服务水平，提高营销服务人员业务水平，我们编制了《电力营销服务技能培训习题集》。

本习题集以国家有关法律法规、行业标准及规程、国家电网有限公司通用制度、企业文化等为依据，内容涵盖法律法规知识、供电服务知识、营销业务知识、企业文化知识、智能用电，以及配电安规知识等六个部分，包括《中华人民共和国电力法》《电力供应与使用条例》《居民家用电器损坏处理办法》《供电营业规则》《承装（修、试）电力设施许可证管理办法》《国家电网公司供电服务规范》《国家电网公司供电客户服务提供标准》《国家电网公司供电服务质量标准》《国家电网公司业扩供电方案编制导则》《国家电网公司分布式电源并网服务管理规则》等新时代电力营销员工需要掌握的基本业务知识。

习题集以填空题、选择题、判断题、简答题的方式将各类知识点进行整理，汇编成册，并都配有答案及解析，可供读者自查使用。同时，本习题集还编制了案例分析题，以现实的案例来使读者加深理解，便于应用。

鉴于编写时间仓促，编者水平有限，本习题集中难免存在疏漏之处，敬请读者批评指正。

作 者
2020 年 6 月

目　录

第一章

法律法规知识

第一节　中华人民共和国电力法

一、填空题

1.《中华人民共和国电力法》（以下简称《电力法》）规定：电力事业投资，实行（　　）的原则。

答案：谁投资，谁收益

2.《电力法》规定：电力设施受国家保护。禁止任何单位和个人（　　）或者（　　）电能。

答案：危害电力设施安全，非法侵占、使用

3.《电力法》规定：国家鼓励和支持利用（　　）和（　　）发电。

答案：可再生能源，清洁能源

4.（　　）负责全国电力事业的监督管理。（　　）在各自的职责范围内负责电力事业的监督管理。

答案：国务院电力管理部门，国务院有关部门

5. 电力建设企业、电力生产企业、电网经营企业依法实行（　　），并接受电力管理部门的监督。

答案：自主经营、自负盈亏

6. 电力发展规划，应当体现合理利用能源、电源与电网配套发展、（　　）和（　　）的原则。

答案：提高经济效益，有利于环境保护

7. 电力建设应当贯彻（　　）、（　　）的原则。

答案：切实保护耕地，节约利用土地

8. 电力生产与电网运行应当遵循安全、优质、经济的原则。电网运行应当（　　）、（　　），保证供电可靠性。

答案：连续，稳定

9. 电力企业应当加强安全生产管理，坚持（　　）的方针，建立、健全安全生产责任制度。

答案：安全第一、预防为主

10. 电网运行实行统一调度、（　　）。

答案：分级管理

11. 供电企业在（　　）内向用户供电。

答案：批准的供电营业区

12．供电营业区的划分，应当考虑电网的结构和（　　）等因素。一个供电营业区内只设立（　　）供电营业机构。

答案：供电合理性，一个

13．供电企业应当在其营业场所公告用电的（　　），并提供用户须知资料。

答案：程序、制度和收费标准

14．电力供应与使用双方应当根据平等自愿、协商一致的原则，按照国务院制定的（　　）签订供用电合同，确定双方的权利和义务。

答案：电力供应与使用办法

15．用户对供电质量有特殊要求的，供电企业应当根据其（　　）和（　　），提供相应的电力。

答案：必要性，电网的可能

16．供电企业在发电、供电系统正常的情况下，应当（　　）向用户供电，不得（　　）。因（　　）、（　　）或者用户违法用电等原因，需要中断供电时，供电企业应当按照国家有关规定事先通知用户。

答案：连续，中断，供电设施检修，依法限电

17．用户对供电企业（　　）有异议的，可以向电力管理部门投诉；受理投诉的电力管理部门应当依法处理。

答案：中断供电

18．因抢险救灾需要紧急供电时，供电企业必须尽速安排供电，所需（　　）和（　　）依照国家有关规定执行。

答案：供电工程费用，应付电费

19．用户应当按照（　　）和（　　）的记录，按时交纳电费。

答案：国家核准的电价，用电计量装置

20．本法所称电价，是指电力生产企业的（　　）、（　　）、（　　）。电价实行（　　）、（　　）原则，分级管理。

答案：上网电价，电网间的互供电价，电网销售电价，统一政策，统一定价

21．制定电价，应当（　　）成本，合理确定收益，依法（　　），坚持（　　），促进电力建设。

答案：合理补偿，计入税金，公平负担

22．上网电价实行（　　）。

答案：同网同质同价

23．国家实行分类电价和（　　）。对同一电网内的同一电压等级、同一用电类别的用户，执行相同的（　　）。

答案：分时电价，电价标准

24．国家实行（　　　）和分时电价。分类标准和分时办法由国务院确定。

答案：分类电价

25．农业用电价格按照（　　　）的原则确定。

答案：保本、微利

26．农业和农村用电管理办法，由（　　　）依照本法的规定制定。

答案：国务院

27．任何单位和个人不得在依法划定的电力设施保护区内修建（　　　），不得（　　　），不得（　　　）。

答案：可能危及电力设施安全的建筑物、构筑物，种植可能危及电力设施安全的植物，堆放可能危及电力设施安全的物品

28．任何单位和个人需要在依法划定的电力设施保护区内进行可能危及电力设施安全的作业时，应当经电力管理部门批准并（　　　），方可进行作业。

答案：采取安全措施后

29．电力管理部门应当按照国务院有关电力设施保护的规定，对电力设施保护区（　　　）。

答案：设立标志

30．电力设施与公用工程、绿化工程和其他工程在（　　　）、（　　　）或者（　　　）中相互妨碍时，有关单位应当按照国家有关规定协商，（　　　）后方可施工。

答案：新建，改建，扩建，达成协议

31．电力设施与（　　　）、（　　　）和（　　　）在新建、改建或者扩建中相互妨碍时，有关单位应当按照（　　　）规定协商，达成协议后方可施工。

答案：公用工程，绿化工程，其他工程，国家有关

32．电力企业和用户对执行监督检查任务的电力监督检查人员应当（　　　）。电力监督检查人员进行监督检查时，应当（　　　）。

答案：提供方便，出示证件

33．非法占用（　　　）、（　　　）或者（　　　）的，由县级以上地方人民政府责令限期改正；逾期不改正的，强制清除障碍。

答案：变电设施用地，输电线路走廊，电缆通道

34．未经许可，从事供电或者变更供电营业区的，由（　　　）责令改正，没收违法所得，可以并处（　　　）的罚款。

答案：电力管理部门，违法所得5倍以下

35．《电力法》规定：未按照（　　　）和（　　　）向用户计收电费、超越权限制定电价或者在电费中加收其他费用的，由物价行政主管部门给予警告，责令返还（　　　），可以并处违法收取费用5倍以下的罚款。

答案：国家核准的电价，用电计量装置的记录，违法收取的费用

36.《电力法》规定：盗窃电能的，由电力管理部门责令停止违法行为，（　　）并处（　　）的罚款；构成犯罪的，依照刑法第一百五十一条或者第一百五十二条的规定追究刑事责任。

答案：追缴电费，应交电费 5 倍以下

二、选择题

（一）单选题

1.《电力法》由全国人民代表大会常务委员会通过，自（　　）起施行。

A．1996 年 4 月 1 日   B．1996 年 5 月 1 日

C．1996 年 6 月 1 日   D．1996 年 9 月 1 日

答案：A

2.《电力法》规定：国家鼓励在电力建设、生产、供应和使用过程中，采用先进的科学技术和管理方法，对在研究、开发、（　　）和管理方法等方面作出显著成绩的单位和个人给予奖励。

A．建设   B．采用先进的科学技术

C．安装   D．运营

答案：B

3．输变电工程、调度通信自动化工程等电网配套工程和环境保护工程，应当与发电工程项目同时设计、同时建设、同时验收、同时（　　）。

A．投运   B．运行   C．试验   D．投入使用

答案：D

4．电力供应与使用双方应当根据（　　）的原则，按照国务院制定的电力供应与使用办法签订供用电合同，确定双方的权利和义务。

A．公平公正、协商一致   B．平等互利、协商一致

C．平等自愿、协商一致   D．公平公正、共同协商

答案：C

5．用户应当安装用电计量装置。用户使用的电力电量，以计量检定机构依法认可的用电计量装置的记录为准。用户受电装置的（　　），应当符合国家标准或者电力行业标准。

A．设计、安装和运行   B．设计、施工安装和运行维护

C．设计、施工安装和运行管理   D．设计、安装施工和运行管理

答案：C

6. 供电企业应当按照（　　　）和用电计量装置的记录，向用户计收电费。供电企业（　　　）进入用户，进行用电安全检查或者抄表收费时，应当出示有关证件。

A．国家核准的电价，查电人员和抄表收费人员

B．国家核定的电价，查电人员和抄表收费人员

C．国家规定的电价，检查人员和抄表收费人员

D．国家核准的电价，检查人员和抄表收费人员

答案：A

7. 制定电价，应合理补偿成本，合理确定收益，依法计入税金，（　　　），促进电力建设。

A．坚持共同负担　　　　　　　　B．坚持协商负担

C．坚持公平负担　　　　　　　　D．坚持合理负担

答案：C

8. 跨省、自治区、直辖市电网和省级电网内的上网电价，由电力生产企业和电网经营企业协商提出方案，报（　　　）部门核准。

A．国务院物价行政主管　　　　　B．地方人民政府

C．电力管理部门　　　　　　　　D．国务院

答案：A

9. 独立电网内的上网电价，由电力生产企业和电网经营企业协商提出方案，报有管理权的（　　　）核准。

A．地方人民政府　　　　　　　　B．物价行政主管部门

C．电力管理部门　　　　　　　　D．国务院

答案：B

10. 地方投资的电力生产企业所生产的电力，属于在省内各地区形成独立电网的或者自发自用的，其电价可以由（　　　）管理。

A．省、自治区、直辖市人民政府

B．物价行政主管

C．电力管理部门

D．电力生产企业和电网经营企业协商

答案：A

11. 独立电网与独立电网之间的互供电价，由双方协商提出方案，报有管理权的（　　　）核准。

A．省、自治区、直辖市人民政府　　B．物价行政主管部门

C．电力管理部门

答案：B

12. 跨省、自治区、直辖市电网和省级电网的销售电价，由电网经营企业提出方案，报（ ）或者其授权的部门核准。

A. 地方人民政府　　　　　　　　B. 国务院物价行政主管部门

C. 电力管理部门

答案：B

13. 独立电网的销售电价，由电网经营企业提出方案，报有管理权的（ ）核准。

A. 地方人民政府　　　　　　　　B. 物价行政主管部门

C. 电力管理部门

答案：B

14. 国家实行分类电价和分时电价，分类标准和分时办法由（ ）确定。

A. 电力管理部门　　　　　　　　B. 国务院

C. 电网经营企业　　　　　　　　D. 省（自治区、直辖市）人民政府

答案：B

15. 对同一电网内的同一电压等级、同一（ ）的用户，执行相同的电价标准。

A. 供电点　　　B. 用电类别　　　C. 用电地址　　　D. 用电性质

答案：B

16. 地方集资办电在电费中加收费用的，由（ ）依照国务院有关规定制定办法。

A. 省、自治区、直辖市人民政府　　B. 物价行政主管

C. 电力管理部门

答案：A

17.《电力法》规定：任何单位和个人不得危害（ ）和电力线路设施及其有关辅助设施。

A. 发电设备、变电设备　　　　　　B. 发电设施、变电设施

C. 发电设施、供电设施　　　　　　D. 发电设施、配电设施

答案：B

18. 电力管理部门依法对用户执行（ ）、（ ）的情况进行监督检查。

A. 电力法规，行政法规　　　　　　B. 电力法律，行政法规

C. 电力法律，行政规定　　　　　　D. 电力法规，行政纪律

答案：B

19. 电力建设项目不符合电力发展规划、产业政策的，由（ ）责令停止建设。

A. 县级以上地方人民政府　　　　　B. 国务院

C. 电力管理部门　　　　　　　　　D. 物价行政主管部门

答案：C

20．电力建设项目使用国家明令淘汰的电力设备和技术的，由（　　）责令停止使用，没收国家明令淘汰的电力设备，并处 5 万元以下的罚款。

A．县级以上地方人民政府　　　　　　　B．国务院

C．电力管理部门　　　　　　　　　　　D．物价行政主管部门

答案：C

21．未经许可，从事供电或者变更供电营业区的，由（　　）责令改正，没收违法所得，可以并处违法所得 5 倍以下的罚款。

A．县级以上地方人民政府　　　　　　　B．国务院

C．电力管理部门　　　　　　　　　　　D．物价行政主管部门

答案：C

22．在依法划定的电力设施保护区内修建建筑物、构筑物或者种植植物、堆放物品，危及电力设施安全的，由（　　）责令强制拆除、砍伐或者清除。

A．当地人民政府　　　　　　　　　　　B．国务院

C．电力管理部门　　　　　　　　　　　D．物价行政主管部门

答案：A

23．发生（　　）行为，应当给予治安管理处罚，由公安机关依照治安管理处罚条例的有关规定予以处罚；构成犯罪的，依法追究刑事责任。

A．窃电

B．违约用电

C．擅自接线

D．殴打、公然侮辱履行职务的查电人员或者抄表收费人员的

答案：D

（二）多选题

1．《电力法》规定：国家帮助和扶持（　　）发展电力事业。

A．农村地区　　　　　　　　　　　　　B．少数民族地区

C．边远地区　　　　　　　　　　　　　D．贫困地区

答案：BCD

2．电力发展规划，应当体现（　　）原则。

A．合理利用能源　　　　　　　　　　　B．电源与电网配套发展

C．提高经济效益　　　　　　　　　　　D．有利于环境保护

答案：ABCD

3．城市电网的建设与改造规划，应当纳入城市总体规划。城市人民政府应当按照规划，安排（　　）。

A．配电设施用地　　　　　　　　　　　B．输电线路走廊

C．变电设施用地　　　　　　　　　D．电缆通道

答案：BCD

4．电力生产与电网运行应当遵循（　　　）的原则。

A．优质　　　　　　B．安全　　　　　　C．经济　　　　　　D．可靠

答案：ABC

5．国家对电力供应和使用，实行（　　　）的管理原则。

A．安全用电　　　　B．节约用电　　　　C．计划用电　　　　D．可靠用电

答案：ABC

6．因（　　　）等原因，需要中断供电时，供电企业应当按照国家有关规定事先通知用户。

　　A．供电设施检修　　　　　　　　　B．事故停电

　　C．依法限电　　　　　　　　　　　D．用户违法用电

答案：ACD

7．国家对农村电气化实行优惠政策，对（　　　）农村电力建设给予重点扶持。

A．少数民族地区　B．边远地区　　　C．贫困地区　　　D．农村地区

答案：ABC

8．国家鼓励和支持农村利用（　　　）和其他能源进行农村电源建设，增加农村电力供应。

A．太阳能　　　　　B．风能　　　　　　C．地热能　　　　　D．生物质能

答案：ABCD

9．县级以上地方人民政府及其经济综合主管部门在安排用电指标时，应当保证农业和农村用电的适当比例，优先保证（　　　）生产用电。

A．农村排涝　　　　B．抗旱　　　　　　C．农业季节性　　　D．农灌

答案：ABC

10．电力监督检查人员进行监督检查时，有权（　　　）。

A．向电力企业或者用户了解有关执行电力法律、行政法规的情况

B．要求停止供电

C．进入现场进行检查

D．查阅有关资料

答案：ACD

11．电力运行事故由于（　　　）等原因造成的，电力企业不承担赔偿责任。

A．不可抗力　　　　B．供电企业责任

C．用户自身过错

答案：AC

三、判断题

1.《电力法》适用于中华人民共和国境内的电力生产、供应和使用活动。（　　　）

答案：×

正确答案：适用于中华人民共和国境内的电力建设、生产、供应和使用活动。

2.《电力法》规定：国家鼓励、引导国内外的经济组织和个人依法投资开发电源，兴办电力生产企业。（　　　）

答案：√

3.《电力法》规定：禁止任何单位和个人危害电力设施安全或者非法占有、使用电能。

答案：×

正确答案：禁止任何单位和个人危害电力设施安全或者非法侵占、使用电能。

4. 县级以上地方人民政府是本行政区域内的电力管理部门，负责电力事业的监督管理。（　　　）

答案：×

正确答案：县级以上地方人民政府经济综合主管部门是本行政区域内的电力管理部门，负责电力事业的监督管理。

5. 任何单位和个人不得非法占用配电设施用地、输电线路走廊和电缆通道。（　　　）

答案：×

正确答案：任何单位和个人不得非法占用变电设施用地、输电线路走廊和电缆通道。

6. 电力投资者对其投资形成的电力，享有法定权益。并网运行的，电力投资者有优先使用权，由电力投资者自行支配使用。（　　　）

答案：×

正确答案：电力投资者对其投资形成的电力，享有法定权益。并网运行的，电力投资者有优先使用权；未并网的自备电厂，电力投资者自行支配使用。

7. 电力建设项目应当符合电力生产规划，符合国家电力产业政策。（　　　）

答案：×

正确答案：电力建设项目应当符合电力发展规划，符合国家电力产业政策。

8. 电力建设项目不得使用国家标明淘汰的电力设备和技术。（　　　）

答案：×

正确答案：电力建设项目不得使用国家明令淘汰的电力设备和技术。

9. 电力建设项目使用土地，应当依照有关法律、行政法规的规定办理；依法征

用土地的,应当依法支付土地补偿费和安置补偿费,做好迁移居民的安置工作。( )

答案:√

10．电力管理部门对电力事业依法使用土地和迁移居民,应当予以支持和协助。( )

答案:×

正确答案:地方人民政府对电力事业依法使用土地和迁移居民,应当予以支持和协助。

11．并网运行必须符合国家标准或者电力行业标准。( )

答案:√

12．并网双方应当按照统一调度、分级管理和平等互利、协商一致的原则,签订并网协议,确定双方的权利和义务;并网双方达不成协议的,由县级以上电力管理部门协调决定。( )

答案:×

正确答案:并网双方达不成协议的,由省级以上电力管理部门协调决定。

13．一个供电营业区内可以设立一个供电营业机构。供电营业机构持《供电营业许可证》向工商行政管理部门申请领取营业执照,方可营业。( )

答案:×

正确答案:一个供电营业区内只设立一个供电营业机构。

14．供电营业区内的供电营业机构,对本营业区内的用户有按照国家规定供电的义务,不得对其营业区内申请用电的单位和个人拒绝供电。( )

答案:×

正确答案:不得违反国家规定对其营业区内申请用电的单位和个人拒绝供电。

15．供电企业应当保证供给用户的电能质量符合国家标准。对公用供电设施引起的供电质量问题,应当及时处理。( )

答案:×

正确答案:供电企业应当保证符合国家标准。供给用户的供电质量。

16．供电企业在发电、供电系统正常的情况下,应当连续向用户供电,不得中断。( )

答案:√

17．因供电设施检修、依法限电或者用户违法用电等原因,需要中断供电时,供电企业可以立即给予停电。( )

答案:×

正确答案:供电企业应当按照国家有关规定事先通知用户。

18．用户对供电企业中断供电有异议的,可以向地方人民政府投诉。( )

答案：×

正确答案：用户对供电企业中断供电有异议的，可以向电力管理部门投诉。

19．用户受电装置的设计、施工安装和运行管理，应当符合电力行业标准。（　　　）

答案：×

正确答案：应当符合国家标准或者电力行业标准。

20．对危害供电、用电安全和扰乱供电、用电秩序的，地方政府负责制止。（　　　）

答案：×

正确答案：对危害供电、用电安全和扰乱供电、用电秩序的，供电企业有权制止。

21．用户用电不得影响供电、用电安全和扰乱供电、用电秩序。（　　　）

答案：×

正确答案：用户用电不得危害供电、用电安全和扰乱供电、用电秩序。

22．供电企业查电人员和抄表收费人员进入用户，进行用电安全检查或者抄表收费时，应当出示有关证件。（　　　）

答案：√

23．《电力法》所称电价，是指电力生产企业的上网电价、电网间的互供电价、电网销售电价。电价实行统一政策，分级定价原则，统一管理。（　　　）

答案：×

正确答案：电价实行统一政策，统一定价原则，分级管理。

24．禁止任何单位和个人在电费中加收其他费用；但是，法律、行政法规另有规定的，按照规定执行。（　　　）

答案：√

25．在电力设施周围进行爆破及其他可能危及电力设施安全的作业的，应当按照国务院有关电力设施保护的规定，经采取确保电力设施安全的措施后，方可进行作业。（　　　）

答案：×

正确答案：经批准并采取确保电力设施安全的措施后，方可进行作业。

26．供电企业应当按照国务院有关电力设施保护的规定，对电力设施保护区设立标志。（　　　）

答案：×

正确答案：电力管理部门应当按照国务院有关电力设施保护的规定，对电力设施保护区设立标志。

27．在依法划定电力设施保护区前已经种植的植物妨碍电力设施安全的，应当修剪。（　　　）

答案：×

正确答案：应当修剪或者砍伐。

28．未保证供电质量或者未事先通知用户中断供电，给用户造成损失的，应当依法承担赔偿责任。（　　）

答案：√

29．非法占用变电设施用地、输电线路走廊或电缆通道的，由县级以上电力管理部门责令限期改正，逾期不改正的，强制清除障碍。（　　）

答案：×

正确答案：由县级以上地方人民政府责令限期改正，逾期不改正的，强制清除障碍。

30．未经许可，从事供电或者变更供电营业区的，由电力管理部门责令改正，没收违法所得，可以并处违法所得5倍以下的罚款。（　　）

答案：√

31．危害供电、用电安全或者扰乱供电、用电秩序的，由电力管理部门责令改正，给予警告，可以并处5万元以下的罚款。（　　）

答案：×

正确答案：情节严重或者拒绝改正的，可以中止供电，可以并处5万元以下的罚款。

32．未按照国家核准的电价和用电计量装置的记录向用户计收电费、超越权限制定电价或者在电费中加收其他费用的，由物价行政主管部门给予警告，责令返还违法收取的费用，可以并处违法收取费用5倍以下的罚款。（　　）

答案：√

33．未经批准或者未采取安全措施在电力设施周围或者在依法划定的电力设施保护区内进行作业，危及电力设施安全的，由当地人民政府责令停止作业、恢复原状并赔偿损失。（　　）

答案：×

正确答案：由电力管理部门责令停止作业、恢复原状并赔偿损失。

34．在依法划定的电力设施保护区内修建建筑物、构筑物或者种植植物、堆放物品，危及电力设施安全的，由电力主管部门责令强制拆除、砍伐或者清除。（　　）

答案：×

正确答案：由当地人民政府责令强制拆除、砍伐或者清除。

35．盗窃电能的，由电力管理部门责令停止违法行为，追缴电费并处应交电费3倍以下的罚款。（　　）

答案：×

正确答案：追缴电费并处应交电费5倍以下的罚款。

36. 盗窃电力设施或者以其他方法破坏电力设施，危害公共安全的，依法追究刑事责任。（   ）

答案：√

四、简答题

1. 电力发展规划应当体现什么原则？

答：《电力法》规定：电力发展规划应当根据国民经济和社会发展的需要制定，并纳入国民经济和社会发展计划。电力发展规划，应当体现合理利用能源、电源与电网配套发展、提高经济效益和有利于环境保护的原则。

2.《电力法》对城市电网的建设与改造规划有什么要求？

答：城市电网的建设与改造规划，应当纳入城市总体规划。城市人民政府应当按照规划，安排变电设施用地、输电线路走廊和电缆通道。任何单位和个人不得非法占用变电设施用地、输电线路走廊和电缆通道。

3. 电力生产与电网运行应当遵循什么原则？

答：《电力法》规定：电力生产与电网运行应当遵循安全、优质、经济的原则。电网运行应当连续、稳定，保证供电可靠性。

4.《电力法》中对供电营业区的划分、设立和变更是如何规定的？

答：供电营业区的划分，应当考虑电网的结构和供电合理性等因素。一个供电营业区只设立一个供电营业机构。省、自治区、直辖市范围内的供电营业区的设立、变更，由供电企业提出申请，经省、自治区、直辖市人民政府电力管理部门会同同级有关部门审查批准后，由省、自治区、直辖市人民政府电力管理部门发给《供电营业许可证》。跨省、自治区、直辖市的供电营业区的设立、变更，由国务院电力管理部门审查批准并发给《供电营业许可证》。供电营业机构持《供电营业许可证》向工商行政管理部门申请领取营业执照，方可营业。

5.《电力法》中对电力供应与使用双方签订供用电合同的原则是什么？

答：电力供应与使用双方应当根据平等自愿、协商一致的原则，按照国务院制定的电力供应与使用办法签订供用电合同，确定双方的权利和义务。

6.《电力法》中用户对供电质量有特殊要求的，供电企业应当提供相应电力的原则是什么？

答：用户对供电质量有特殊要求的，供电企业应当根据其必要性和电网的可能，提供相应的电力。

7.《电力法》中关于中断供电是怎么规定的？用户对供电企业中断供电有异议的是否可以向何部门投诉？

答：因供电设施检修、依法限电或用户违法用电等原因，需要中断供电时，供电企业应当按照国家有关规定事先通知用户。用户对供电企业中断供电有异议的，可以向电力管理部门投诉；受理投诉的电力管理部门应当依法处理。

8.《电力法》对用户使用的电力电量记录是怎么规定的？

答：用户使用的电力电量，以计量检定机构依法认可的用电计量装置的记录为准。

9.《电力法》所称电价是指什么？对电价的管理原则是什么？

答：《电力法》所称电价是指电力生产企业的上网电价、电网间的互供电价、电网销售电价。电价实行统一政策，统一定价原则，分级管理。

10.《电力法》中制定电价遵循的原则是什么？

答：制定电价，应当合理补偿成本，合理确定收益，依法计入税金，坚持公平负担，促进电力建设。

11.《电力法》中对销售电价的制定有什么规定？

答：跨省、自治区、直辖市电网和省级电网的销售电价，由电网经营企业提出方案，报国务院物价行政主管部门或者其授权的部门核准。独立电网的销售电价，由电网经营企业提出方案，报有管理权的物价行政主管部门核准。

12.《电力法》中用户执行相同的电价标准有哪些？

答：对同一电网内的同一电压等级、同一用电类别的用户，执行相同的电价标准。

13.《电力法》对农业用电价格的规定原则是什么？

答：农业用电价格按照保本、微利的原则确定。农民生活用电与当地城镇居民生活用电应当逐步实行相同的电价。

14.《电力法》中关于电力设施保护区的规定有哪些？

答：电力管理部门应当按照国务院有关电力设施保护的规定，对电力设施保护区设立标志。任何单位和个人不得在依法划定的电力设施保护区内修建可能危及电力设施安全的建筑物、构筑物，不得种植可能危及电力设施安全的植物，不得堆放可能危及电力设施安全的物品。在依法划定电力设施保护区前已经种植的植物妨碍电力设施安全的，应当修剪或者砍伐。

15.《电力法》中因电力运行事故造成损害时，如何确定赔偿责任？

答：因电力运行事故给用户或者第三人造成损害的，电力企业应当依法承担赔偿责任。电力运行事故由下列原因之一造成的，电力企业不承担赔偿责任：

（一）不可抗力；

（二）用户自身的过错。

因用户或者第三人的过错给电力企业或者其他用户造成损害的，该用户或者第三人应当依法承担赔偿责任。

16. 违反《电力法》规定，非法占用变电设施用地、输电线路走廊或者电缆通道的，应如何处理？

答：非法占用变电设施用地、输电线路走廊或者电缆通道的，由县级以上地方人民政府责令限期改正；逾期不改正的，强制清除障碍。

17. 对于危害供电、用电安全或者扰乱供电、用电秩序的应怎样处理？

答：危害供电、用电安全或者扰乱供电、用电秩序的，由电力管理部门责令改正，给予警告；情节严重或者拒绝改正的，可以中止供电，可以并处 5 万元以下的罚款。

18. 在依法划定的电力设施保护区内修建建筑物、构筑物或者种植植物、堆放物品，危及电力设施安全的应怎样处理？

答：在依法划定的电力设施保护区内修建建筑物、构筑物或者种植植物、堆放物品，危及电力设施安全的，由当地人民政府责令强制拆除、砍伐或者清除。

19.《电力法》中规定哪些行为是违法行为，可由公安机关依照治安管理处罚条例的有关规定予以处罚；构成犯罪的，可依法追究刑事责任？

答：（1）阻碍电力建设或者电力设施抢修，致使电力建设或者电力设施抢修不能正常进行的。

（2）扰乱电力生产企业、变电所、电力调度机构和供电企业的秩序，致使生产、工作和营业不能正常进行的。

（3）殴打、公然侮辱履行职务的查电人员或者抄表收费人员的。

（4）拒绝、阻碍电力监督检查人员依法执行职务的。

20.《电力法》中关于盗窃电能的处理办法是什么？

答：盗窃电能的，由电力管理部门责令停止违法行为，追缴电费并处应交电费 5 倍以下的罚款；构成犯罪的，依照刑法第一百五十一条或者第一百五十二条的规定追究刑事责任。

第二节　电力供应与使用条例

一、填空题

1. 为了加强电力供应与使用的管理，保障（　　）的合法权益，维护（　　）秩序，（　　）地供电和用电，根据《中华人民共和国电力法》制定《电力供应与使用条例》。

答案：供电、用电双方，供电、用电，安全、经济、合理

2. （　　）负责全国电力供应与使用的监督管理工作。

答案：国务院电力管理部门

3．供电企业和用户应当根据（　　　）的原则签订供用电合同。

答案：平等自愿、协商一致

4．电力管理部门应当加强对供用电的监督管理，协调供用电各方关系，禁止（　　　）和（　　　）的行为。

答案：危害供用电安全，非法侵占电能

5．供电企业在（　　　）内向用户供电。

答案：批准的供电营业区

6．供电营业区的划分，应当考虑（　　　）和（　　　）等因素。一个供电营业区内只设立一个供电营业机构。

答案：电网的结构，供电合理性

7．供电企业在（　　　）供电营业区内向用户供电。供电营业区的划分，应当考虑电网的结构和供电合理性等因素。一个供电营业区内只设立一个（　　　）。

答案：批准的，供电营业机构

8．并网运行的电力生产企业按照（　　　）运行后，送入电网的电力、电量由供电营业机构统一经销。

答案：并网协议

9．并网运行的电力生产企业按照并网协议运行后，送入电网的电力、电量由（　　　）统一经销。

答案：供电营业机构

10．县级以上各级人民政府应当将城乡电网的建设与改造规划，纳入城市建设和乡村建设的总体规划。供电企业应当按照规划做好（　　　）和（　　　）工作。

答案：供电设施建设，运行管理

11．地方各级人民政府应当按照城市建设和乡村建设的总体规划统筹安排城乡（　　　）、电缆通道、区域变电所、区域配电所和（　　　）的用地。

答案：供电线路走廊，营业网点

12．供电设施、受电设施的（　　　）、施工、（　　　）和（　　　），应当符合国家标准或者电力行业标准。

答案：设计，试验，运行

13．供电企业和用户对供电设施、受电设施进行建设和维护时，作业区域内的有关单位和个人应当给予（　　　），提供方便；因作业对建筑物或者农作物造成损坏的，应当依照有关法律、行政法规的规定（　　　）或者给予（　　　）。

答案：协助，负责修复，合理的补偿

14．因建设需要，必须对已建成的供电设施进行迁移、改造或者采取防护措施时，建设单位应当事先与（　　　）协商，所需工程费用由（　　　）负担。

答案：该供电设施管理单位，建设单位

15．用户受电端的供电质量应当符合（　　）或者（　　）。

答案：国家标准，电力行业标准

16．供电方式应当按照安全、可靠、经济、合理和便于管理的原则，由电力供应与使用双方根据国家有关规定以及（　　）、用电需求和（　　）等因素协商确定。

答案：电网规划，当地供电条件

17．供电方式应当按照安全、（　　）、（　　）合理和便于管理的原则。

答案：可靠，经济

18．在（　　）的地区，供电企业可以委托有供电能力的单位就近供电。非经供电企业委托，任何单位不得（　　）。

答案：公用供电设施未到达，擅自向外供电

19．在公用供电设施未到达的地区，供电企业可以委托有供电能力的单位（　　）供电。（　　），任何单位不得擅自向外供电。

答案：就近，非经供电企业委托

20．因抢险救灾需要紧急供电时，供电企业必须尽速安排供电。所需（　　）和（　　）由有关地方人民政府有关部门从抢险救灾经费中支出，但是（　　）用电应当由用户交付电费。

答案：工程费用，应付电费，抗旱

21．用户对供电质量有特殊要求的，供电企业应当根据其（　　）和（　　），提供相应的电力。

答案：必要性，电网的可能

22．申请新装用电、临时用电、（　　）、（　　）和终止用电，均应到当地供电企业办理手续，并按照国家有关规定交付费用。

答案：增加用电容量，变更用电

23．供电企业没有（　　）的合理理由的，应当供电。供电企业应当在其营业场所公告用电的（　　）、（　　）和（　　）。

答案：不予供电，程序，制度，收费标准

24．供电企业应当按照国家标准或者电力行业标准参与用户（　　）的审核，对用户受送电装置隐蔽工程的（　　）实施监督，并在该受送电装置工程竣工后进行检验；检验合格的，方可投入使用。

答案：受送电装置设计图纸，施工过程

25．供电企业应当按照国家有关规定实行（　　）电价、（　　）电价。安装在用户处的用电计量装置，由（　　）负责保护。

答案：分类，分时，用户

26．用户使用的电力、电量，以（　　　）认可的用电计量装置的记录为准。用电计量装置，应当安装在（　　　）的产权分界处。

答案：计量检定机构依法，供电设施与受电设施

27．用户应当按照国家批准的电价，并按照规定的（　　　）或者（　　　），交付电费。

答案：期限、方式，合同约定的办法

28．除本条例另有规定外，在发电、供电系统正常运行的情况下，供电企业应当（　　　）向用户供电；因故需要停止供电时，应当按照有关要求（　　　）或者进行（　　　）。

答案：连续，事先通知用户，公告

29．因供电设施计划检修需要停电时，供电企业应当提前（　　　）通知用户或者进行公告；因供电设施临时检修需要停止供电时，供电企业应当提前（　　　）通知重要用户；因发电、供电系统发生故障需要停电、限电时，供电企业应当按照事先确定的（　　　）进行停电或者限电。引起停电或者限电的原因消除后，供电企业应当尽快恢复供电。

答案：7天，24h，限电序位

30．供电企业和用户应当采用（　　　）、采取（　　　），安全供电、用电，避免发生事故，维护（　　　）。

答案：先进技术，科学管理措施，公共安全

31．供电企业和用户应当制订节约用电计划，推广和采用节约用电的（　　　），降低电能消耗。

答案：新技术、新材料、新工艺、新设备

32．供电企业和用户应当在供电前根据（　　　）和（　　　）签订供用电合同。

答案：用户需要，供电企业的供电能力

33．供电企业应当按照合同约定的（　　　）、（　　　）、（　　　）、（　　　），合理调度和安全供电。

答案：数量，质量，时间，方式

34．供电、用电监督检查工作人员必须具备相应的条件。供电、用电监督检查工作人员执行公务时，应当（　　　）。

答案：出示证件

35．在用户受送电装置上作业的电工，必须经电力管理部门考核合格，取得电力管理部门颁发的（　　　），方可上岗作业。

答案：《电工进网作业许可证》

36．逾期未交付电费的，供电企业可以从（　　　）之日起，每日按照电费总额的（　　　）加收违约金，具体比例由供用电双方在供用电合同中约定；自逾期之日起计

算超过（　　）日，经催交仍未交付电费的，供电企业可以按照国家规定的程序停止供电。

答案：逾期，千分之一至千分之三（1‰～3‰），30

37．违章用电的，供电企业可以根据违章事实和造成的后果（　　），并按照国务院电力管理部门的规定（　　）和国家规定的其他费用；情节严重的，可以按照国家规定的程序停止供电。

答案：追缴电费，加收电费

38．违章用电的，供电企业可以根据（　　）和（　　）追缴电费，并按照国务院电力管理部门的规定加收电费和国家规定的其他费用；情节严重的，可以按照国家规定的程序停止供电。

答案：违章事实，造成的后果

39．盗窃电能的，由电力管理部门责令停止违法行为，追缴电费并处应交电费（　　）的罚款，构成犯罪的，依法追究刑事责任。

答案：5 倍以下

40．因用户或者第三人的过错给（　　）造成损害的，该用户或者第三人应当依法承担赔偿责任。

答案：供电企业或者其他用户

41．《电力供应与使用条例》自（　　）起施行。

答案：1996 年 9 月 1 日

二、选择题

（一）单选题

1．（　　）电力管理部门负责本行政区域内电力供应与使用的监督管理工作。

A．县级以上地方人民政府　　　　B．省级以上

C．国务院　　　　　　　　　　　D．地方人民政府

答案：A

2．跨省、自治区、直辖市的供电营业区的设立、变更，由（　　）审查批准并发给《供电营业许可证》。

A．省、自治区、直辖市人民政府电力管理部门会同同级有关部门

B．省级电力管理部门

C．工商行政部门

D．国务院电力管理部门

答案：D

3．用户用电容量超过其所在的供电营业区内供电企业供电能力的，由（　　）

指定的其他供电企业供电。

A．国务院电力管理部门

B．省级电力管理部门

C．省级以上电力管理部门

D．当地人民政府电力管理部门

答案：C

4．供电企业可以按照国家有关规定在规划的线路走廊、电缆通道、区域变电所、区域配电所和营业网点的用地上，架线、敷设电缆和建设（　　　）。

A．供电设施

B．供用电设施

C．公用供电设施

D．公用配电设施

答案：C

5．根据《电力供应与使用条例》规定：擅自迁移、更动或者擅自操作（　　　），属于违约用电行为。

A．用电计量装置

B．电力负荷控制装置

C．供电设施

D．约定由供电企业调度的用户受电设备

答案：D

6．根据《电力供应与使用条例》规定，下列（　　　）属于窃电行为。

A．在供电设施上，擅自接线用电

B．绕越用电计量装置用电

C．损坏了供电企业的用电计量装置

D．故意使供电企业的用电计量装置计量不准或者失效

答案：D

7．下列哪些违规行为，由电力管理部门责令改正，没收违法所得，并处违法所得5倍以下罚款？（　　　）

A．向外转供电的

B．跨越供电营业区供电的

C．未按照规定取得《供电营业许可证》，从事电力供应业务的

D．擅自变更用电类别的

答案：C

8．违章用电的，供电企业可以根据违章事实和造成的后果追缴电费，并按照（　　　）的规定加收电费和国家规定的其他费用。

A．当地人民政府电力管理部门

B．省级及以上电力管理部门

C．国务院电力管理部门

D．省级电力管理部门

答案：C

（二）多选题

1. 下列（　　　）法律法规是自 1996 年 9 月 1 日起开始施行的。

A.《中华人民共和国电力法》　　　　B.《电力供应与使用条例》

C.《供电营业区划分及管理办法》　　D.《供电营业规则》

E.《居民用户家用电器损坏处理办法》

答案：BCE

2. 公用路灯由乡、民族乡、镇人民政府或者县级以上地方人民政府有关部门负责建设，并负责运行维护和交付电费，也可以委托供电企业代为有偿（　　　）。

A. 设计　　　　　B. 安装　　　　　C. 施工　　　　　D. 维护管理

答案：ACD

三、判断题

1.《电力供应与使用条例》中规定：电网经营企业依法负责本供区内的电力供应与使用的管理工作，并接受电力管理部门的监督。（　　　）

答案：×

正确答案：应为电网经营企业依法负责本供区内的电力供应与使用的业务工作。

2.《电力供应与使用条例》中规定：电网经营企业应当根据电网结构和供电合理性的原则划分供电营业区。（　　　）

答案：×

正确答案：应当根据电网结构和供电合理性的原则协助电力管理部门划分供电营业区。

3.《电力供应与使用条例》中规定：公用供电设施建成投产后，由供电单位统一维护管理，供电企业可以使用、改造、扩建该供电设施。（　　　）

答案：×

正确答案：经电力管理部门批准，供电企业可以使用、改造、扩建该供电设施。

4.《电力供应与使用条例》中规定：用户专用的供电设施建成投产后，由用户维护管理或者委托供电企业维护管理。（　　　）

答案：√

5.《电力供应与使用条例》中规定：共用供电设施的维护管理，由产权单位协商确定，产权单位可自行维护管理，也可以委托供电企业维护管理。（　　　）

答案：√

6.《电力供应与使用条例》中规定：因建设需要，必须对已建成的供电设施行迁移、改造或者采取防护措施时，建设单位应当事先与该供电设施管理单位协商，所需工程费用由建设单位负担。（　　　）

答案：✓

7.《电力供应与使用条例》中规定：供电企业应当按照电力行业标准参与用户受送电装置设计图纸的审核。（ ）

答案：✗

正确答案：供电企业应当按照国家标准或者电力行业标准参与用户受送电装置设计图纸的审核。

8.《电力供应与使用条例》中规定：供电企业和用户应当根据用户需要和供电企业的供电能力签订供用电合同。（ ）

答案：✓

9.《电力供应与使用条例》中规定：承装、承修、承试供电设施和受电设施的单位，必须经电力部门审核合格，取得电力管理部门颁发的《承装（修）电力设施许可证》后，方可向工商行政管理部门申请领取营业执照。（ ）

答案：✗

正确答案：应经电力管理部门审核合格。

10.《电力供应与使用条例》中规定：因电力运行事故给用户及第三人造成损害的，供电企业应当依法承担赔偿责任。（ ）

答案：✓

11.《电力供应与使用条例》中规定：供电企业职工违反规章制度造成供电事故的，或者滥用职权、利用职务之便谋取私利的，依法给予行政处分；构成犯罪的，依法追究刑事责任。（ ）

答案：✓

四、简答题

1. 用户用电容量超过其所在的供电营业区内供电企业供电能力的，由什么单位供电？

答：用户用电容量超过其所在的供电营业区内供电企业供电能力的，由省级以上电力管理部门指定的其他供电企业供电。

2. 供电设施建成投产后，如何进行维护管理？

答：公用供电设施建成投产后，由供电单位统一维护管理。经电力管理部门批准，供电企业可以使用、改造、扩建该供电设施。共用供电设施的维护管理，由产权单位协商确定，产权单位可自行维护管理，也可以委托供电企业维护管理。用户专用的供电设施建成投产后，由用户维护管理或者委托供电企业维护管理。

3. 因抢险救灾需要紧急供电时，供电企业如何安排供电？所需费用应由谁承担？

答：因抢险救灾需要紧急供电时，供电企业必须尽速安排供电。所需工程费用和应付电费由有关地方人民政府有关部门从抢险救灾经费中支出，但是抗旱用电应当由用户交付电费。

4. 用户办理哪些用电申请应当到当地供电企业办理手续？供电企业应当在其营业场所公告哪些内容？

答：申请新装用电、临时用电、增加用电容量、变更用电和终止用电，均应当到当地供电企业办理手续，并按照国家有关规定交付费用。供电企业应当在其营业场所公告用电的程序、制度和收费标准。

5. 因故需要停止供电时，应当按照哪些要求事先通知用户或者进行公告？

答：（1）因供电设施计划检修需要停电时，供电企业应当提前7天通知用户或者进行公告；

（2）因供电设施临时检修需要停止供电时，供电企业应当提前24h通知重要用户；

（3）因发电、供电系统发生故障需要停电、限电时，供电企业应当按照事先确定的限电序位进行停电或者限电。引起停电或者限电的原因消除后，供电企业应当尽快恢复供电。

6. 用户不得有哪些危害供电、用电安全，扰乱正常供电、用电秩序的行为？

答：（1）擅自改变用电类别；

（2）擅自超过合同约定的容量用电；

（3）擅自超过计划分配的用电指标的；

（4）擅自使用已经在供电企业办理暂停使用手续的电力设备，或者擅自启用已经被供电企业查封的电力设备；

（5）擅自迁移、更动或者擅自操作供电企业的用电计量装置、电力负荷控制装置、供电设施以及约定由供电企业调度的用户受电设备；

（6）未经供电企业许可，擅自引入、供出电源或者将自备电源擅自并网。

7.《电力供应与使用条例》中窃电行为有哪些？

答：以下行为属于窃电行为：

（1）在供电企业的供电设施上，擅自接线用电；

（2）绕越供电企业的用电计量装置用电；

（3）伪造或者开启法定的或者授权的计量检定机构加封的用电计量装置封印用电；

（4）故意损坏供电企业的用电计量装置；

（5）故意使供电企业的用电计量装置计量不准或者失效；

（6）采用其他方法窃电。

8. 供用电合同应当具备哪些条款？

答：供用电合同应当具备以下条款：

（1）供电方式、供电质量和供电时间；

（2）用电容量和用电地址、用电性质；

（3）计量方式和电价、电费结算方式；

（4）供用电设施维护责任的划分；

（5）合同的有效期限；

（6）违约责任；

（7）双方共同认为应当约定的其他条款。

9. 哪些违规行为可由电力管理部门责令改正，没收违法所得，并处违法所得 5 倍以下罚款？

答：有下列行为之一的，由电力管理部门责令改正，没收违法所得，可以并处违法所得 5 倍以下的罚款：

（1）未按照规定取得《供电营业许可证》，从事电力供应业务的；

（2）擅自伸入或者跨越供电营业区供电的；

（3）擅自向外转供电的。

10.《电力供应与使用条例》规定，客户逾期未交付电费的，供电企业应如何处理？

答：逾期未交付电费的，供电企业可以从逾期之日起，每日按照电费总额的 1‰～3‰加收违约金，具体比例由供用电双方在供用电合同中约定；自逾期之日起计算超过 30 日，经催交仍未交付电费的，供电企业可以按照国家规定的程序停止供电。

11.《电力供应与使用条例》中对违章用电的供电企业处理是如何规定的？

答：违章用电的，供电企业可以根据违章事实和造成的后果追缴电费，并按照国务院电力管理部门的规定加收电费和国家规定的其他费用；情节严重的，可以按照国家规定的程序停止供电。

第三节　电力设施保护条例

一、填空题

1.《电力设施保护条例》适用于中华人民共和国境内全民所有的（　　）的电力设施，包括（　　）、（　　）和（　　）及其附属设施。

答案：已建或在建，发电厂，变电所，电力线路设施

2. 电力设施属于国家财产，受（　　）保护，禁止任何单位或个人从事（　　）的行为。

答案：国家法律，危害电力设施

3. （　　）负责依法查处破坏电力设施或哄抢、盗窃电力设施器材的案件。

答案：各级公安部门

4. 架空电力线路保护区：导线边线向外侧水平延伸并垂直于地面所形成的两平行线内的区域，在一般地区各级电压导线的边线延伸距离如下：1～10kV（   ）m，35～110kV（   ）m，154～330kV（   ）m，500kV（   ）m。

答案：5，10，15，20

5. 电力电缆线路保护区：地下电缆为电缆线路地面标桩两侧各（   ）m 所形成的两平行线内的区域；海底电缆一般为线路两侧各（   ）海里，江河电缆一般不小于线路两侧各（   ）m（中、小河流一般不小于各 50m）所形成的两平行线内的水域。

答案：0.75，2，100

6. 在必要的架空电力线路保护区的区界上，应设立（   ），并标明保护区的（   ）和（   ）。

答案：标志，宽度，保护规定

7.《电力设施保护条例》规定：任何单位或个人不得在用于水力发电的水库内，进入距水工建筑物（   ）区域内炸鱼、捕鱼、游泳、划船及其他危及水工建筑物安全的行为。

答案：300m

8. 任何单位或个人不得在架空电力线路导线两侧各（   ）的区域内放风筝。

答案：300m

9. 新建架空电力线路一般不得跨越房屋，特殊情况需要跨越房屋时，电力主管部门应采取（   ）措施，并按照《电力设施保护条例》的规定与有关主管部门达成协议。

答案：安全

10. 城乡建设规划主管部门应将发电厂、变电所和电力线路设施及其附属设施的新建、改建或扩建纳入（   ）。

答案：城乡建设规划

二、判断题

1. 电力设施的保护，实行电力主管部门和人民群众相结合的原则。（   ）

答案：×

正确答案：电力设施的保护，实行电力主管部门、公安部门和人民群众相结合的原则。

2. 任何单位和个人都有保护电力设施的义务，对危害电力设施的行为，有权制止并向电力、公安部门报告。（   ）

答案：√

3. 电力电缆线路保护区为地下电缆为电缆线路地面标桩两侧 0.75m 所形成的两平行线内的区域。（　　）

答案：×

正确答案：地下电缆为电缆线路地面标桩两侧各 0.75m 所形成的两平行线内的区域。

4. 在架空电力线路保护区的区界上，应设立标志，并标明保护区的宽度和保护规定。（　　）

答案：×

正确答案：在必要的架空电力线路保护区的区界上，应设立标志，并标明保护区的宽度和保护规定。

5. 在架空电力线路导线跨越公路和航道的区段，应设立标志，并标明导线距穿越物体之间的安全距离。（　　）

答案：×

正确答案：在架空电力线路导线跨越重要公路和航道的区段，应设立标志，并标明导线距穿越物体之间的安全距离。

6. 地下电缆铺设后，应设立标志，并将地下电缆所在位置书面通知有关部门。（　　）

答案：×

正确答案：地下电缆铺设后，应设立永久性标志，并将地下电缆所在位置书面通知有关部门。

7.《电力设施保护条例》规定：任何单位或个人不得在用于水力发电的水库内，进入距水工建筑物 500m 区域内炸鱼、捕鱼、游泳、划船及其他危及水工建筑物安全的行为。（　　）

答案：×

正确答案：任何单位或个人不得在用于水力发电的水库内，进入距水工建筑物 300m 区域内炸鱼、捕鱼、游泳、划船及其他危及水工建筑物安全的行为。

8. 在架空电力线路保护区内可以保留或种植自然生长最终高度与导线之间符合安全距离的树木。（　　）

答案：×

正确答案：经当地电力主管部门同意，可以保留或种植自然生长最终高度与导线之间符合安全距离的树木。

9. 在架空电力线路保护区内进行农田水利基本建设工程及打桩、钻探、开挖等作业，采取安全措施后，方可进行作业或活动。（　　）

答案：×

正确答案：必须经县级以上地方电力主管部门批准。

10. 经县级以上地方物资、商业管理部门会同工商行政管理部门、公安部门批准的商业企业可以在批准的范围内查验证明、登记收购电力设施器材。（　　）

答案：√

11. 任何单位或个人不得非法出售、收购电力设施器材。（　　）

答案：√

12. 任何个人出售电力设施器材，必须持有所在单位或所在居民委员会、村民委员会出具的证明，到商业企业出售。（　　）

答案：×

正确答案：到规定的商业企业出售。

13. 电力设施的建设和保护应尽量避免或减少给国家、集体和个人造成的损失。（　　）

答案：√

14. 新建架空电力线路不得跨越储存易燃、易爆物品仓库的区域。（　　）

答案：√

15. 公用工程、城市绿化和其他设施与发电厂、变电所和电力线路设施及其附属设施，在新建、改建或扩建中相互妨碍时，双方主管部门必须按照《电力设施保护条例》和国家有关规定协商后施工。（　　）

答案：×

正确答案：公用工程、城市绿化和其他设施与发电厂、变电所和电力线路设施及其附属设施，在新建、改建或扩建中相互妨碍时，双方主管部门必须按照《电力设施保护条例》和国家有关规定协商，达成协议后方可施工。

16. 城乡建设规划主管部门应将发电厂、变电所和电力线路设施及其附属设施的新建、改建或扩建纳入城乡建设规划。（　　）

答案：√

17. 新建、改建或扩建发电厂、变电所和电力线路设施及其附属设施，按照《电力设施保护条例》的规定与有关主管部门达成协议后，需要损害农作物，砍伐树木、竹子或拆迁建筑物及其他设施，电力主管部门应按照国家有关规定给予补偿。（　　）

答案：×

正确答案：新建、改建或扩建发电厂、变电所和电力线路设施及其附属设施，按照《电力设施保护条例》的规定与有关主管部门达成协议后，需要损害农作物，砍伐树木、竹子或拆迁建筑物及其他设施，电力主管部门应按照国家有关规定给予一次性补偿。

18. 任何单位非法收购或出售电力设施器材，由工商行政管理部门按照国家有关规定没收其全部违法所得或实物，并视情节轻重，处以罚款直至吊销营业执照。（　　）

答案：√

三、简答题

1. 任何单位或个人在架空电力线路保护区内，必须遵守哪些规定？

答：任何单位或个人在架空电力线路保护区内，必须遵守下列规定：

（1）不得堆放谷物、草料、垃圾、矿渣、易燃物、易爆物及其他影响安全供电的物品；

（2）不得烧窑、烧荒；

（3）不得兴建建筑物；

（4）不得种植竹子；

（5）经当地电力主管部门同意，可以保留或种植自然生长最终高度与导线之间符合安全距离的树木。

2. 任何单位或个人在电力电缆线路保护区内，必须遵守哪些规定？

答：任何单位或个人在电力电缆线路保护区内，必须遵守下列规定：

（1）不得在地下电缆保护区内堆放垃圾、矿渣、易燃物、易爆物，倾倒酸、碱、盐及其他有害化学物品，兴建建筑物或种植树木、竹子；

（2）不得在海底电缆保护区内抛锚、拖锚；

（3）不得在江河电缆保护区内抛锚、拖锚、炸鱼、挖沙。

3. 任何单位或个人不得从事哪些危害电力设施建设的行为？

答：（1）非法侵占电力设施建设项目依法征用的土地；

（2）涂改、移动、损害、拔除电力设施建设的测量标桩和标记；

（3）破坏、封堵施工道路，截断施工水源或电源。

4. 对单位或个人的哪些行为，电力主管部门应给予表彰或一次性物质奖励？

答：（1）对破坏电力设施或哄抢、盗窃电力设施器材的行为检举、揭发有功；

（2）对破坏电力设施或哄抢、盗窃电力设施器材的行为进行斗争，有效地防止事故发生；

（3）为保护电力设施而同自然灾害作斗争，成绩突出；

（4）为维护电力设施安全，作出显著成绩。

第四节　居民用户家用电器损坏处理办法

一、填空题

1. 为保护供用电双方的合法权益，规范因（　　）引起的居民用户家用电器损坏的理赔处理，公正、合理地调解纠纷，根据《电力法》《电力供应与使用条例》和国家有关规定，制定《居民用户家用电器损坏处理办法》。

答案：电力运行事故

2．为保护供用电双方的合法权益，规范因电力运行事故引起的居民用户家用电器损坏的理赔处理，公正、合理地（　　　），根据（　　　）、（　　　）和国家有关规定，制定《居民用户家用电器损坏处理办法》。

答案：调解纠纷，《电力法》，《电力供应与使用条例》

3．由供电企业以（　　　）供电的居民用户，因发生（　　　）导致电能质量劣化，引起居民用户家用电器损坏时的索赔处理。

答案：220/380V 电压；电力运行事故

4．《居民用户家用电器损坏处理办法》适用于由供电企业以 220/380V 电压供电的居民用户，因发生电力运行事故导致（　　　），引起居民用户家用电器损坏时的（　　　）。

答案：电能质量劣化，索赔处理

5．由于供电企业责任出现若干户家用电器同时损坏时，居民客户应及时向当地供电企业投诉，并（　　　）。供电企业在接到居民客户家用电器损坏投诉后，应在（　　　）内派员赴现场进行调查、核实。

答案：保持家用电器损坏原状，24h

6．因《居民用户家用电器损坏处理办法》中所列事件引起家用电器损坏的，供电企业应会同居委会（村委会）或其他有关部门，共同对受害居民用户损坏的家用电器名称、（　　　）、数量、使用年月、（　　　）等进行登记和取证，登记笔录材料应由（　　　）签字确认，作为理赔处理的依据。

答案：型号，损坏现象，受害居民用户

7．供电企业如能提供证明，居民用户家用电器的损坏是（　　　）、（　　　）、（　　　）或产品质量事故等原因引起，并经（　　　）以上电力管理部门核实无误，供电企业不承担赔偿责任。

答案：不可抗力，第三人责任，受害者自身过错，县级

8．家用电器损坏之日起（　　　），受害居民用户（　　　）的，即视为受害者已自动放弃索赔权。超过七日的，供电企业不再负责其赔偿。

答案：七日内，未向供电企业投诉并提出索赔要求

9．对损坏的家用电器，修复时应尽可能以（　　　）修复；无此类元件可供修复时，可采用（　　　）替代。

答案：原型号、规格的新元件，相同功能的新元件

10．损坏的家用电器经供电企业指定的或双方认可的检修单位检定，认为可以修复的，对损坏家用电器的修复，（　　　）承担被损坏元件的修复责任。

答案：供电企业

11．修复损坏居民家用电器所发生的元件（　　）、（　　）、（　　）均由供电企业负担。

答案：购置费，检测费，修理费

12．使用年限已超过《居民用户家用电器损坏处理办法》规定仍在使用的，或者折旧后的差额低于原价（　　）的，按原价的10%予以赔偿。

答案：10%

13．以外币购置的家用电器，按（　　）时国家外汇牌价折人民币计算其购置价，以人民币进行清偿。清偿后，损坏的家用电器归属（　　）所有。

答案：购置，供电企业

14．对不可修复的家用电器，其购买时间在（　　）的，按原购货发票价，供电企业全额予以赔偿。

答案：六个月及以内

15．在理赔处理中，供电企业与受害居民用户因（　　）问题达不成协议的，由（　　）部门调解，调解不成的，可向司法机关申请裁定。

答案：赔偿，县级以上电力管理

16．《居民用户家用电器损坏处理办法》规定，吸尘器的使用寿命为（　　）年，气体放电灯的使用寿命为（　　）年。

答案：12，2

17．供电企业对居民用户家用电器损坏所支付的（　　）或（　　），由供电生产成本中列支。

答案：修理费用，赔偿费

18．第三人责任致使居民用户家用电器损坏的，供电企业应（　　）受害居民用户向第三人索赔，并可比照本法进行处理。

答案：协助

19．《居民用户家用电器损坏处理办法》自（　　）起施行。

答案：1996年9月1日

20．某客户部分家用电器在一次电力运行事故中烧坏且不可修复，其电冰箱已使用11年，购买时价格2400元；电烤箱350元，已使用4年；电视机刚刚购买半年，购买价格3200元，则供电企业应赔偿该客户（　　）元。

答案：3510（2400×10%＋350×1/5＋3200＝3510元）

二、选择题

（一）单选题

1．供电企业在接到居民客户家用电器损坏报告后，在（　　）小时内派员赴现场进行调查、核实。

A. 6   B. 12   C. 24   D. 48

答案：C

2. 损坏的家用电器经供电企业指定的或双方认可的检修单位检定，认为可以修复的，修复所发生的元件购置费、检测费、修理费均由（　　）负担。

A. 受害居民用户   B. 供电企业与受害用户

C. 受害用户   D. 供电企业

答案：D

3. 对不可修复的家用电器，其购买时间在（　　）的，按原购货发票价，供电企业全额予以赔偿。

A. 六个月以内   B. 六个月及以内

C. 六个月以上   D. 三个月及以内

答案：B

4. 某一居民家用电器损坏，经确认为供电企业责任需要赔偿，现场调查该户损坏录像机一台，系 2009 年 7 月购买，价格为 1680 元，无法修复，请问需要赔偿给客户（　　）元。（假设现在时间为 2014 年 7 月，按平均折旧方法计算折旧）

A. 980   B. 840   C. 336   D. 168

答案：B

5. 居民家用电器损坏赔偿时，居民家用电器使用时间以（　　）的日期为准开始计算。

A. 家用电器生产   B. 发货票开具

C. 客户实际开始使用

答案：B

6.《居民用户家用电器损坏处理办法》规定，下列家用电器中使用年限均为 10 年的是（　　）。

A. 电视机、音响、空调器、电风扇   B. 电冰箱、音响、录像机、吸尘器

C. 电视机、白炽灯、充电器、音响   D. 电视机、充电器、音响、录像机

答案：D

7. 电风扇、白炽灯、空调器的使用寿命分别为（　　）年、（　　）年、（　　）年。

A. 12、5、10   B. 10、2、12   C. 10、2、10   D. 12、2、12

答案：D

8. 电热水器、电视机、电茶壶的使用寿命分别为（　　）年、（　　）年、（　　）年。

　A．5、10、5　　　B．5、12、10　　　C．10、12、5　　　D．5、12、5

答案：A

9．音响、洗衣机、调光灯的使用寿命分别为（　　）年、（　　）年、（　　）年。

　A．12、10、5　　　B．10、12、2　　　C．10、12、5　　　D．12、10、2

答案：B

10．吸尘器、电炒锅、充电器的使用寿命分别为（　　）年、（　　）年、（　　）年。

　A．12、5、10　　　B．12、2、10　　　C．10、5、12　　　D．12、10、2

答案：A

11．供电企业对居民用户家用电器损坏所支付的修理费用或赔偿费，由供电（　　）中列支。

　A．经营成本　　　B．生产成本　　　C．其他非经营性成本

答案：B

12．一客户家中彩电在一次供电企业的责任发生的运行事故中被损坏，经供电企业指定的检修单位检定，认为不可修复。此电视已购买11年，原价15000.00元人民币，按照《居民客户家用电器损坏处理办法》应赔偿（　　）元人民币。

　A．1500　　　　　B．3000　　　　　C．7500　　　　　D．15000

答案：A

13．《居民用户家用电器损坏处理办法》规定：某客户部分家用电器在一次电力运行事故中烧坏且不可修复，其电冰箱已使用11年，购买时价格2400元；电烤箱350元，已使用4年；电视机刚刚购买半年，购买价格3200元，则供电企业应赔偿该客户（　　）元。

　A．3470　　　　　B．3150　　　　　C．3510　　　　　D．3190

答案：C

14．某用户于2002年12月花2400元买了一台冰箱，2013年12月份时因供电企业原因导致冰箱被烧坏，且不可修复，则供电企业应赔偿该用户（　　）元。

　A．200　　　B．240　　　C．400　　　D．480

答案：B

（二）多选题

1．《居民用户家用电器损坏处理办法》规定：修复损坏居民家用电器所发生的元件（　　）均由供电企业负担。

　A．购置费　　　B．交通费　　　C．检测费　　　D．修理费

答案：ACD

2．《居民用户家用电器损坏处理办法》规定，以下家用电器使用寿命为12年的是

（ ）。

A．电冰箱　　　　　B．空调器　　　　　C．洗衣机　　　　　D．电饭煲

答案：ABC

三、判断题

1.《居民用户家用电器损坏处理办法》适用于由供电企业以 220/380V 电压供电的居民用户，因发生电力运行事故导致电能质量劣化，引起居民用户家用电器损坏时的索赔处理。（　　）

答案：√

2.《居民用户家用电器损坏处理办法》规定：不属于责任损坏或未损坏的元件，受害居民用户也要求更换时，所发生的元件购置费与修理费应由受害居民负担。（　　）

答案：×

正确答案：所发生的元件购置费与修理费应由提出要求者负担。

3. 根据《居民用户家用电器损坏处理办法》规定，对于因供电企业责任引起居民用户家用电器损坏时的修复，不属于责任损坏或未损坏的元件，受害居民用户也要求更换时，所发生的元件购置费与修理费不应由供电企业承担。（　　）

答案：√

4. 对无法提供购货发票的，应由受害用户负责举证，经保险公司核查无误后，以证明出具的购置日期时的国家定价为准，按前款规定清偿。（　　）

答案：×

正确答案：经供电企业核查无误后。

5.《居民用户家用电器损坏处理办法》规定：第三人责任致使居民用户家用电器损坏的，供电企业应告知受害居民用户向第三人索赔，并可比照本办法进行处理。

（　　）

答案：×

正确答案：供电企业应协助受害居民用户向第三人索赔。

四、简答题

1.《居民用户家用电器损坏处理办法》适用于哪些居民用户家用电器损坏时的索赔处理？

答：适用于由供电企业以 220/380V 电压供电的居民用户，因发生电力运行事故导致电能质量劣化，引起居民用户家用电器损坏时的索赔处理。

2. 发生哪些电力运行事故导致居民用户家用电器损坏，应由供电企业负责赔偿？

答：电力运行事故，是指在供电企业负责运行维护的 220/380V 供电线路或设备

上因供电企业的责任发生的下列事件：

（1）在220/380V供电线路上，发生相线与零线接错或三相相序接反；

（2）在220/380V供电线路上，发生零线断线；

（3）在220/380V供电线路上，发生相线与零线互碰；

（4）同杆架设或交叉跨越时，供电企业的高电压线路导线掉落到220/380V线路上或供电企业高电压线路对220/380V线路放电。

3．因发生电力运行事故导致电能质量劣化，引起居民用户家用电器损坏时，哪些情况下可以不承担赔偿责任？

答：供电企业如能提供证明，居民用户家用电器的损坏是不可抗力、第三人责任、受害者自身过错或产品质量事故等原因引起，并经县级以上电力管理部门核实无误，供电企业不承担赔偿责任。

从家用电器损坏之日起七日内，受害居民用户未向供电企业投诉并提出索赔要求的，即视为受害者已自动放弃索赔权。超过七日的，供电企业不再负责其赔偿。

4．损坏的居民家用电器可以修复的，供电企业应如何进行修复及赔偿？

答：损坏的家用电器，经供电企业指定的或双方认可的检修单位检定，认为可以修复的，供电企业承担被损坏元件的修复责任。修复时应尽可能以原型号、规格的新元件修复；无原型号规格的新元件可供修复时，可采用相同功能的新元件替代。

修复所发生的元件购置费、检测费、修理费均由供电企业负担。不属于责任损坏或未损坏的元件，受害居民用户也要求更换时，所发生的元件购置费与修理费应由提出要求者负担。

5．因供电企业责任引起居民用户家用电器损坏，对于不可修复的，如何进行赔偿？

答：对不可修复的家用电器，其购买时间在六个月及以内的，按原购货发票价，供电企业全额予以赔偿；购置时间在六个月以上的，按原购货发票价，并按《居民用户家用电器损坏处理办法》规定的使用寿命折旧后的余额予以赔偿。使用年限已超过该规定仍在使用的，或者折旧后的差额低于原价10%的，按原价的10%予以赔偿。使用时间以发货票开具的日期为准开始计算。

对无法提供购货发票的，应由受害居民用户负责举证，经供电企业核查无误后，以证明出具的购置日期时的国家定价为准，按前款规定清偿。

以外币购置的家用电器，按购置时国家外汇牌价折人民币计算其购置价，以人民币进行清偿。清偿后，损坏的家用电器归属供电企业所有。

6．《居民用户家用电器损坏处理办法》中规定的各类家用电器的平均使用年限分别是多少？

答：各类家用电器的平均使用年限为：

电子类：如电视机、音响、录像机、充电器等，使用寿命为 10 年。

电机类：如电冰箱、空调器、洗衣机、电风扇、吸尘器等，使用寿命为 12 年。

电阻电热类：如电饭煲、电热水器、电茶壶、电炒锅等，使用寿命为 5 年。

电光源类：白炽灯、气体放电灯、调光灯等，使用寿命为 2 年。

第五节　供电营业规则

一、填空题

1．为加强供电营业管理，建立正常的供电营业秩序，保障（　　）的合法权益，根据（　　）和国家有关规定，制定《供电营业规则》。

答案：供用双方，《电力供应与使用条例》

2．供电企业和用户在进行（　　）活动中，应遵守《供电营业规则》的规定。

答案：电力供应与使用

3．供电企业和用户应当遵守国家有关规定，服从（　　），严格按指标供电和使用。

答案：电网统一调度

4．供电企业供电的额定频率为（　　）。

答案：交流 50Hz

5．供电企业供电的额定电压为：高压供电（　　）、（　　）、（　　）、（　　）kV；低压供电单相（　　）V、三相（　　）V。

答案：10，35（63），110，220，220，380

6．用户需要的电压等级在 110kV 及以上时，其受电装置应作为（　　）设计，方案需经（　　）审批。

答案：终端变电站，省电网经营企业

7．供电企业对申请用电的用户提供的供电方式，应从供用电的（　　）、（　　）、（　　）和（　　）出发，依据国家的有关政策和规定、电网的规划、用电需求以及（　　）等因素，进行（　　），与用户协商确定。

答案：安全，经济，合理，便于管理，当地供电条件，技术经济比较

8．用户单相用电设备总容量不足（　　）kW 的可采用低压 220V 供电。但有单台设备容量超过 1kW 的单相电焊机、换流设备时，用户必须采取有效的技术措施以消除对（　　）的影响，否则应改为其他方式供电。

答案：10，电能质量

9．用户用电设备容量在（　　）或需用变压器容量在（　　）者，可采用（　　）

供电，特殊情况也可采用高压供电。

答案：100kW 及以下，50kVA 及以下，低压三相四线制

10．用户需要备用、保安电源时，供电企业应按其（　　　）、（　　　）和（　　　），与用户协商确定。

答案：负荷重要性，用电容量，供电的可能性

11．在电力系统瓦解或不可抗力造成供电中断时，仍需保证供电的，保安电源应由（　　　）。

答案：用户自备

12．在（　　　）或（　　　）造成供电中断，仍需保证供电的，此时用户重要负荷的保安电源应由用户自备。

答案：电力系统瓦解，不可抗力

13．用户自备电源比从电力系统供给更为经济合理的。供电企业向有重要负荷的用户提供的保安电源，应符合（　　　）的条件。有重要负荷的用户在取得供电企业供给的保安电源的同时，还应有（　　　）的应急措施，以满足安全的需要。

答案：独立电源，非电性质

14．对基建工地、农田水利、市政建设等非永久性用电，可供给临时电源。临时用电期限除经供电企业准许外，一般不得超过（　　　），逾期不办理延期或永久性正式用电手续的，供电企业应（　　　）供电。

答案：6个月，终止

15．（　　　）、（　　　）、（　　　）等用电期限除经供电企业准许外，一般不得超过六个月，逾期不办理延期或（　　　）的，供电企业应终止供电。

答案：基建工地，农田水利，市政建设，永久性正式用电手续

16．使用临时电源的用户不得向外（　　　），也不得转让给其他用户，供电企业也不受理其（　　　）事宜。如需改为正式用电，应按（　　　）办理。

答案：转供电，变更用电，新装用电

17．因抢险救灾需要紧急供电时，供电企业应迅速组织力量，架设（　　　）供电。架设（　　　）所需的工程费用和应付的电费，由地方人民政府有关部门负责从（　　　）中拨付。

答案：临时电源，临时电源，救灾经费

18．供电企业一般不采用趸售方式供电，以减少（　　　）。特殊情况需开放趸售供电时，应由省级电网经营企业报（　　　）批准。

答案：中间环节，国务院电力管理部门

19．电网经营企业与趸购转售电单位应就趸购转售事宜签订（　　　），明确双方的权利和义务。趸购转售电单位需新装或增加趸购容量时，应按本规则的规定办理

（   ）手续。

答案：供用电合同，新装增容

20．向被转供户供电的（   ）应由供电企业负担，不得摊入被转供户用电量中。

答案：公用线路与变压器的损耗电量

21．在（   ）的地区，供电企业征得该地区有供电能力的（   ）同意，可采用委托方式向其附近的用户转供电力，但不得委托（   ）转供电。

答案：公用供电设施尚未到达，直供用户，重要的国防军工用户

22．向被转供户供电的公用线路与变压器的（   ）应由供电企业负担，不得摊入（   ）用电量中。

答案：损耗电量，被转供户

23．在计算转供户（   ）、（   ）及（   ）时，应扣除被转供户、公用线路与变压器消耗的有功、无功电量。

答案：用电量，最大需量，功率因数调整电费

24．某大工业用户现有1000kVA变压器1台，供电企业委托其对某普通工业用户转供电，该普通工业用户为三班制生产，某月该大工业用户最大需量表读数为800kW，普通工业用户的有功抄见电量81000kWh，则该大工业用户当月的基本电费为（   ）元。[假设按最大需量计算的基本电费电价为20元/（kW·月）。]

答案：13000

25．某大工业用户现有1000kVA变压器1台，供电企业委托其对某普通工业用户转供电，该普通工业用户为三班制生产，某月该大工业用户最大需量表读数为800kW，普通工业用户的有功抄见电量81000kWh，则该大工业用户当月的最大需量应按（   ）计算。

答案：650kW

26．为保障（   ），（   ），用户应将重要负荷与非重要负荷、生产用电与生活区用电分开配电。

答案：用电安全，便于管理

27．任何单位或个人需新装用电或增加用电容量、（   ）都必须按本规则规定，事先到供电企业用电营业场所提出申请，办理手续。供电企业应在用电营业场所公告办理各项用电业务的（   ）。

答案：变更用电，程序、制度和收费标准

28．供电企业应在用电营业场所公告办理各项用电业务的（   ）。

答案：程序、制度和收费标准

29．用户申请新装或增加用电时，应向供电企业提供用电工程项目批准的文件及有关的用电资料，包括用电地点、电力用途、（   ）、（   ）、用电负荷、保安电力、

用电规划等，并依照供电企业规定的格式如实填写用电申请书及办理所需手续。

答案：用电性质，用电设备清单

30．新建受电工程项目在立项阶段，用户应与供电企业联系，就工程供电的可能性、用电容量和供电条件等达成意向性协议，方可定址，确定项目。未按前款规定办理的，供电企业有权（　　　）其用电申请。如因供电企业供电能力不足或政府规定限制的用电项目，供电企业可通知用户（　　　）办理。

答案：拒绝受理，暂缓

31．用户申请新装或增加用电时，应向供电企业提供（　　　）及有关的（　　　），并依照（　　　）如实填写用电申请书及办理所需手续。

答案：用电工程项目批准的文件，用电资料，供电企业规定的格式

32．用户对供电企业答复的供电方案有不同意见时，应在（　　　）提出意见，双方可再行协商确定。用户应根据确定的供电方案进行（　　　）。

答案：一个月内，受电工程设计

33．供电企业对已受理的用电申请，应尽速确定供电方案，在下列期限内正式书面通知用户：居民用户（　　　）；低压电力用户（　　　）；高压单电源用户（　　　）；高压双电源用户（　　　）。

答案：最长不超过五天，最长不超过十天，最长不超过一个月，最长不超过两个月

34．供电企业对已受理的用电申请，若不能（　　　）时，供电企业应向用户说明原因。

答案：如期确定供电方案

35．高压供电方案的有效期为（　　　），低压供电方案的有效期为（　　　），逾期注销。用户遇有特殊情况，需延长供电方案有效期的，应在有效期到期前（　　　）向供电企业提出申请，供电企业应视情况予以办理延长手续。但延长时间不得超过前款规定期限。

答案：一年，三个月，十天

36．供电方案的有效期，是指从（　　　）至（　　　）。高压供电方案的有效期为（　　　），低压供电方案的有效期为（　　　），逾期注销。

答案：供电方案正式通知书发出之日起，受电工程开工日为止，一年，三个月

37．暂换变压器的使用时间，35kV 及以上的不得超过（　　　），10kV 及以下的不得超过（　　　）。逾期不办理手续的，供电企业可中止供电。

答案：三个月，二个月

38．用户暂换是因受电变压器故障而无（　　　）变压器替代，需要临时更换（　　　）变压器。

答案：相同容量，大容量

39．用户暂换必须在（　　）的暂换受电变压器。

答案：原受电地点内整台

40．暂换变压器的使用时间，（　　）的不得超过两个月，（　　）的不得超过三个月。逾期不办理手续的，供电企业可（　　）供电。

答案：10kV及以下，35kV及以上，中止

41．两部制电价用户须在暂换之日起，按（　　）容量计收基本电费。

答案：替换后的变压器

42．用户迁址，原址按（　　）办理，供电企业予以（　　），新址用电优先受理。

答案：终止用电，销户

43．迁移后的新址仍在原供电点，但新址用电容量超过原址用电容量的，超过部分按（　　）办理。私自迁移用电地址而用电者，除按（　　）处理外，自迁新址不论是否引起供电点变动，一律按（　　）办理。

答案：增容，违约用电，新装用电

44．迁移后的新址不在（　　）供电的，新址用电按新装用电办理。迁址后的新址仍在（　　）供电的，但新址用电容量超过原用电容量的，超过部分按增容办理。

答案：原供电点，原供电点

45．在用电地址、用电容量、用电类别、（　　）等不变情况下，可办理移表手续，移表所需的费用由（　　）负担。

答案：供电点，用户

46．用户不论何种原因，不得自行移动表位，否则，可按（　　）处理。

答案：违约用电

47．移表是指用户因修缮房屋或其他原因需要移动（　　）。

答案：用电计量装置安装位置

48．电力用户办理暂拆时间最长不得超过（　　），暂拆期间供电企业保留该用户（　　）使用权。

答案：6个月，原容量

49．暂拆原因消除，用户要求复装接电时，须向供电企业办理复装接电手续并按规定交付费用。上述手续完成后，供电企业应在（　　）内为该用户复装接电。

答案：5天

50．暂拆原因消除，用户要求复装接电时，须向供电企业办理（　　）并（　　）。上述手续完成后，供电企业应在五天内为该用户复装接电。

答案：复装接电手续，按规定交付费用

51．在（　　）、（　　）、（　　）不变的情况下，允许办理更名或过户。

答案：用电地址，用电容量，用电类别

52．不申请办理过户手续而私自过户者，新用户应（　　）。经供电企业检查发现用户私自过户时，供电企业应通知该户（　　），必要时可（　　）供电。

答案：承担原用户所负债务，补办手续，中止

53．在（　　）、（　　）、（　　）不变，且其受电装置具备（　　）的条件时，允许办理分户。

答案：用电地址，供电点，用电容量，分装

54．在原用户与供电企业（　　）的情况下，再办理分户手续。分立后的新用户应与供电企业重新建立（　　）。

答案：结清债务，供用电关系

55．分户后受电装置应经（　　）检验合格，由供电企业（　　）。

答案：供电企业，分别装表计费

56．电力用户申请分户时，原用户的用电容量由（　　）自行协商分割，分户引起的工程费由（　　）承担。

答案：分户者，分户者

57．在（　　）、（　　）的相邻两个及以上用户允许办理并户。

答案：同一供电点，同一用电地址

58．用户申请并户，原用户应在（　　）向供电企业结清债务，新用户用电容量不得超过并户前（　　），并户的受电装置应经检验合格，由供电企业重新装表计费。

答案：并户前，各户容量之总和

59．供电用户连续六个月不用电，也不申请办理暂停手续者，供电企业须以（　　）终止其用电。用户需用电时，按（　　）用电办理。

答案：销户，新装

60．用户连续（　　），也不申请办理（　　）者，供电企业须以销户终止其用电。用户需要再用电时，按新装用电办理。

答案：六个月不用电，暂停用电手续

61．由于供电企业的原因引起用户供电电压等级变化的，改压引起的（　　）由供电企业负担。

答案：用户外部工程费用

62．在（　　）内，（　　）而引起用电电价类别改变时，允许办理改类手续。

答案：同一受电装置，电力用途发生变化

63．用户依法破产时，从破产用户分离出去的新用户，必须在偿清原破产用户（　　）后，方可办理变更用电手续，否则，供电企业可按（　　）处理。

答案：电费和其他债务，违约用电

64．用户受电设施的建设与改造应当符合（　　　）。对规划中安排的线路走廊和变电站建设用地，应当优先满足（　　　）的需要，确保（　　　）得到有效利用。

答案：城乡电网建设与改造规划，公用供电设施建设，土地和空间资源

65．用户新装、增装或改装受电工程的（　　　）、（　　　）与（　　　）应符合国家有关标准；国家尚未制定标准的，应符合电力行业标准；国家和电力行业尚未制定标准的，应符合（　　　）的规定和规程。

答案：设计安装，试验，运行，省（自治区、直辖市）电力管理部门

66．供电企业对低压供电的用户受电工程进行设计审查时，用户应提供（　　　）和（　　　）。

答案：负荷组成，用电设备清单

67．供电企业对用户送审的受电工程设计文件和有关资料的审核时间，对高压供电的用户最长不超过（　　　），对低压供电的用户最长不超过（　　　）。

答案：一个月，十天

68．用户受电工程的设计文件，未经供电企业审核同意，用户不得据以（　　　），否则，供电企业将不予（　　　）。

答案：施工，检验和接电

69．供电企业对用户的受电工程设计文件和有关资料的审核意见应以（　　　）连同（　　　）和（　　　）一并退还用户，以便用户据以施工。

答案：书面形式，审核过的一份受电工程设计文件，有关资料

70．用户应在提高用电自然功率因数的基础上，按有关标准（　　　）无功补偿设备，并做到随其负荷和电压变动及时（　　　），防止无功电力倒送。

答案：设计和安装，投入或切除

71．用户的功率因数在规定期限内仍未采取措施达到规定要求的用户，供电企业可（　　　）供电。

答案：中止或限制

72．无功电力应（　　　）平衡。用户应在提高（　　　）用电的基础上，按有关标准设计和安装无功补偿设备，并做到随其负荷和电压变动及时投入或切除，防止无功电力（　　　）。

答案：就地，自然功率因数，倒送

73．除（　　　）的用户外，用户在当地供电企业规定的（　　　），应达到下列规定：100kVA 及以上高压供电的用户功率因数为 0.90 以上。其他电力用户和大、中型电力排灌站、趸购转售电企业，功率因数为 0.85 以上。农业用电，功率因数为 0.80以上。

答案：电网有特殊要求，电网高峰负荷时的功率因数

74．用户受电工程在施工期间，供电企业应根据审核同意的设计和有关施工标准，对用户受电工程中的隐蔽工程进行（　　　）。如有不符合规定的，应以（　　　）向用户提出意见，用户应按（　　　）的规定予以改正。

答案：中间检查，书面形式，设计和施工标准

75．供电企业接到用户的（　　　）及检验申请后，应及时组织（　　　）。

答案：受电装置竣工报告，检验

76．公用路灯、交通信号灯是公用设施，应由当地人民政府及有关管理部门投资建设，并负责（　　　）等事项。供电企业可接受地方有关部门的委托，代为（　　　）、（　　　）与（　　　）公用路灯，并照章收取费用，具体事项由双方协商确定。

答案：维护管理和交纳电费，设计，施工，维护管理

77．用户建设临时性受电设施，需要供电企业施工的，其施工费用应由（　　　）负担。

答案：用户

78．供电设施建成后，属于公用性质或占用（　　　）的，由（　　　）统一管理。属于用户专用性质，但不在公用变电站内的供电设施，由（　　　）运行维护管理。属于用户共用性质的供电设施，由（　　　）共同运行维护管理。

答案：公用线路规划走廊，供电企业，用户，拥有产权的用户

79．供电设施的运行维护管理范围，按（　　　）确定。在（　　　）上的具体分界点，由供用双方协商确定。

答案：产权归属，电气

80．10kV及以下公用高压线路供电的，以用户厂界外或配电室前的（　　　）为分界点。

答案：第一断路器或第一支持物

81．产权属于用户且由用户运行维护的线路，以（　　　）线路分支杆或（　　　）线路接引的公用变电站外第一基电杆为分界点，（　　　）线路第一基电杆属用户。

答案：公用，专用，专用

82．供电企业和用户分工维护管理的供电和受电设备，除另有约定者外，未经（　　　）同意，对方不得（　　　）。

答案：管辖单位，操作或更动

83．用户到供电企业维护的设备区作业时，应征得供电企业同意，并在供电企业人员（　　　）进行工作。作业完工后，双方均应及时予以（　　　）。

答案：监护下，修复

84．因建设引起建筑物、构筑物与供电设施相互妨碍，需要迁移供电设施或采取

防护措施时，应按（　　）的原则，确定其担负的责任。

答案：建设先后

85．城乡建设与改造需迁移供电设施时，供电企业和用户都应积极配合，迁移所需的材料和费用，应在（　　）中解决。

答案：城乡建设与改造投资

86．在供电设施上发生事故引起的法律责任，按（　　）确定。

答案：供电设施产权归属

87．供电企业和用户都应加强供电和用电的运行管理，切实执行国家和电力行业制定的有关（　　）的规程制度。

答案：安全供用电

88．用户执行其上级主管机关颁发的电气规程制度，除特殊专用的设备外，如与电力行业标准或规定有矛盾时，应以（　　）为准。

答案：国家和电力行业标准或规定

89．在电力系统非正常状况下，供电频率允许偏差不应超过（　　）。

答案：±1.0Hz

90．在电力系统正常状况下，220V 单相供电的，供电企业供到用户受电端的供电电压允许偏差为额定值的（　　），（　　）。

答案：＋7%，－10%

91．在电力系统非正常状况下，用户受电端的电压最大允许偏差不应超过（　　）。

答案：额定值的±10%

92．用户的冲击负荷、波动负荷、非对称负荷对（　　）产生影响或对（　　）构成干扰和妨碍时，用户必须采取措施予以消除。如不采取措施或采取措施不力，达不到国家标准规定的要求时，供电企业可（　　）。

答案：供电质量，安全运行，中止对其供电

93．供电企业应不断改善供电可靠性，减少（　　）和（　　）对用户的停电次数及每次停电持续时间。

答案：设备检修，电力系统事故

94．供电设备计划检修时，对 35kV 及以上的电压供电用户的停电次数，每年不超过（　　）次；对 10kV 供电的用户，每年不超过（　　）次。

答案：1，3

95．供电企业和用户应共同加强对（　　）的管理。因（　　）而引起责任纠纷时，不合格的质量责任由电力管理部门认定的电能质量技术检测机构负责技术仲裁。

答案：电能质量，电能质量某项指标不合格

96．供电企业和用户的供用电设备计划检修应相互配合，尽量做到（　　　）。用电负荷较大，（　　　）的设备，其停开时间，用户应提前与供电企业联系。

答案：统一检修，开停对电网有影响

97．供电企业应根据（　　　）和（　　　），编制事故限电序位方案，并报电力管理部门审批或备案后执行。

答案：电力系统情况，电力负荷的重要性

98．用户应定期进行电气设备和保护装置的检查、检修和试验，消除设备隐患，预防（　　　）和（　　　）发生。

答案：电气设备事故，误动作

99．用户电气设备危及人身和运行安全时，应立即（　　　）。

答案：检修

100．（　　　）的用户应加装连锁装置，或按照供用双方签订的协议进行调度操作。

答案：多路电源供电

101．多路电源供电的用户应加装（　　　），或按照供用双方签订的协议进行调度操作。

答案：连锁装置

102．供电企业接到用户用电事故报告后，应派员赴现场调查，在七天内协助用户提出（　　　）。

答案：事故调查报告

103．用户受电装置应当与电力系统的继电保护方式相互配合，并按照电力行业有关标准或规程进行（　　　）。

答案：整定和检验

104．由供电企业（　　　）、（　　　）的继电保护装置及其二次回路和供电企业规定的继电保护整定值，用户不得（　　　）。

答案：整定，加封，擅自变动

105．承装、承修、承试受电工程的单位，必须经电力管理部门审核合格，并取得电力管理部门颁发的（　　　）。

答案：承装（修）电力设施许可证

106．除因故中止供电外，供电企业需对用户停止供电时，应首先将停电的（　　　）、（　　　）、（　　　）报本单位负责人批准。批准（　　　）由省电网经营企业制定。

答案：用户，原因，时间，权限和程序

107．供电企业需对用户停止供电时，在停电前（　　　）内，将停电通知书送达用户，对（　　　）的停电，应将停电通知书报送同级电力管理部门。

答案：3～7天，重要用户

108. 发供电系统发生故障需要停电、限电或者计划限、停电时，供电企业应按确定的（　　）进行停电或限电。但（　　）应事前公告用户。

答案：限电序位，限电序位

109. 供电企业应在用户每一个受电点内按不同电价类别，分别（　　）。每个受电点作为用户的一个（　　）。

答案：安装用电计量装置，计费单位

110. 供电企业对执行定比或定量计费的电力用户每年至少进行（　　）次现场核定，电力用户不得拒绝。

答案：一

111. 计费电能表及附件的购置、安装、移动、更换、校验、拆除、加封、启封及表计接线等，均由（　　）负责办理，用户应提供工作上的方便。

答案：供电企业

112. 高压用户的成套设备中装有自备电能表及附件时,经供电企业(　　)、(　　)并（　　）的，可作为计费电能表。

答案：检验合格，加封，移交供电企业维护管理

113. 供电企业在（　　）、（　　）后应对用电计量装置加封，并请用户在工作凭证上（　　）。

答案：新装，换装及现场校验，签章

114. 对 10kV 及以下电压供电的用户，应配置（　　）；对 35kV 及以上电压供电的用户，应有专用的（　　）和专用的（　　），并不得与保护、测量回路共用。

答案：专用的电能计量柜（箱），电流互感器二次线圈，电压互感器二次连接线

115. 电压互感器（　　）不得超过允许值。超过允许值时，应予以（　　）予以更正。

答案：专用回路的电压降，改造或采取必要的技术措施

116. 当用电计量装置不安装在产权分界处时，线路与变压器损耗的有功与无功电量均须由（　　）负担。

答案：产权所有者

117. 用电计量装置原则上应装在供电设施的产权分界处。如产权分界处不适宜装表的，对专线供电的高压用户，可在（　　）装表计量；对公用线路供电的高压用户，可在用户（　　）计量。

答案：供电变压器出口，受电装置的低压侧

118. 临时用电的用户，应安装（　　）。对不具备安装条件的，可按其（　　）、（　　）、（　　）计收电费。

答案：用电计量装置，用电容量，使用时间，规定的电价

119. 如因（　　）或（　　）使计费电能表出现故障，供电企业应免费更换，（　　）引起的，用户应负担赔偿费或修理费。

答案：供电企业责任，不可抗力，其他原因

120. 用户认为供电企业装设的计费电能表不准，有权向供电企业提出（　　），在用户交付验表费后，供电企业应在（　　）内校验，并将检验结果通知用户，如计费电能表的误差在允许范围内，校验费（　　）；如误差超出允许范围，除退还校验费外，还应根据有关规定（　　）。

答案：校验申请，7天，不退，退补电费

121. 供电企业必须按（　　）校验、轮换计费电能表，并对计费电能表进行（　　）。

答案：规定的周期，不定期检查

122. 用户对电能表检验结果有异议时，可向（　　）申请检定。用户在申请验表期间，其电费仍应（　　），验表结果确认后，再行（　　）。

答案：供电企业上级计量检定机构，按期交纳，退补电费

123. 互感器或电能表误差超出允许范围时，以"（　　）"误差为基准，按验证后的误差值退补电量。退补时间从上次校验或换装后投入之日起至（　　）之日止的（　　）时间计算。

答案：0，误差更正，二分之一

124. 连接线的电压降超出允许范围时，以（　　）为基准，按验证后（　　）之差补收电量。补收时间从（　　）起至电压降更正之日止。

答案：允许电压降，实际值与允许值，连接线投入或负荷增加之日

125. 其他非人为原因致使计量记录不准时，以用户（　　）为基准，退补电量，退补时间按（　　）确定。退补期间，用户先按（　　）如期交纳电费，误差确定后，再行退补。

答案：正常月份的用电量，抄表记录，抄见电量

126. 用电计量装置接线错误、保险熔断、倍率不符等原因，使电能计量或计算出现差错时，在退补电量未正式确定前，用户先按（　　）交付电费。

答案：正常月用电量

127. 计费计量装置接线错误的，以其（　　）为基数，按（　　）的差额率退补电量，退补时间从上次校验或换装投入之日起至接线错误更正之日止。

答案：实际记录的电量，正确与错误接线

128. 电压互感器保险熔断的，按规定（　　）补收相应电量的电费；无法计算的，以用户正常月份用电量为基准，按（　　）补收相应电量的电费，补收时间按抄表记录或按失压自动记录仪记录确定。

答案：计算方法计算值，正常月与故障月的差额

129. 计算电量的倍率或铭牌倍率与实际不符的，以（　　）为基准，按（　　）退补电量，退补时间以抄表记录为准确定。退补电量未正式确定前，用户先按正常月电量交付电费。

答案：实际倍率，正确与错误倍率的差值

130. 供电企业应当按（　　），依据用电计量装置的记录计算电费，按期向用户收取或通知用户按期交纳电费。用户应按供电企业规定的（　　）交清电费，不得拖延或拒交电费。

答案：国家批准的电价，期限和交费方式

131. 由于用户的原因未能如期抄录计费电能表读数时，可通知用户（　　）或（　　）计收电费，待下次抄表时一并结清。因用户原因连续（　　）不能如期抄到计费电能表读数时，供电企业应通知该用户得（　　）供电。

答案：待期补抄，暂按前次用电量，六个月，终止

132. （　　）、（　　）、（　　）不扣减基本电费。

答案：事故停电，检修停电，计划限电

133. 某工业用户有 400kVA. 500kVA 变压器各 1 台，其中 400kVA 变压器从 2014 年 3 月 11 日晚 6∶00 正式启用，合同约定每月月底抄表结算电费，则该用户 3 月份基本电费是（　　）元。[假设基本电费电价为 20 元/kVA/月。]

答案：15600

134. 某工厂原有一台 315kVA 变压器和一台 250kVA 变压器，按容量计收基本电费。某月，该工厂因检修停电 10 天，则该厂当月应按照（　　）交纳基本电费。

答案：565kVA

135. 以变压器容量计算基本电费的用户，备用变压器属（　　）并经（　　）的，不收基本电费，属（　　）状态或未经（　　）的，无论使用与否均计收基本电费。

答案：冷备用状态，供电企业加封，热备用，加封

136. 在受电装置（　　）的变压器（含高压电动机），按可能同时使用的变压器（含高压电动机）容量之和的最大值计算其基本电费。

答案：一次侧装有连锁装置互为备用

137. 对月用电量较大的用户，供电企业可按用户月电费确定每月分若干次收费，并于抄表后结清当月电费。收费次数由供电企业与用户（　　）确定，一般每月不少于（　　）。对于银行划拨电费的，供电企业、用户、银行三方应签订（　　）的协议书。

答案：协商，三次，电费划拨和结清

138. 临时用电用户未装用电计量装置的，供电企业应根据其（　　），按双方约定的（　　）和（　　）预收全部电费。

答案：用电容量，每日使用时数，使用期限

139．供电企业依法对用户终止供电时，用户必须结清（　　）和与供电相关的（　　）。否则，供电企业有权（　　）。

答案：全部电费，其他债务，依法追缴

140．在供电营业区内建设的各类发电厂，未经许可，不得从事（　　）业务。

答案：电力供应与电能经销

141．并网运行的发电厂，应在发电厂建设项目立项前，与（　　）联系，就并网容量、发电时间、上网电价、上网电量等达成电量购销意向性协议。

答案：并网的电网经营企业

142．用户自备电厂应（　　）厂区内的用电，不得将自备电厂的电力向厂外供电。（　　）可与供电企业签订（　　）。

答案：自发自供，自发自用有余的电量，电量购销合同

143．供电企业和用户应当在正式供电前，根据用户（　　）和供电企业的（　　）以及办理用电申请时双方已（　　）的有关文件，签订供用电合同。

答案：用电需求，供电能力，认可或协商一致

144．对用电量大的用户或供电有特殊要求的用户，在签订供用电合同时，可单独签订（　　）和（　　）等。

答案：电费结算协议，电力调度协议

145．供用电合同应采取（　　）形式，经双方协商同意的有关修改合同的（　　）、（　　）、（　　）和图表也是合同的组成部分。

答案：书面，文书，电报，电传

146．由于供电企业电力运行事故造成用户停电时，供电企业应按用户在停电时间内（　　）的5倍（单一制电价为4倍）给予赔偿。用户在停电时间内可能用电量，按照停电前用户（　　）或（　　）内的每小时平均用电量乘以停电小时求得。

答案：可能用电量的电度电费，正常用电月份，正常用电一定天数

147．由于用户的责任造成供电企业对外停电，用户应按供电企业对外停电时间（　　），乘以上月份供电企业（　　）给予赔偿。

答案：少供电量，平均售电单价

148．虽因用户过错造成电力运行事故，但由于（　　）而使事故扩大造成其他用户损害的，该用户不承担事故扩大部分的赔偿责任。

答案：供电企业责任

149．在电力运行事故中，对停电责任的分析和停电时间及少供电量的计算，均按（　　）及（　　）办理。停电时间不足1小时按1小时计算，超过1小时按实际时间计算。

答案：供电企业的事故记录，《电业生产事故调查规程》

150．供用电双方在合同中订有电压质量责任条款的，若用户用电的（　　）未达到规定标准或（　　）原因引起的电压质量不合格的，供电企业不负赔偿责任。

答案：功率因数，其他用户

151．电压变动超出允许变动幅度的时间，以（　　）的电压自动记录仪表的记录为准，如用户未装此项仪表，则以（　　）为准。

答案：用户自备并经供电企业认可，供电企业的电压记录

152．供电频率超出允许偏差，给用户造成损失的，供电企业应按（　　）的电量，乘以（　　）的百分之二十给予赔偿。

答案：用户每月在频率不合格的累计时间内所用，当月用电的平均电价

153．频率变动超出允许偏差的时间，以（　　）仪表的记录为准，如用户未装此项仪表，则以（　　）记录为准。

答案：用户自备并经供电企业认可的频率自动记录，供电企业的频率

154．用户在供电企业规定的期限内未交清电费时，应承担电费滞纳的（　　）责任，电费违约金自逾期之日起计算至交纳日止，每日电费违约金按下列规定计算：

①居民户每日按欠费总额的（　　）计算。

②其他用户：当年欠费部分，每日按欠费总额的（　　）计算；跨年度部分，每日按（　　）计算。电费违约金收取总额按日（　　）计收，总额不足1元的按（　　）收取。

答案：违约，千分之一，千分之二，千分之三，累加，1元

155．因电力运行事故引起城乡居民用户家用电器损坏的，供电企业应按（　　）进行处理。

答案：《居民用户家用电器损坏处理办法》

156．因（　　）引起城乡居民用户家用电器损坏的，供电企业应按《居民用户家用电器损坏处理办法》进行处理。

答案：电力运行事故

157．危害（　　）、扰乱（　　）行为，属于违约用电行为。

答案：供用电安全，正常供用电秩序

158．在电价低的供电线路上，擅自接用电价高的用电设备或私自改变用电类别的，应按实际使用日期补交其（　　），并承担（　　）的违约使用电费。使用起迄日期难以确定的，实际使用时间按（　　）计算。

答案：差额电费，2倍差额电费，3个月

159．在电价低的线路上，私自接用电价高的用电设备或私自改变用电类别者，应按实际使用日期补交其（　　），并承担（　　）差额电费的违约使用电费。使用起讫

日期难以确定的，实际使用时间按（　　）计算。

答案：差额电费，2倍，3个月

160．私自超过合同约定的容量用电的，除应（　　）外，属于两部制电价的用户，应补交私增设备容量使用月数的基本电费，并承担（　　）私增容量基本电费的违约使用电费；其他用户应承担私增容量（　　）的违约使用电费。如用户要求继续使用者，按新装增容办理手续。

答案：拆除私增容设备，3倍，每千瓦（kVA）50元

161．未经供电企业同意，擅自引入（供出）电源或将备用电源和其他电源私自并网的，除（　　）外，应承担其引入（供出）或并网电源容量每千瓦（千伏安）（　　）的违约使用电费。

答案：当即拆除接线，500元

162．伪造或者开启供电企业加封的用电计量装置封印用电的属于（　　）。

答案：窃电行为

163．窃电者应按窃电量补交电费，并承担补交电费（　　）倍的违约使用电费。

答案：3

164．供电企业对查获的窃电者，应予制止，并可（　　）供电。窃电者应按所窃电量补交电费，并承担补交电费（　　）的违约使用电费。拒绝承担窃电责任的，供电企业应报请（　　）依法处理。（　　）或（　　）的，供电企业应提请司法机关依法追究刑事责任。

答案：当场中止，3倍，电力管理部门，窃电数额较大，情节严重

165．在供电企业的供电设施上，擅自接线用电的，所窃电量按（　　）（kVA视同kW）乘以（　　）计算确定。

答案：私接设备额定容量，实际使用时间

166．以其他行为窃电的，所窃电量按计费电能表（　　）（对装有限流器的，按限流器整定电流值）所指的容量（kVA视同kW）乘以实际窃用的时间计算确定。窃电时间无法查明时，窃电日数至少以（　　）计算，每日窃电时间：电力用户按（　　）计算，照明用户按（　　）计算。

答案：标定电流值，180天，12h，6h

167．因违约用电或窃电造成供电企业的供电设施损坏的，责任者必须承担供电设施的（　　）或（　　）。

答案：修复费用，进行赔偿

168．因违约用电或窃电导致他人财产、人身安全受到侵害的，受害人有权要求违约用电或窃电者（　　），（　　）。供电企业应予协助。

答案：停止侵害，赔偿损失

169．一客户电能表经计量检定部门现场校验，发现慢 10%（非人为因素所致）。已知该电能表自换装之日起至发现之日止，表计电量为 900000kWh，该客户应补电量为（　　）。

答案：50000kWh

170．某工厂原有一台 315kVA 变压器和一台 500kVA 变压器，按容量计收基本电费。2016 年 4 月，因检修经供电企业检查同意，于 13 日暂停 315kVA 变压器 1 台，4 月 26 日检修完毕恢复送电。供电企业对该厂的抄表日期是每月月末，基本电价为 20 元/（kVA·月），则该厂 4 月份应交纳的基本电费（　　）元。

答案：16300

171．某大工业用户按变压器容量计收基本电费，其容量为 1630kVA（1000kVA 变压器和 630kVA 变压器各 1 台），向供电企业申请暂停 1000kVA 容量后，供电企业经核查后同意并于 7 月 10 日对其变压器加封。该用户 7 月份基本电费为（　　）元。[假设基本电价为 28 元（/kVA·月），抄表例日为每月 30 日，抄表例日当天电费算在当月]

答案：26040 [630×28＋1000×28×9÷30＝26040（元）]

172．某工业电力用户 2010 年 12 月份的电费为 2000 元，2011 年元月份的电费为 3000 元。该用户 2011 年 1 月 18 日才到供电企业交纳以上电费，则该用户 2011 年元月份应交纳电费违约金为（　　）。（供电企业电费缴纳截止日期为每月 15 日）

答案：190 元

解：由于该用户不属居民用户，根据《供电营业规则》应按年度分别进行违约金的计算。

（1）2010 年应交的违约金为：12 月份 2000×（31－15）×2‰＝64（元）

（2）2011 年应交的违约金为：2010 年 12 月份的欠费在 2011 年 1 月 18 日交费时应交的违约金为：2000×18×3‰＝108（元）

2011 年元月份应交的违约金为：3000×（18－15）×2‰＝18（元）

（3）合计应缴纳电费违约金为：64＋108＋18＝190（元）

二、选择题

（一）单选题

1．中华人民共和国电力工业部第 8 号令颁布《供电营业规则》，自（　　）开始施行。

A．1996 年 6 月 1 日　　　　　　　　B．1996 年 10 月 8 日

C．1997 年 10 月 8 日

答案：B

2. 《供电营业规则》规定：用户需要的电压等级在（　　）及以上时，其受电装置应作为终端变电站设计，方案需经省电网经营企业审批。

A．10kV　　　　　B．35kV　　　　　C．110kV　　　　　D．220kV

答案：C

3. 用电负荷密度较高的地区，经过技术经济比较，采用低压供电的技术经济性明显优于高压供电时，低压供电的容量界限可适当提高。具体容量界限由（　　）作出规定。

A．省电力管理部门　　　　　　　　B．省电网经营企业

C．电力管理部门　　　　　　　　　D．供电企业

答案：B

4. 供电企业不得委托（　　）用户向其他用户转供电。

A．重要的国防军工　　　　　　　　B．民营企业

C．双路电　　　　　　　　　　　　D．有自备发电机的

答案：A

5. 供电企业在计算转供户用电量、最大需量及功率因数调整电费时，应扣除（　　）。

A．被转供户、公用线路损耗的有功、无功电量

B．被转供户、变压器损耗的有功、无功电量

C．转供户损耗的有功、无功电量

D．被转供户、公用线路及变压器损耗的有功、无功电量

答案：D

6. 某转供户为二班制生产，供电企业每月在计算其最大需量时，应将被转供户每月用电量按（　　）折合为 1kW 最大需量，在转供户中扣除。

A．180kWh　　　B．360kWh　　　C．540kWh　　　D．270kWh

答案：B

7. 某转供户为三班制生产，供电企业每月在计算转供户最大需量时，应将被转供户每月用电量按（　　）折合为 1kW 最大需量，在转供户中扣除。

A．180kWh　　　B．360kWh　　　C．540kWh　　　D．270kWh

答案：C

8. 某转供户为农业用电，供电企业每月在计算转供户最大需量时，应将被转供户每月用电量按（　　）折合为 1kW 最大需量，在转供户中扣除。

A．180kWh　　　B．360kWh　　　C．540kWh　　　D．270kWh

答案：D

9. 如因供电企业供电能力不足或政府规定限制的用电项目，供电企业可通知用

户（　　　）办理。

    A．中止　　　　　　B．终止　　　　　　C．暂缓　　　　　　D．拒绝

答案：C

10．下列哪项内容不属于用户申请新装或增加用电时应向供电企业提供的资料？（　　　）

    A．用电地点　　　　B．电力用途　　　　C．用电负荷　　　　D．用电类别

答案：D

11．高压供电方案的有效期为（　　　），低压供电方案的有效期为（　　　），逾期注销。

    A．一个月，半年　　　　　　　　　　B．三个月，一年

    C．半年，一个月　　　　　　　　　　D．一年，三个月

答案：D

12．某大工业用户原用电容量为400kVA，现申请改为200kVA用电一年，该户应办理（　　　）。

    A．改压　　　　　　B．改类　　　　　　C．减容　　　　　　D．销户

答案：C

13．因为规划需要，某用户原用电计量装置须改变安装位置，该户应办理（　　　）。

    A．迁址　　　　　　B．改类　　　　　　C．减容　　　　　　D．移表

答案：D

14．用户因为修缮房屋需要暂时停止用电并拆表，该户应办理（　　　）。

    A．迁址　　　　　　B．改类　　　　　　C．暂拆　　　　　　D．移表

答案：C

15．用户暂换变压器的使用时间，10kV及以下的不得超过（　　　），35kV及以上的不得超过（　　　）。

    A．一个月，三个月　　　　　　　　　B．二个月，三个月

    C．三个月，二个月　　　　　　　　　D．三个月，一个月

答案：B

16．用户移表须向供电企业提出申请，移表费用应由（　　　）承担。

    A．供电企业和用户协商　　　　　　B．供电企业　　　　C．用户

答案：C

17．用户暂拆时间最长不超过（　　　）。

    A．1个月　　　　　　B．3个月　　　　　　C．6个月　　　　　　D．12个月

答案：C

18．某居民用户，因修理房屋需暂时拆表并停止用电，三个月后，用户重新用电

需办理（　　）手续。

　　A．新装　　　　　　B．移表　　　　　　C．暂拆　　　　　　D．复装接电

　　答案：D

19．某居民用户，因修理房屋需暂时拆表并停止用电，一年后，用户重新用电需办理（　　）手续。

　　A．新装　　　　　　B．移表　　　　　　C．暂拆　　　　　　D．复装接电

　　答案：A

20．供电企业对用户送审受电工程设计文件和有关资料，应按规定审核，高压供电的用户审核的时间最长不超过（　　），对低压供电的用户审核的时间最长不超过（　　）。

　　A．十天，一个月　　　　　　　　　B．三个月，一个月

　　C．一个月，十五天　　　　　　　　D．一个月，十天

　　答案：D

21．无功电力应（　　）。

　　A．集中补偿　　　B．分散补偿　　　C．就地平衡　　　D．按需补偿

　　答案：C

22．用户在当地供电企业规定的电网高峰负荷时的功率因数，应达到下列规定：100kVA 及以上高压供电的用户功率因数为（　　）以上。其他电力用户中大、中型电力排灌站、趸购转售电企业，功率因数为（　　）以上。农业用电，功率因数为（　　）。

　　A．0.90，0.85，0.80　　　　　　　B．0.85，0.85，0.80

　　C．0.90，0.85，0.85

　　答案：A

23．一工业用户，用电容量为 125kVA，该用户在电网高峰负荷时的功率因数应达到（　　）。

　　A．0.90 以上　　　B．0.85 以上　　　C．0.80　　　　　D．不执行

　　答案：A

24．农业用电在电网高峰负荷时的功率因数应达到（　　）。

　　A．0.90　　　　　B．0.85　　　　　C．0.80　　　　　D．0.95

　　答案：C

25．在公用变电站内由用户投资建设的供电设备，如变压器、通信设备、断路器、隔离开关等，由（　　）统一经营管理。建成投运前，双方应就运行维护、检修、备品备件等项事宜签订交接协议。

　　A．供电企业　　　　　　　　　　　B．用户

　　C．供电企业与用户协商确定　　　　D．政府

答案：A

26．属于临时用电等其他性质的供电设施，原则上由（　　）运行维护管理，可由双方协商确定，并签订协议。

A．供电企业　　　　　　　　　　B．用户

C．产权所有者　　　　　　　　　　D．施工单位

答案：C

27．35kV 及以上公用高压线路供电的，以用户厂界外或用户变电站外第一基电杆为分界点。第一基电杆属（　　）。

A．供电企业　　　　　　　　　　B．用户

C．供电企业与用户共有　　　　　　D．具体文件规定

答案：A

28．产权属于用户且由用户运行维护的线路，以公用线路支杆或专用线接引的公用变电站外第一基电杆为分界点，专用线路第一电杆属（　　）。

A．供电企业　　　　　　　　　　B．用户

C．供电企业与用户共有　　　　　　D．维护单位

答案：B

29．在供电设施上发生事故引起的法律责任由（　　）承担。

A．供电企业　　　　B．用户　　　　C．供电设施产权所有者

答案：C

30．在电力系统正常状况下，电网装机容量在 300 万 kW 及以上的，供电频率的允许偏差为（　　）。

A．±0.2Hz　　　B．±0.5Hz　　　C．±1.0Hz　　　D．±1.2Hz

答案：A

31．在电力系统正常状况下，电网装机容量在 300 万 kW 以下的，供电频率的允许偏差为（　　）。

A．±0.2Hz　　　B．±0.5Hz　　　C．±1.0Hz　　　D．±1.2Hz

答案：B

32．在电力系统非正常状况下，电网装机容量在 300 万 kW 以下的，供电频率允许偏差不应超过（　　）。

A．±0.2Hz　　　B．±0.5Hz　　　C．±1.0Hz　　　D．±1.2Hz

答案：C

33．用户功率因数未达到规定标准引起电压质量不合格的，对电压不合格给用户造成的损失（　　）。

A．供电企业不负赔偿责任　　　　　B．供电企业负责赔偿责任

C．责任单位赔偿   D．视不同情况而定

答案：A

34．在电力系统正常状况下，供电企业供到用户受电端的供电电压 35kV 及以上电压供电的，电压正、负偏差的绝对值之和不超过额定值的（　　　）。

A．10%   B．±10%

C．+7%，−10%   D．±7%

答案：A

35．在电力系统正常状况下，供电企业供到用户受电端的供电电压 10kV 及以下三相供电的允许偏差，为额定值的（　　　）。

A．10%   B．±10%

C．+7%，−10%   D．±7%

答案：D

36．在电力系统正常状况下，对于低压三相供电的，供电企业供到用户受电端的供电电压允许偏差为额定值的（　　　）。

A．10%   B．±10%

C．+7%，−10%   D．±7%

答案：D

37．在电力系统正常状况下，供电企业供到用户受电端的供电电压 220V 单相供电的，为额定值的（　　　）。

A．10%   B．±10%

C．+7%，−10%   D．±7%

答案：C

38．在电力系统非正常状况下，对于 10kV 供电的用户，其受电端的电压最大允许偏差不应超过额定值的（　　　）。

A．10%   B．±10%

C．+7%，−10%   D．±7%

答案：B

39．用户的冲击负荷、波动负荷、非对称负荷对供电质量产生影响或对安全运行构成干扰和妨碍时，（　　　）必须采取措施予以消除。

A．用户   B．供电企业

C．用户和供电企业   D．供电企业协助用户

答案：A

40．遇有（　　　）检修需停电时，供电企业应按规定提前通知重要用户，用户应予以配合，事故断电，应尽速修复。

A．计划　　　　B．故障　　　　C．临时　　　　D．紧急

答案：D

41．供电企业应根据电力系统情况和电力负荷的重要性，编制事故限电序位方案，并报（　　）审批或备案后执行。

A．电力调度部门　　　　　　　　B．电力管理部门

C．供电管理部门　　　　　　　　D．电力调控中心

答案：B

42．供电企业接到用户事故报告后，应派员现场调查，在（　　）内协助用户提出事故调查报告。

A．三天　　　　B．五天　　　　C．七天　　　　D．24h

答案：C

43．在用户受电装置上作业的电工，应经过电工专业技能的培训，必须取得（　　）颁发的《电工进网作业许可证》，方准上岗作业。

A．电力管理部门　　　　　　　　B．供电企业

C．当地人民政府　　　　　　　　D．人事部门

答案：A

44．（　　）都应经常开展安全供用电宣传教育，普及安全用电常识。

A．供电企业　　　　　　　　　　B．用户

C．供电企业和用户　　　　　　　D．电力企业和用户

答案：C

45．供电企业需对用户停止供电时，在停电前（　　）内，将停电通知书送达用户，对重要用户的停电，应将停电通知书送同级电力管理部门。

A．三天　　　　B．五天　　　　C．三至五天　　　　D．三至七天

答案：D

46．引起停电或限电的原因消除后，供电企业应在（　　）内恢复供电。不能在（　　）内恢复供电的，供电企业应向用户停电或限电。

A．七日，七日　　B．三日，三日　　C．24h，24h　　D．五日，五日

答案：B

47．自备电厂如需伸入或跨越供电企业所属的供电营业区供电的，应经（　　）同意。

A．供电企业　　　　　　　　　　B．省电力部门

C．所属供电营业区　　　　　　　D．省电网经营企业

答案：D

48．由于电力企业电力运行事故造成用户停电时，供电企业应按用户在停电时间

内可能用电量的电度电费的（　　　）（单一制电价为 4 倍）给予赔偿。

　　A．3 倍　　　　　　B．5 倍　　　　　　C．6 倍　　　　　　D．10 倍

　　答案：B

　　49．用户用电功率因数达到规定标准，而供电电压超出本规则规定的变动幅度，给用户造成损失的，供电企业应按用户每月在电压不合格的累计时间内所用的电量，乘以用户当月用电的平均电价的（　　　）给予赔偿。

　　A．10%　　　　　　B．20%　　　　　　C．50%　　　　　　D．200%

　　答案：B

　　50．私自迁移、更动和擅自操作供电企业的用电计量装置、电力负荷管理装置、供电设施以及约定由供电企业调度的用户受电设备者，属于居民用户的，应承担每次（　　　）元的违约使用电费；属于其他用户的，应承担每次（　　　）元的违约使用电费。

　　A．500，500　　　B．5000，5000　　C．5000，500　　D．500，5000

　　答案：D

　　51．未经供电企业同意，擅自引入（供出）电源或将备用电源和其他电源私自并网的，除当即拆除接线外，应承担其引入（供出）或并网电源容量每 kW（kVA）（　　　）元的违约使用电费。

　　A．50　　　　　　　B．500　　　　　　C．5000　　　　　D．10000

　　答案：B

　　52．擅自使用已在供电企业办理暂停手续的电力设备或启用供电企业封存的电力设备的，应停用违约使用的设备。属于两部制电价的用户，应补交擅自使用或启用封存设备容量和使用月数的基本电费，并承担（　　　）倍补交基本电费的违约使用电费；其他用户应承担擅自使用或启用封存设备容量每次每 kW（kVA）（　　　）元的违约使用电费。

　　A．3，30　　　　　B．3，50　　　　　C．2，30　　　　　D．2，50

　　答案：C

　　53．在电价低的供电线路上，擅自接用电价高的用电设备或私自改变用电类别的，应按实际使用日期补交其差额电费，并承担（　　　）倍差额电费的违约使用电费。使用起讫日期难以确定的，实际使用时间按（　　　）个月计算。

　　A．2，2　　　　　　B．2，3　　　　　　C．3，5　　　　　　D．3，6

　　答案：B

　　54．私自超过合同约定的容量用电的，除应拆除私增容设备外，属于两部制电价的用户，应补交私增设备容量使用月数的基本电费，并承担（　　　）私增容量基本电费的违约使用电费；其他用户应承担私增容量每 kW（kVA）（　　　）元的违约使用电费。

A．2，30　　　　B．2，50　　　　C．3，30　　　　D．3，50

答案：D

55．供电企业对查获的窃电者，应予制止，并可当场中止供电。窃电者应按所窃电量补交电费，并承担补交电费（　　）的违约使用电费。

A．1 倍　　　　　B．2 倍　　　　　C．3 倍　　　　　D．4 倍

答案：C

56．某大工业电力用户，按容量计收基本电费，有 3 台受电变压器，T1、T2、T3容量分别是 $S_1=400kVA$，$S_2=560kVA$，$S_3=200kVA$。其中，T1、T2 在其一次侧装有连锁装置，互为备用。某月，其受电方式为 T1、T3 运行，T2 退出。若基本电价为 16元/（月·kVA），则该客户本月基本电费为（　　）元。

A．9600　　　　B．15360　　　　C．12160　　　　D．18560

答案：C

（二）多选题

1．供电企业可以对距离发电厂较近的用户，不可采用（　　）供电方式。

A．发电厂直配　　　　　　　　　B．发电厂的厂用电源

C．变电站（所）的站用电源

答案：BC

2．为保障用电安全，便于管理，用户应将（　　）分开配电。

A．重要负荷与非重要负荷　　　　B．办公区用电与生产区用电

C．生产用电与生活区用电　　　　D．一般负荷与保安负荷

答案：AC

3．用户申请新装或增加用电时，以下哪些属于应向供电企业提供资料？（　　）

A．用电设备清单　　　　　　　　B．用电工程项目批准的文件

C．用电类别　　　　　　　　　　D．用电规划

答案：ABD

4．新建受电工程项目在立项阶段，供用电双方应就工程（　　）问题达成意向性协议后，用户方可定址，确定项目。

A．用电容量　　B．用电地址　　C．供电条件　　D．供电的可能性

答案：ACD

5．在（　　）不变的情况下，可以办理移表手续。

A．用电容量　　B．用电地址　　C．用电类别　　D．供电点

答案：ABCD

6．在（　　）不变的情况下，可以办理更名（或过户）手续。

A．用电容量　　B．用电地址　　C．用电性质　　D．供电点

E．用电类别

答案：ABE

7．对于公用路灯、交通信号灯等公用设施，当地人民政府及有关管理部门应承担（　　）责任。

A．投资建设　　　　B．维护管理　　　　C．交纳电费　　　　D．工程设计

答案：ABC

8．用户发生（　　）用电事故时，应及时向供电企业报告。

A．人身触电伤害　　　　　　　　　B．导致电力系统停电

C．专线掉闸　　　　　　　　　　　D．电气火灾

E．电气设备损坏　　　　　　　　　F．停电期间向电力系统倒送电

答案：BCDF

9．有下列（　　）情形的，需经批准方可中止供电。

A．私自向外转供电力者

B．拖欠电费者

C．用户注入电网的谐波电流超过标准未采取措施者

D．窃电

E．拒不在限期内拆除私增用电容量者

F．受电装置经检验不合格者

答案：AE

10．有下列情形之一的，不经批准即可对用户中止供电，但事后应报告本单位负责人（　　）。

A．不可抗力和紧急避险

B．对危害供用电安全，扰乱供用电秩序，拒绝检查者

C．受电装置经检验不合格，在指定期间未改善者

D．确有窃电行为

答案：AD

11．供电企业需对用户停止供电时，应将（　　）报本单位负责人批准。批准权限和程序由省电网经营企业制定。

A．停电用户　　　B．停电原因　　　C．停电时间　　　D．送电时间

答案：ABC

12．有下列情形之一的（　　），允许变更或解除供用电合同。

A．当事人双方经过协商同意

B．由于供电能力的变化或国家对电力供应与使用管理的政策调整，使订立供用电合同时的依据被修改或取消

C．当事人一方确实无法履行合同

D．由于不可抗力或一方当事人虽无过失，但无法防止的外因，致使合同无法履行

答案：BD

13．某大工业用户，擅自使用已在供电企业办理暂停手续的电力设备，则该用户应承担下列责任（　　　）。

A．停用违约使用的设备

B．补交擅自使用封存设备容量和使用月数的基本电费

C．承担 3 倍补交基本电费的违约使用电费

D．承担 2 倍补交基本电费的违约使用电费

E．承担擅自使用封存设备容量每 kW（kVA）30 元的违约使用电费

答案：ABD

14．供电企业对查获的窃电者，应做如下处理（　　　）。

A．应予制止，并可当场中止供电

B．窃电者应按所窃电量补交电费，并承担补交电费 3 倍的违约使用电费

C．窃电数额较大的，报请电力管理部门依法处理

D．情节严重的，提请司法机关依法追究刑事责任

答案：ABD

三、判断题

1．供电企业对申请用户提供的供电方式，应从供用电的安全、经济、合理和便于管理出发，依据国家有关政策和规定、电网的规划、用电需求以及当地供电条件等因素，进行技术经济比较后确定。（　　　）

答案：×

正确答案：与用户协商确定。

2．用户单相用电设备总容量不足 10kW 的应采用低压 220V 供电。（　　　）

答案：×

正确答案：用户单相用电设备总容量不足 10kW 的可采用低压 220V 供电。

3．用户用电设备容量在 100kW 以下或需要变压器容量在 50kVA 以下者，应采用低压三相四线制供电。（　　　）

答案：×

正确答案：用户用电设备容量在 100kW 及以下或需要变压器容量在 50kVA 及以下者。

4．用户重要负荷的保安电源只有当用户自备电源比从电力系统供电更为经济合

理时，才由用户自备。（　　）

答案：×

正确答案：在电力系统瓦解或不可抗力造成供电中断，仍需保证供电时，也由用户自备。

5．临时用电期限不得超过六个月，逾期不办理延期或永久性正式用电手续的，供电企业应终止供电。（　　）

答案：×

正确答案：除经供电企业准许外，一般不得超过六个月。

6．对基建工地、农田水利、市政建设等非正式性用电，可供给临时电源。（　　）

答案：×

正确答案：对基建工地、农田水利、市政建设等非永久性用电，可供给临时电源。

7．因抢险救灾需要紧急供电时，供电企业应迅速组织力量，架设临时电源供电。（　　）

答案：√

8．用户不得自行转供电。在公用供电设施尚未达到的地区，在征得该地区有供电能力的用户同意后，供电企业可委托其向附近的用户转供电力。（　　）

答案：×

正确答案：应为有供电能力的直供用户。

9．向被转供户供电的公用线路与变压器的损耗电量应由供电企业负担，不得摊入被转供户用电量中。（　　）

答案：√

10．供电方案的有效期，是指从供电方案正式通知书发出之日起至受电工程竣工日为止。（　　）

答案：×

正确答案：是指从供电方案正式通知书发出之日起至受电工程开工日为止。

11．移表所需的费用由用户负担，并不得自行移动表位。（　　）

答案：√

12．对用户超过暂拆规定时间要求复装接电者应按新装手续办理。（　　）

答案：√

13．用户更名或过户，原用户应与供电企业结清债务，才能解除原供用电关系。（　　）

答案：√

14．用电地址相同的相邻两个及以上用户允许办理并户。（　　）

答案：×

正确答案：在同一供电点，用电地址相同的相邻两个及以上用户允许办理并户。

15. 用户连续六个月不用电，也不申请办理暂停用电手续者，供电企业须以销户终止其用电。（   ）

答案：√

16. 根据《供电营业规则》规定，由于供电企业的原因引起用户供电电压等级变化的，改压引起的用户工程费用，由供电企业负担。（   ）

答案：×

正确答案：由于供电企业的原因引起用户供电电压等级变化的，改压引起的用户外部工程费用，由供电企业负担。

17. 供电企业接到用户的受电工程竣工报告及检验申请后，应及时组织检验。（   ）

答案：×

正确答案：供电企业接到用户的受电装置竣工报告及检验申请后，应及时组织检验。

18. 公用低压线路供电的，以供电接户线用户端最后支持物为分界点，支持物属供电企业。（   ）

答案：√

19. 供电企业和用户分工维护管理的供电和受电设备，除另有约定者外，对方不得操作或更动；如因紧急事故必须操作或更动者，事后应通知管辖单位。（   ）

答案：×

正确答案：供电企业和用户分工维护管理的供电和受电设备，除另有约定者外，未经管辖单位同意，对方不得操作或更动；如因紧急事故必须操作或更动者，事后应迅速通知管辖单位。

20. 产权所有者不承担受害者因违反安全或其他规章制度，擅自进入供电设施非安全区域内而发生事故引起的法律责任，以及在委托维护的供电设施上，因代理方维护不当所发生事故引起的法律责任。（   ）

答案：√

21. 供电企业和用户都应加强供电和用电的运行管理，切实执行国家和电力行业制定的有关安全供用电的规程制度。供电企业应制定本单位的现场规程。（   ）

答案：×

正确答案：供电企业和用户在必要时应制定本单位的现场规程。

22. 在电力系统正常状况下，供电频率的允许偏差为：电网装机容量在 300 万 kW 及以上的，为 ±0.2Hz。（   ）

答案：√

23. 因供电设施计划检修需要停电时，应提前三到七天通知用户或进行公告。（   ）

答案：×

正确答案：因供电设施计划检修需要停电时，应提前七天通知用户或进行公告。

24. 供电企业应在用户每一个受电点内按不同电价类别，分别安装用电计量装置。（   ）

答案：√

25. 用电计量装置包括计费电能表（有功、无功电能表及最大需量表）和电压、电流互感器及二次连接线导线。（   ）

答案：√

26. 供电企业在新装、换装及现场校验后应对用电计量装置加封，并请用户在工作凭证上签章。（   ）

答案：√

27. 计费电能表及附件的购置、安装、移动、更换、校验、拆除、加封、启封及表计接线等，均由供电企业负责办理，用户应提供工作上的方便。（   ）

答案：√

28. 对 35kV 及以下电压供电的用户，应配置专用的电能表计量柜（箱）。（   ）

答案：×

正确答案：对 10kV 及以下电压供电的用户，应配置专用的电能表计量柜（箱）。

29. 产权分界处不适宜装表的，对专线供电的高压用户，可在供电变压器低压侧计量；对公用线路供电的高压用户，可在用户受电装置的出口计量。（   ）

答案：×

正确答案：产权分界处不适宜装表的，对专线供电的高压用户，可在供电变压器出口装表计量；对公用线路供电的高压用户，可在用户受电装置的低压侧计量。

30. 如因供电企业责任致使计费电能表出现或发生故障的，供电企业应负责换表，不收费用；其他原因引起的，用户应负担赔偿费或修理费。（   ）

答案：×

正确答案：如因供电企业责任或不可抗力致使计费电能表出现或发生故障的，供电企业应负责换表，不收费用。

31. 连接线的电压降超出允许范围时，以允许电压降为基准，按验证后实际值与允许值之差补收电量。补收时间从连接线投入之日起至电压降更正之日止。（   ）

答案：×

正确答案：补收时间从连接线投入或负荷增加之日起至电压降更正之日止。

32. 其他非人为原因致使计量记录不准时，以用户当月用电量为基准退补电量，

退补时间按抄表记录确定。（　　　）

答案：×

正确答案：以用户正常月份的用电量为基准。

33．计费计量装置接线错误的，以其实际记录的电量为基数，按正确与错误接线的差额退补电量，退补时间从上次校验或换装投入之日起至接线错误更正之日止。（　　　）

答案：×

正确答案：按正确与错误接线的差额率退补电量。

34．电压互感器保险熔断无法计算退补电量时，以用户正常月份用电量为基准，按正常月与故障月的差额补收相应电量的电费，补收时间按抄表记录确定。（　　　）

答案：×

正确答案：补收时间按抄表记录或按失压自动记录仪记录确定。

35．如果计费电能计量装置计量不准，应按规定退补电费，在退补期间，用户先按抄见电量如期交纳电费，误差确定后，再行退补。（　　　）

答案：√

36．由于用户的原因未能如期抄录计费电能表读数时，应暂按前次用电量计收电费，待下次抄表时一并结清。（　　　）

答案：×

正确答案：可通知用户待期补抄，或暂按前次用电量计收电费，待下次抄表时一并结清。

37．连续六个月不能如期抄到计费电能表读数时，供电企业应通知该用户得终止供电。（　　　）

答案：×

正确答案：因用户原因连续六个月不能如期抄到计费电能表读数时，供电企业应通知该用户得终止供电。

38．基本电费以月计算，但新装、增容、变更与终止用电当月的基本电费，可按实用天数每日按基本电费的三十分之一计算。（　　　）

答案：×

正确答案：每日按全月基本电费的三十分之一计算。

39．用户备用变压器属热备用状态的或未经加封的，不论使用与否都计收基本电费。用户专门为调整用电功率因数的设备，如电容器、调相机等，也计收基本电费。（　　　）。

答案：×

正确答案：不计收基本电费。

40．供用电合同书面形式可分为标准格式和非标准格式两类。非标准格式合同适用于供电方式简单、一般性用电需求的用户；标准格式合同适用于供用电方式特殊的用户。（　　）

答案：×

正确答案：标准格式合同适用于供电方式简单、一般性用电需求的用户；非标准格式合同适用于供用电方式特殊的用户。

41．供用电合同应采取书面形式，经双方协商同意的有关修改合同的文书、电报、电传和图表也是合同的组成部分。（　　）

答案：√

42．由于用户的责任造成供电企业对外停电，用户应按供电企业对外停电时间少供电量，乘以当月供电企业平均售电单价给予赔偿。（　　）

答案：×

正确答案：乘以上月份供电企业平均售电单价给予赔偿。

43．用户用电的功率因数未达到规定标准或其他用户原因引起的电压质量不合格，给用户造成损失的，供电企业不负赔偿责任。（　　）

答案：√

44．因电力运行事故引起用户电器损坏的，供电企业应按《居民用户家用电器损坏处理办法》进行处理。（　　）

答案：×

正确答案：因电力运行事故引起城乡居民用户家用电器损坏的，供电企业应按《居民用户家用电器损坏处理办法》进行处理。

45．擅自使用已在供电企业办理暂停手续的电力设备或启用供电企业封存的电力设备的，应停用违约使用的设备。属于两部制电价的用户，应补交擅自使用或启用封存设备容量和使用月数的基本电费，并承担 2 倍补交基本电费的违约使用电费；其他用户应承担擅自使用或启用封存设备容量每 kW（kVA）30 元的违约使用电费。（　　）

答案：×

正确答案：其他用户应承担擅自使用或启用封存设备容量每次每 kW（kVA）30 元的违约使用电费。

46．在供电企业的供电设施上，接线用电的，属于窃电行为。（　　）

答案：×

正确答案：在供电企业的供电设施上，擅自接线用电的，属于窃电行为。

47．供电企业对检举、查获窃电或的违约用电的有关人员应给予奖励。奖励办法由省电网管理企业规定。（　　）

答案：×

正确答案：奖励办法由省电网经营企业规定。

四、简答题

1.《供电营业规则》对供电企业供电的额定电压是如何规定的？

答：低压供电：单相为 220V，三相为 380V。高压供电为 10、35（63）、110、220kV。除发电厂直配电压可采用 3kV 或 6kV 外，其他等级的电压应逐步过渡到上列额定电压。用户需要的电压等级不在上列范围时，应自行采取变压措施解决。用户需要的电压等级在 110kV 及以上时，其受电装置应作为终端变电站设计，方案需经省电网经营企业审批。

2. 哪些用户采用低压单相供电？哪些用户采用低压三相四线制供电？

答：（1）用户单相用电设备总容量不足 10kW 的可采用低压 220V 供电。但有单台设备容量超过 1kW 的单相电焊机、换流设备时，用户必须采取有效的技术措施以消除对电能质量的影响，否则应改为其他方式供电。

（2）用户用电设备容量在 100kW 及以下或需用变压器容量在 50VA 及以下者，可采用低压三相四线制供电，特殊情况也可采用高压供电。

（3）用电负荷密度较高的地区，经过技术经济比较，采用低压供电的技术经济性明显优于高压供电时，低压供电的容量界限可适当提高。具体容量界限由省电网经营企业作出规定。

3. 根据《供电营业规则》规定，保安电源如何提供？

答：《供电营业规则》第十一条规定：用户需要备用、保安电源时，供电企业应按其负荷重要性、用电容量和供电的可能性，与用户协商确定。用户重要负荷的保安电源，可由供电企业提供，也可由用户自备。遇有下列情况之一者，保安电源应由用户自备：

（1）在电力系统瓦解或不可抗力造成供电中断时，仍需保证供电的。

（2）用户自备电源比电力系统供给更为经济合理的。

供电企业向有重要负荷的用户提供的保安电源，应符合独立电源的条件。有重要负荷的用户在取得供电企业供给的保安电源的同时，还应有非电性质的应急措施，以满足安全的需要。

4. 在什么情况下，供电企业提供临时供电方式？

答：对基建工地、农田水利、市政建设等非永久性用电，可供给临时电源。临时用电期限除经供电企业准许外，一般不得超过 6 个月，逾期不办理延期或永久性正式用电手续的，供电企业应终止供电。

使用临时电源的用户不得向外转供电，也不得转让其他用户，供电企业也不受理其变更用电事宜。如需改为正式用电，应按新装用电办理。

因抢险救灾需要紧急供电时，供电企业应迅速组织力量，架设临时电源供电。架设临时电源所需的工程费用和应付的电费，由地方政府有关部门负责从救灾经费中拨付。

5. 在计算转供户用电量、最大需量及功率因数调整电费时，应扣除被转供户、公用线路与变压器消耗的有功、无功电量。最大需量按哪些规定折算？

答：（1）照明及一班制：每月用电量 180kWh，折合为 kW。

（2）二班制：每月用电量 360kWh，折合为 1kW。

（3）三班制：每月用电量 540kWh，折合为 1kW。

（4）农业用电：每月用电量 270kWh，折合为 1kW。

6. 供电企业应在用电营业场所公告哪些内容？

答：供电企业应在用电营业场所公告办理各项用电业务的程序、制度和收费标准。

7. 报装接电工作包括哪些内容？

答：《供电营业规则》第十七条规定：供电企业的用电营业机构统一归口办理用户的用电申请和报装接电工作，包括用电申请书的发放及审核、供电条件勘查、供电方案确定及批复、有关费用收取、受电工程设计的审核、施工中间检查、竣工检验、供用电合同（协议）签约、装表接电等项业务。

8. 供电企业的用电营业机构统一归口办理用户的用电申请和报装接电工作，此项工作包括哪些环节？

答：供电企业的用电营业机构统一归口办理用户的用电申请和报装接电工作，包括用电申请书的发放及审核、供电条件勘查、供电方案确定及批复、有关费用收取、受电工程设计的审核、施工中间检查、竣工检验、供用电合同（协议）签约、装表接电等项业务。

9. 用户新装用电时，应向供电企业提供哪些资料？

答：《供电营业规则》第十八条规定：用户申请新装或增加用电时应向供电企业提供用电工程项目批准的文件及有关的用电资料，包括用电地点、电力用途、用电性质、用电设备清单、用电负荷、保安电力、用电规划等，并依照供电企业规定的格式如实填写用电申请书及办理所需手续。

新建受电工程项目在立项阶段，用户应与供电企业联系，就工程供电的可能性、用电容量和供电条件等达成意向性协议，方可定址确定项目。未按前款规定办理的，供电企业有权拒绝受理其用电申请。如因供电企业供电能力不足或政府规定限制的用电项目，供电企业可通知用户暂缓办理。

10. 根据《供电营业规则》规定，供电方案的有效期是指什么？高压、低压供电方案有效期分别为多少？用户遇有特殊情况，需延长供电方案有效期应怎么办理？

答：《供电营业规则》第二十一条规定：供电方案的有效期是指从供电方案正式通

知书发出之日起至受电工程开工日为止。

高压供电方案的有效期为一年，低压供电方案的有效期为三个月，逾期注销。

用户遇有特殊情况，需延长供电方案有效期的，应在供电方案有效期到期前十天向供电企业提出申请，供电企业应视情况予以办理延长手续。但延长时间不得超过上述规定期限。

11. 根据《供电营业规则》规定，哪些情况属于变更用电？

答：《供电营业规则》第二十二条规定：有下列情况之一者，为变更用电。用户需变更用电时，应事先提出申请，并携带有关证明文件，到供电企业用电营业场所办理手续，变更供用电合同：

（1）减少合同约定的用电容量（简称减容）。

（2）暂时停止全部或部分受电设备的用电（简称暂停）。

（3）临时更换大容量变压器（简称暂换）。

（4）迁移受电装置用电地址（简称迁址）。

（5）移动用电计量装置安装位置（简称移表）。

（6）暂时停止用电并拆表（简称暂拆）。

（7）改变用户的名称（简称更名或过户）。

（8）一户分列为两户及以上的用户（简称分户）。

（9）两户及以上用户合并为一户（简称并户）。

（10）合同到期终止用电（简称销户）。

（11）改变供电电压等级（简称改压）。

（12）改变用电类别（简称改类）。

12.《供电营业规则》对用户办理暂换是如何规定的？

答：用户暂换（因受电变压器故障而无相同容量变压器替代，需要临时更换大容量变压器），须在更换前向供电企业提出申请。供电企业应按下列规定办理：

（1）必须在原受电地点内整台的暂换受电变压器。

（2）暂换变压器的使用时间，10kV 及以下的不得超过两个月，35kV 及以上的不得超过三个月。逾期不办理手续的，供电企业可中止供电。

（3）暂换的变压器经检验合格后才能投入运行。

（4）对两部制电价用户须在暂换之日起，按替换后的变压器容量计收基本电费。

13.《供电营业规则》对用户办理迁址是如何规定的？

答：《供电营业规则》第二十六条规定：用户迁址，须在五天前向供电企业提出申请。供电企业应按下列规定办理。

（1）原址按终止用电办理，供电企业予以销户。新址用电优先受理。

（2）迁移后的新址不在原供电点供电的，新址用电按新装用电办理。

（3）新址用电引起的工程费用由用户负担。

（4）迁移后的新址仍在原供电点，但新址用电容量超过原址用电容量的，超过部分按增容办理。

（5）私自迁移用电地址而用电者，除按《供电营业规则》第一百条第五项规定处理外（即：私自迁移、更动和擅自操作供电企业的用电计量装置、电力负荷管理装置、供电设施以及约定由供电企业调度的用户受电设备者，属于居民用户的，应承担每次500元的违约使用电费；属于其他用户的，应承担每次5000元的违约使用电费），自迁新址不论是否引起供电点变动，一律按新装用电办理。

14.《供电营业规则》对用户办理移表是如何规定的？

答：《供电营业规则》第二十七条规定：用户移表（因修缮房屋或其他原因需要移动用电计量装置安装位置），须向供电企业提出申请。供电企业应按下列规定办理：

（1）在用电地址、用电容量、用电类别、供电点等不变情况下，可办理移表手续。

（2）移表所需的费用由用户负担。

（3）用户不论何种原因，不得自行移动表位，否则，可按《供用电营业规则》第一百条第五项规定处理。（即私自迁移、更动和擅自操作供电企业的用电计量装置、电力负荷管理装置、供电设施以及约定由供电企业调度的用户受电设备者，属于居民用户的，应承担每次500元的违约使用电费；属于其他用户的，应承担每次5000元的违约使用电费。）

15.《供电营业规则》对用户办理暂拆是如何规定的？

答：用户暂拆（因修缮房屋等原因需要暂时停止用电并拆表），应持有关证明向供电企业提出申请。供电企业应按下列规定办理：

（1）用户办理暂拆手续后，供电企业应在五天内执行暂拆。

（2）暂拆时间最长不得超过六个月。暂拆期间，供电企业保留该用户原容量的使用权。

（3）暂拆原因消除，用户要求复装接电时，须向供电企业办理复装接电手续并按规定交付费用。上述手续完成后，供电企业应在五天内为该用户复装接电。

（4）超过暂拆规定时间要求复装接电者，按新装手续办理。

16.《供电营业规则》对用户办理更名或过户是如何规定的？

答：用户更名或过户（依法变更用户名称或居民用户房屋变更户主），应持有关证明向供电企业提出申请。供电企业应按下列规定办理：

（1）在用电地址、用电容量、用电类别不变条件下，允许办理更名或过户。

（2）原用户应与供电企业结清债务，才能解除原供用电关系。

（3）不申请办理过户手续而私自过户者，新用户应承担原用户所负债务。经供电企业检查发现用户私自过户时，供电企业应通知该户补办手续，必要时可中止供电。

17.《供电营业规则》对用户办理分户是如何规定的？

答：用户分户，应持有关证明向供电企业提出申请。供电企业应按下列规定办理：

（1）在用电地址、供电点、用电容量不变，且其受电装置具备分装的条件时，允许办理分户。

（2）在原用户与供电企业结清债务的情况下，再办理分户手续。

（3）分立后的新用户应与供电企业重新建立供用电关系。

（4）原用户的用电容量由分户者自行协商分割，需要增容者，分户后另行向供电企业办理增容手续。

（5）分户引起的工程费用由分户者负担。

（6）分户后受电装置应经供电企业检验合格，由供电企业分别装表计费。

18.《供电营业规则》对用户办理并户是如何规定的？

答：用户并户，应持有关证明向供电企业提出申请，供电企业应按下列规定办理：

（1）在同一供电点，同一用电地址的相邻两个及以上用户允许办理并户。

（2）原用户应在并户前向供电企业结清债务。

（3）新用户用电容量不得超过并户前各户容量之总和。

（4）并户引起的工程费用由并户者负担。

（5）并户的受电装置应经检验合格，由供电企业重新装表计费。

19. 根据《供电营业规则》规定，用户销户如何办理？

答：《供电营业规则》第三十二条、第三十三条规定：用户销户，须向供电企业提出申请。供电企业应按下列规定办理：

（1）销户必须停止全部用电容量的使用。

（2）用户已向供电企业结清电费。

（3）查验用电计量完好性后，拆除接户线和用电计量装置。

（4）用户持供电企业出具的凭证，领还电能表保证金与电费保证金。

办完上述事宜，即解除供用电关系。

用户连续六个月不用电，也不申请办理暂停用电手续者，供电企业须以销户终止用电。用户需要用电时，按新装用电办理。

20.《供电营业规则》对用户办理改压是如何规定的？

答：用户改压（因用户原因需要在原址改变供电电压等级），应向供电企业提出申请。供电企业应按下列规定办理：

（1）用户改压超过原容量者，超过部分按增容手续办理。

（2）改压引起的工程费用由用户负担。

由于供电企业的原因引起用户供电电压等级变化的，改压引起的用户外部工程费用，由供电企业负担。

21.《供电营业规则》对用户办理改类是如何规定的？

答：《供电营业规则》第三十五条、第一百条规定：用户改类，须向供电企业提出申请，供电企业应按下列规定办理：

（1）在同一受电装置内，电力用途发生变化而引起用电电价类别改变时，允许办理改类手续。

（2）擅自改变用电类别，按《供电营业规则》第一百条第一项规定处理。即：在电价低的供电线路上擅自接用电价高的用电设备或私自改变用电类别，应按实际使用日期补交其差额电费，并承担两倍差额电费的违约使用电费。使用起讫日期难以确定的，实际使用时间按 3 个月计算。

22. 用户依法破产时，供电企业应如何办理？

答：用户依法破产时，供电企业应按下列规定办理：

（1）供电企业应予销户，终止供电。

（2）在破产用户原址上用电的，按新装用电办理。

（3）从破产用户分离出去的新用户，必须在偿清原破产用户电费和其他债务后，方可办理变更用电手续，否则，供电企业可按违约用电处理。

23. 用户新装、增装或改装受电工程的设计安装、试验与运行应当符合什么标准？

答：用户新装、增装或改装受电工程的设计安装、试验与运行应符合国家有关标准；国家尚未制定标准的，应符合电力行业标准；国家和电力行业尚未制定标准的，应符合省（自治区、直辖市）电力管理部门的规定和规程。

24. 用户受电工程设计文件和有关资料应提供哪些内容？

答：用户受电工程设计文件和有关资料应一式两份送交供电企业审核。高压供电的用户应提供：

（1）受电工程设计及说明书。

（2）用电负荷分布图。

（3）负荷组成、性质及保安负荷。

（4）影响电能质量的用电设备清单。

（5）主要电气设备一览表。

（6）节能篇及主要生产设备、生产工艺耗电以及允许中断供电时间。

（7）高压受电装置一、二次接线图与平面布置图。

（8）用电功率因数计算及无功补偿方式。

（9）继电保护、过电压保护及电能计量装置的方式。

（10）隐蔽工程设计资料。

（11）配电网络布置图。

（12）自备电源及接线方式。

（13）供电企业认为必须提供的其他资料。

低压供电的用户应提供负荷组成和用电设备清单。

25.《供电营业规则》中供电企业对用户送审受电工程、设计文件和有关资料的审核是如何规定的？

答：《供电营业规则》第四十条规定：供电企业对用户送审的受电工程设计文件和有关资料，应根据本规则的有关规定进行审核。审核的时间对高压供电的用户最长不超过一个月；对低压供电的用户最长不超过十天。供电企业对用户的受电工程设计文件和有关资料的审核意见应以书面形式连同审核过的一份受电工程设计文件和有关资料一并退还用户，以便用户据以施工。用户若更改审核后的设计文件时，应将变更后的设计再送供电企业复核。

用户受电工程的设计文件，未经供电企业审核同意，用户不得据以施工，否则，供电企业将不予检验和接电。

26. 供电企业对用户在电网高峰负荷时的功率因数有何要求？

答：《供电营业规则》第四十一条规定：除电网有特殊要求的用户外，用户在当地供电企业规定的电网高峰负荷时的功率因数，应达到下列规定：100kVA 及以上高压供电的用户功率因数为 0.90 以上。其他电力用户和大、中型电力排灌站、趸购转售电企业，功率因数为 0.85 以上。农业用电，功率因数为 0.80 以上。

27. 用户向供电企业提出工程竣工报告应包括哪些内容？

答：用户受电工程施工、试验完工后，应向供电企业提出工程竣工报告，报告应包括：

（1）工程竣工图及说明。

（2）电气试验及保护整定调试记录。

（3）安全用具的试验报告。

（4）隐蔽工程的施工及试验记录。

（5）运行管理的有关规定和制度。

（6）值班人员名单及资格。

（7）供电企业认为必要的其他资料或记录。

28.《供电营业规则》对于公用路灯、交通信号灯公用设施投资建设、维护管理及交纳电费等事项如何规定？

答：公用路灯、交通信号灯是公用设施，应由当地人民政府及有关管理部门投资建设，并负责维护管理和交纳电费等事项。供电企业可接受地方有关部门的委托，代为设计、施工与维护管理公用路灯，并照章收取费用，具体事项由双方协商确定。

29. 用户独资、合资或集资建设的输电、变电、配电等供电设施建成后，其运行维护管理如何界定？

答：用户独资、合资或集资建设的输电、变电、配电等供电设施建成后，其运行维护管理按以下规定确定：

（1）属于公用性质或占用公用线路规划走廊的，由供电企业统一管理。供电企业应在交接前，与用户协商，就供电设施运行维护管理达成协议。对统一运行维护管理的公用供电设施，供电企业应保留原所有者在上述协议中确认的容量。

（2）属于用户专用性质，但不在公用变电站内的供电设施，由用户运行维护管理。如用户运行维护管理确有困难，可与供电企业协商，就委托供电企业代为运行维护管理有关事项签订协议。

（3）属于用户共用性质的供电设施，由拥有产权的用户共同运行维护管理。如用户共同运行维护管理确有困难，可与供电企业协商，就委托供电企业代为运行维护管理有关事项签订协议。

（4）在公用变电站内由用户投资建设的供电设备，如变压器、通信设备、断路器、隔离开关等，由供电企业统一经营管理。建成投运前，双方应就运行维护、检修、备品备件等项事宜签订交接协议。

（5）属于临时用电等其他性质的供电设施，原则上由产权所有者运行维护管理，或由双方协商确定，并签订协议。

30.《供电营业规则》对供电设施的运行维护管理范围如何确定？

答：供电设施的运行维护管理范围，按产权归属确定。责任分界点按下列各项确定：

（1）公用低压线路供电的，以供电接户线用户端最后支持物为分界点，支持物属供电企业。

（2）10kV 及以下公用高压线路供电的，以用户厂界外或配电室前的第一断路器或第一支持物为分界点，第一断路器或第一支持物属供电企业。

（3）35kV 及以上公用高压线路供电的，以用户厂界外或用户变电站外第一基电杆为分界点。第一基电杆属供电企业。

（4）采用电缆供电的，本着便于维护管理的原则，分界点由供电企业与用户协商确定。

（5）产权属于用户且由用户运行维护的线路，以公用线路分支杆或专用线路接引的公用变电站外第一基电杆为分界点，专用线路第一基电杆属用户。在电气上的具体分界点，由供用双方协商确定。

31. 对 10kV 及以下、35kV 及以上公用高压线路供电的，供电设施的运行维护管理范围如何确定？

答：（1）10kV 及以下公用高压线路供电的，以用户厂界外或配电室前的第一断路器或第一支持物为分界点，第一断路器或第一支持物属供电企业。

（2）35kV 及以上公用高压线路供电的，以用户厂界外或用户变电站外第一基电杆为分界点，第一基电杆属供电企业。在电气上的具体分界点，由供用双方协商确定。

32．对于供电企业和用户分工维护管理的供电和受电设备进行操作或更动，有何规定？

答：供电企业和用户分工维护管理的供电和受电设备，除另有约定者外，未经管辖单位同意，对方不得操作或更动；如因紧急事故必须操作或更动者，事后应迅速通知管辖单位。

33．因建设引起建筑物、构筑物与供电设施相互妨碍，需要迁移供电设施或采取防护措施时，责任按什么原则确定？

答：因建设引起建筑物、构筑物与供电设施相互妨碍，需要迁移供电设施或采取防护措施时，应按建设先后的原则，确定其担负的责任。如供电设施建设在先，建筑物、构筑物建设在后，由后续建设单位负担供电设施迁移、防护所需的费用；如建筑物、构筑物的建设在先，供电设施建设在后，由供电设施建设单位负担建筑物、构筑物的迁移所需的费用；不能确定建设的先后者，由双方协商解决。

供电企业需要迁移用户或其他供电企业的设施时，也按上述原则办理。城乡建设与改造需迁移供电设施时，供电企业和用户都应积极配合，迁移所需的材料和费用，应在城乡建设与改造投资中解决。

34．在供电设施上发生事故，按什么原则确定承担的法律责任？

答：在供电设施上发生事故引起的法律责任，按供电设施产权归属确定。产权归属于谁，谁就承担其拥有的供电设施上发生事故引起的法律责任。但产权所有者不承担受害者因违反安全或其他规章制度，擅自进入供电设施非安全区域内而发生事故引起的法律责任，以及在委托维护的供电设施上，因代理方维护不当所发生事故引起的法律责任。

35．《供电营业规则》中对供电频率的允许偏差是如何规定的？

答：在电力系统正常状况下，供电频率的允许偏差为：

（1）电网装机容量在 300 万 kW 及以上的，为±0.2Hz。

（2）电网装机容量在 300 万 kW 以下的，为±0.5Hz。

在电力系统非正常状况下，供电频率允许偏差应在±1.0Hz 范围内。

36．《供电营业规则》对用户受电端的供电电压的允许偏差是如何规定的？

答：在电力系统正常状况下，供电企业供到用户受电端的供电电压允许偏差为：

（1）35kV 及以上电压供电的，电压正、负偏差的绝对值之和不超过额定值的 10%。

（2）10kV 及以下三相供电的，为额定值的±7%。

（3）220V 单相供电的，为额定值的＋7%，－10%。

在电力系统非正常状况下，用户受电端的电压最大允许偏差应在额定值的±10%

范围内。用户用电功率因数达不到本规则规定的，其受电端的电压偏差不受此限制。

37. 供电设备计划检修时，对用户的停电次数有何要求？

答：供电设备计划检修时，对 35kV 及以上电压供电的用户的停电次数，每年不应超过一次；对 10kV 供电的用户，每年不应超过三次。

38. 因电能质量某项指标不合格而引起责任纠纷时，不合格的质量责任由哪些部门或机构负责技术仲裁？

答：因电能质量某项指标不合格而引起责任纠纷时，不合格的质量责任由电力管理部门认定的电能质量技术检测机构负责技术仲裁。

39. 用户发生哪些用电事故，应及时向供电企业报告？

答：用户发生下列用电事故，应及时向供电企业报告：

（1）人身触电死亡。

（2）导致电力系统停电。

（3）专线掉闸或全厂停电。

（4）电气火灾。

（5）重要或大型电气设备损坏。

（6）停电期间向电力系统倒送电。

40. 《供电营业规则》中规定，在什么情形下，须经批准方可中止供电？

答：有下列情形之一的，须经批准方可中止供电。

（1）对危害供用电安全，扰乱供用电秩序，拒绝检查者。

（2）拖欠电费经通知催交仍不交者。

（3）受电装置经检验不合格，在指定期间未改善者。

（4）用户注入电网的谐波电流超过标准，以及冲击负荷、非对称负荷等对电能质量产生干扰与妨碍，在规定限期内不采取措施者。

（5）拒不在限期内拆除私增用电容量者。

（6）拒不在限期内交付违约用电引起的费用。

（7）违反安全用电、计划用电有关规定，拒不改正者。

（8）私自向外转供电力者。

41. 《供电营业规则》中规定，什么情形下，不经批准即可中止供电？

答：有下列情形之一的，不经批准即可中止供电，但事后应报告本单位负责人：

（1）不可抗力和紧急避险。

（2）确有窃电行为。

42. 除因故中止供电外，供电企业需对用户停止供电时，应按什么程序办理停电手续？

答：除因故中止供电外，供电企业需对用户停止供电时，应按下列程序办理停电手续：

（1）应将停电的用户、原因、时间报本单位负责人批准。批准权限和程序由省电网经营企业制定。

（2）在停电前三至七天内，将停电通知书送达用户，对重要用户的停电，应将停电通知书报送同级电力管理部门。

（3）在停电前30min，将停电时间再通知用户一次，方可在通知规定时间实施停电。

43. 因故需要中止供电时，供电企业应按什么要求事先通知用户或进行公告？

答：因故需要中止供电时，供电企业应按下列要求事先通知用户或进行公告：

（1）因供电设施计划检修需要停电时，应提前七天通知用户或进行公告。

（2）因供电设施临时检修需要停止供电时，应当提前24h通知重要用户或进行公告。

（3）发供电系统发生故障需要停电、限电或者计划限、停电时，供电企业应按确定的限电序位进行停电或限电。但限电序位应事前公告用户。

44. 在用户受电点内难以按电价类别分别装设用电计量装置时，应如何确定其电量？

答：在用户受电点内难以按电价类别分别装设用电计量装置时，可装设总的用电计量装置，然后按其不同电价类别的用电设备容量的比例或实际可能的用电量，确定不同电价类别用电量的比例或定量进行分算，分别计价。供电企业每年至少对上述比例或定量核定一次，用户不得拒绝。

45. 用电计量装置包括哪几部分？

答：用电计量装置包括计费电能表（有功、无功电能表及最大需量表）和电压、电流互感器及二次连接线导线。

46.《供电营业规则》中对用电计量装置的装用有何规定？

答：根据《供电营业规则》第七十四条规定：用电计量装置原则上应装在供电设施的产权分界处。如产权分界处不适宜装表的，对专线供电的高压用户，可在供电变压器出口装表计量；对公用线路供电的高压用户，可在用户受电装置的低压侧计量。当用电计量装置不安装在产权分界处时，线路与变压器损耗的有功与无功电量均须由产权所有者负担。在计算用户基本电费（按最大需量计收时）、电度电费及功率因数调整电费时，应将上述损耗电量计算在内。

47. 用电计量装置应安装在何处？

答：用电计量装置原则上应装在供电设施的产权分界处。如产权分界处不适宜装表的，对专线供电的高压用户，可在供电变压器出口装表计量；对公用线路供电的高压用户，可在用户受电装置的低压侧计量。

48. 当用电计量装置不安装在产权分界处时，线路与变压器损耗应如何分担？

答：当用电计量装置不安装在产权分界处时，线路与变压器损耗的有功与无功电量均须由产权所有者负担。在计算用户基本电费（按最大需量计收时）、电度电费及功率因数调整电费时，应将上述损耗电量计算在内。

49. 对临时用电的用户，电费如何计收？

答：《供电营业规则》第七十六条、第八十七条规定：临时用电的用户，应安装用电计量装置。对不具备安装条件的，可按其用电容量、按双方约定的每日使用时数和使用期限，预收全部电费。用电终止时，如实际使用时间不足约定期限二分之一的，可退还预收电费的二分之一；超过约定期限二分之一的，预收电费不退。到约定期限时，得终止供电。

50. 计费电能表装设后，用户应承担什么责任？

答：计费电能表装设后，用户应妥为保护，不应在表前堆放影响抄表或计量准确及安全的物品。如发生计费电能表丢失、损坏或过负荷烧坏等情况，用户应及时告知供电企业，以便供电企业采取措施。如因供电企业责任或不可抗力致使计费电能表出现或发生故障的，供电企业应负责换表，不收费用；其他原因引起的，用户应负担赔偿费或修理费。

51. 用户认为供电企业装设的计费电能表不准时，应如何处理？

答：用户认为供电企业装设的计费电能表不准时，有权向供电企业提出校验申请，在用户交付验表费后，供电企业应在七天内检验，并将检验结果通知用户。如计费电能表的误差在允许范围内，验表费不退；如计费电能表的误差超出允许范围时，除退还验表费外，并应按本规则规定退补电费。用户对检验结果有异议时，可向供电企业上级计量检定机构申请检定。用户在申请验表期间，其电费仍应按期交纳，验表结果确认后，再行退补电费。

52. 由于计费计量的互感器、电能表的误差及其连接线电压降超出允许范围或其他非人为原因致使计量记录不准时，供电企业应按哪些规定退补相应电量的电费？

答：由于计费计量的互感器、电能表的误差及其连接线电压降超出允许范围或其他非人为原因致使计量记录不准时，供电企业应按下列规定退补相应电量的电费：

（1）互感器或电能表误差超出允许范围时，以"0"误差为基准，按验证后的误差值退补电量。退补时间从上次校验或换装后投入之日起至误差更正之日止的 1/2 时间计算。

（2）连接线的电压降超出允许范围时，以允许电压降为基准，按验证后实际值与允许值之差补收电量。补收时间从连接线投入或负荷增加之日起至电压降更正之日止。

（3）其他非人为原因致使计量记录不准时，以用户正常月份的用电量为基准，退补电量，退补时间按抄表记录确定。退补期间，用户先按抄见电量如期交纳电费，误差确定后，再行退补。

53. 用电计量装置接线错误、保险熔断、倍率不符等原因，使电能计量或计算出现差错时，供电企业应按什么规定退补相应电量的电费？

答：用电计量装置接线错误、保险熔断、倍率不符等原因，使电能计量或计算出现差错时，供电企业应按下列规定退补相应电量的电费：

（1）计费计量装置接线错误的，以其实际记录的电量为基数，按正确与错误接线的差额率退补电量，退补时间从上次校验或换装投入之日起至接线错误更正之日止。

（2）电压互感器保险熔断的，按规定计算方法计算值补收相应电量的电费；无法计算的，以用户正常月份用电量为基准，按正常月与故障月的差额补收相应电量的电费，补收时间按抄表记录或按失压自动记录仪记录确定。

（3）计算电量的倍率或铭牌倍率与实际不符的，以实际倍率为基准，按正确与错误倍率的差值退补电量，退补时间以抄表记录为准确定。退补电量未正式确定前，用户应先按正常月用电量交付电费。

54．由于用户的原因未能如期抄录计费电能表读数时，应如何处理？

答：供电企业应在规定的日期抄录计费电能表读数。由于用户的原因未能如期抄录计费电能表读数时，可通知用户待期补抄或暂按前次用电量计收电费，待下次抄表时一并结清。因用户原因连续六个月不能如期抄到计费电能表读数时，供电企业应通知该用户得终止供电。

55．基本电费应如何计算？备用变压器如何计算基本电费？

答：基本电费以月计算，但新装、增容、变更与终止用电当月的基本电费，可按实用天数（日用电不足24h的，按一天计算）每日按全月基本电费1/30计算。事故停电、检修停电、计划限电不扣减基本电费。

以变压器容量计算基本电费的用户，其备用的变压器（含高压电动机），属冷备用状态并经供电企业加封的，不收基本电费；属热备用状态的或未经加封的，不论使用与否都计收基本电费。用户专门为调整用电功率因数的设备，如电容器、调相机等，不计收基本电费。

在受电装置一次侧装有连锁装置互为备用的变压器（含高压电动机），按可能同时使用的变压器（含高压电动机）容量之和的最大值计算其基本电费。

56．《供电营业规则》对月用电量较大的用户分次收费有何规定？

答：对月用电量较大的用户，供电企业可按用户月电费确定每月分若干次收费，并于抄表后结清当月电费。收费次数由供电企业与用户协商确定，一般每月不少于三次。对于银行划拨电费的，供电企业、用户、银行三方应签订电费划拨和结清的协议书。供用双方改变开户银行或账号时，应及时通知对方。

57．并网运行的发电厂，应在发电厂建设项目立项前，与并网的电网经营企业就哪些内容达成意向性协议？

答：并网运行的发电厂，应在发电厂建设项目立项前，与并网的电网经营企业联系，就并网容量、发电时间、上网电价、上网电量等达成电量购销意向性协议。

58．并网电量购销合同应当具备哪些条款？

答：并网电量购销合同应当具备下列条款：

（1）并网方式、电能质量和发电时间。

（2）并网发电容量、年发电利用小时和年上网电量。

（3）计量方式和上网电价、电费结算方式。

（4）电网提供的备用容量及计费标准。

（5）合同的有效期限。

（6）违约责任。

（7）双方认为必须规定的其他事宜。

59．供用电合同书面形式分为哪两类？各适用于哪些用户？

答：供用电合同书面形式可分为标准格式和非标准格式两类。标准格式合同适用于供电方式简单、一般性用电需求的用户；非标准格式合同适用于供用电方式特殊的用户。省电网经营企业可根据用电类别、用电容量、电压等级的不同，分类制订出适应不同类型用户需要的标准格式的供用电合同。

60．在什么情形下，允许变更或解除供用电合同？

答：供用电合同的变更或者解除，必须依法进行。有下列情形之一的，允许变更或解除供用电合同：

（1）当事人双方经过协商同意，并且不因此损害国家利益和扰乱供用电秩序。

（2）由于供电能力的变化或国家对电力供应与使用管理的政策调整，使订立供用电合同时的依据被修改或取消。

（3）当事人一方依照法律程序确定确实无法履行合同。

（4）由于不可抗力或一方当事人虽无过失，但无法防止的外因，致使合同无法履行。

61．供用双方在合同中订有电力运行事故责任条款的，按哪些规定确定电力运行事故造成的损失？

答：供用双方在合同中订有电力运行事故责任条款的，按下列规定办理：

（1）由于供电企业电力运行事故造成用户停电时，供电企业应按用户在停电时间内可能用电量的电度电费的5倍（单一制电价为4倍）给予赔偿。用户在停电时间内可能用电量，按照停电前用户正常用电月份或正常用电一定天数内的每小时平均用电量乘以停电小时求得。

（2）由于用户的责任造成供电企业对外停电，用户应按供电企业对外停电时间少供电量，乘以上月份供电企业平均售电单价给予赔偿。因用户过错造成其他用户损害的，受害用户要求赔偿时，该用户应当依法承担赔偿责任。虽因用户过错，但由于供电企业责任而使事故扩大造成其他用户损害的，该用户不承担事故扩大部分的赔偿责任。

（3）对停电责任的分析和停电时间及少供电量的计算，均按供电企业的事故记录及《电业生产事故调查规程》办理。停电时间不足 1h 按 1h 计算，超过 1h 按实际时间计算。

（4）本条所指的电度电费按国家规定的目录电价计算。

62．供用电双方在合同中订有电压质量责任条款的，应如何办理？

答：供用电双方在合同中订有电压质量责任条款的，按下列规定办理：

（1）用户用电功率因数达到规定标准，而供电电压超出本规则规定的变动幅度，给用户造成损失的，供电企业应按用户每月在电压不合格的累计时间内所用的电量，乘以用户当月用电的平均电价的百分之二十给予赔偿。

（2）用户用电的功率因数未达到规定标准或其他用户原因引起的电压质量不合格的，供电企业不负赔偿责任。

（3）电压变动超出允许变动幅度的时间，以用户自备并经供电企业认可的电压自动记录仪表的记录为准，如用户未装此项仪表，则以供电企业的电压记录为准。

63．供用电双方在合同中订有频率质量责任条款的，应如何办理？

答：供用电双方在合同中订有频率质量责任条款的，按下列规定办理：

（1）供电频率超出允许偏差，给用户造成损失的，供电企业应按用户每月在频率不合格的累计时间内所用的电量，乘以当月用电的平均电价的百分之二十给予赔偿。

（2）频率变动超出允许偏差的时间，以用户自备并经供电企业认可的频率自动记录仪表的记录为准，如用户未装此项仪表，则以供电企业的频率记录为准。

64．《供电营业规则》中对电费违约金计算是如何规定的？

答：用户在供电企业规定的期限内未交清电费时，应承担电费滞纳的违约责任。电费违约金从逾期之日起计算至交纳日止。每日电费违约金按下列规定计算：

（1）居民用户每日按欠费总额的千分之一计算。

（2）其他用户：

1）当年欠费部分，每日按欠费总额的千分之二计算。

2）跨年度欠费部分，每日按欠费总额的千分之三计算。

电费违约金收取总额按日累加计收，总额不足 1 元者按 1 元收取。

65．根据《供电营业规则》规定，用户私自迁移用电地址用电者，属于什么行为？应如何处理？

答：《供电营业规则》第一百条规定：属于违约用电的行为。属于居民用户的，应承担每次 500 元的违约使用电费；属于其他用户的，应承担每次 5000 元的违约使用电费；自迁新址，不论是否引起供电点变动，一律按新装用电办理。

66．违约用电行为有哪些？分别应承担哪些违约责任？

答：危害供用电安全、扰乱正常供用电秩序的行为，属于违约用电行为。供电企业对查获的违约用电行为应及时予以制止。有下列违约用电行为者，应承担其相应的违约责任：

（1）在电价低的供电线路上，擅自接用电价高的用电设备或私自改变用电类别的，应按实际使用日期补交其差额电费，并承担两倍差额电费的违约使用电费。使用起讫日期难以确定的，实际使用时间按三个月计算。

（2）私自超过合同约定的容量用电的，除应拆除私增容设备外，属于两部制电价的用户，应补交私增设备容量使用月数的基本电费，并承担3倍私增容量基本电费的违约使用电费；其他用户应承担私增容量每千瓦（千伏安）50元的违约使用电费。如用户要求继续使用者，按新装增容办理手续。

（3）擅自超过计划分配的用电指标的，应承担高峰超用电力每次每千瓦1元和超用电量与现行电价电费5倍的违约使用电费。

（4）擅自使用已在供电企业办理暂停手续的电力设备或启用供电企业封存的电力设备的，应停用违约使用的设备。属于两部制电价的用户，应补交擅自使用或启用封存设备容量和使用月数的基本电费，并承担2倍补交基本电费的违约使用电费；其他用户应承担擅自使用或启用封存设备容量每次每千瓦（千伏安）30元的违约使用电费。启用属于私增容被封存的设备的，违约使用者还应承担本条第（2）项规定的违约责任。

（5）私自迁移、更动和擅自操作供电企业的用电计量装置、电力负荷管理装置、供电设施以及约定由供电企业调度的用户受电设备者，属于居民用户的，应承担每次500元的违约使用电费；属于其他用户的，应承担每次5000元的违约使用电费。

（6）未经供电企业同意，擅自引入（供出）电源或将备用电源和其他电源私自并网的，除当即拆除接线外，应承担其引入（供出）或并网电源容量每千瓦（千伏安）500元的违约使用电费。

67．窃电行为有哪些？

答：窃电行为包括：

（1）在供电企业的供电设施上，擅自接线用电。

（2）绕越供电企业用电计量装置用电。

（3）伪造或者开启供电企业加封的用电计量装置封印用电。

（4）故意损坏供电企业用电计量装置。

（5）故意使供电企业用电计量装置不准或者失效。

（6）采用其他方法窃电。

68．供电企业对查获的窃电者，应如何处理？

答：供电企业对查获的窃电者，应予制止，并可当场中止供电。窃电者应按所窃电量补交电费，并承担补交电费 3 倍的违约使用电费。拒绝承担窃电责任的，供电企业应报请电力管理部门依法处理。窃电数额较大或情节严重的，供电企业应提请司法机关依法追究刑事责任。

69. 如何确定窃电量？窃电时间无法确定时，应如何确定？

答：窃电量按下列方法确定：

（1）在供电企业的供电设施上，擅自接线用电的，所窃电量按私接设备额定容量（千伏安视同千瓦）乘以实际使用时间计算确定。

（2）以其他行为窃电的，所窃电量按计费电能表标定电流值（对装有限流器的，按限流器整定电流值）所指的容量（千伏安视同千瓦）乘以实际窃用的时间计算确定。

窃电时间无法查明时，窃电日数至少以 180 天计算。每日窃电时间：电力用户按 12h 计算；照明用户按 6h 计算。

五、案例分析题

1. 某客户在营业厅反映，该户为 10kV 供电的机械加工厂，变压器容量为 2000kVA，2008 年 5 月 25 日由于供电企业电力运行事故造成其全厂停电 50min（供电调度记录的时间），产生了经济损失，要求赔偿，请问供电企业电力运行事故给客户造成的损失，如何承担赔偿责任？（该户 4 月份每小时平均用电量为 1650kWh，目录电价为 0.5 元/kWh）

答：该户执行两部制电价，供电企业应按用户在停电时间内可能用电量的电度电费的 5 倍给予赔偿。

用户在停电时间内可能用电量，按照停电前用户正常用电月份或每小时平均用电量乘以停电小时求得。

对停电时间及少供电量的计算，均按供电企业的事故记录及《电业生产事故调查规程》办理。停电时间不足 1h 按 1h 计算，超过 1h 按实际时间计算。

本例所指的电度电费按国家规定的现行目录电价计算。

应赔偿客户电度电费＝1650×1×0.5×5＝4125（元）

2. 某一冶炼铸造公司，10kV 供电，原报装变压器容量为 800kVA。2008 年 7 月份供电公司用电稽查人员到该户进行用电检查，发现变压器铭牌有明显变动的痕迹，即对变压器容量进行现场检测，经检测变压器容量实际为 1000kVA。至发现之日止，其 1000kVA 变压器已使用 9 个月，作为用电稽查人员试分析该户的用电行为违反了哪些规定？应如何处理？［基本电费按 20 元/（kVA·月）］

答：该用户"私自更换变压器铭牌，将原报装变压器容量由 800kVA 更换为 1000kVA"的行为违反了《电力供应与使用条例》所禁止的"用户不得有下列危害供电、用电安全，扰乱正常供电、用电秩序的行为"[第三十条（二）项"擅自超过合同约定的容量用电"]，符合《供电营业规则》第一百条规定"危害供用电安全、扰乱正常用电秩序的行为，属于违约用电行为"，属于违约用电行为。

《供电营业规则》第一百条第2项规定：私自超过合同约定的容量用电的，除应拆除私增容设备外，属于两部制电价的用户，应补交私增设备容量使用月数的基本电费，并承担3倍私增容量基本电费的违约使用电费；其他用户应承担私增容量每千瓦（千伏安）50元的违约使用电费。如用户要求继续使用者，按新装增容办理手续。

因此，对该用户应做如下处理：

补交私增设备容量使用月数的基本电费为 $200 \times 20 \times 9 = 36000$（元）。

并承担3倍私增容量基本电费的违约使用电费 $36000 \times 3 = 108000$（元）。

拆除1000kVA变压器，更换为800kVA变压器。若用户要求继续使用1000kVA变压器，则应到供电公司按新装增容办理手续。

3. 8月16日上午10:20左右，某供电公司用电检查员会同城关台区抄表人员，在抄表过程中，发现一居民用户，在三相计费电能表的出线上，私自转供一基建工地临时用电，现场核定用电设备容量为8.2kW，每日使用12h，使用起讫时间难以确定，在《用电检查工作单》上，双方当事人签字认可后，拆除了私自违约转供用电接线。请分析该居民客户的行为违反了哪些规定以及如何处理？

（电价：居民生活0.588元/kWh，一般工商业0.82元/kWh）

答：此行为违反以下规定：

《电力供应与使用条例》第三十条：用户不得有下列危害供电、用电安全，扰乱正常供电、用电秩序的行为：

（1）擅自改变用电类别。

（2）未经供电企业许可，擅自引入、供出电源或者将自备电源擅自并网。

应对该居民客户进行以下处理：

（1）根据《供电营业规则》第一百条第一款规定：在电价低的供电线路上，擅自接用电价高的用电设备或私自改变用电类别的，应按实际使用日期补交其差额电费，并承担两倍差额电费的违约使用电费。使用起讫日期难以确定的，实际使用日期按三个月计算。

①应补交违约用电量其差额电费：$8.2 \times 12 \times 90 \times (0.82 - 0.588) = 2054.59$（元）。

②同时应补交两倍差额电费的违约使用电费：$2054.59 \times 2 = 4109.184$（元）。

（2）根据《供电营业规则》第一百条第六款规定：未经供电企业同意，擅自引入（供出）电源或将备用电源和其他电源私自并网的，除当即拆除接线外，应承担其引入（供出）或并网电源容量每千瓦（千伏安）500元的违约使用电费。

该居民客户私自转供电，除当即拆除接线外，还应承担其供出电源每千瓦（千伏安）500 元的违约使用电费。即 500×8.2＝4100 元。

合计补收违约用电量的差额电费及违约使用电费：4109.184＋2054.59＋4100＝10263.774（元）。

第六节 承装（修、试）电力设施许可证管理办法

一、填空题

1.《承装（修、试）电力设施许可证管理办法》规定：许可证分为（　　）、（　　）、（　　）三个类别。

答案：承装，承修，承试

2.《承装（修、试）电力设施许可证管理办法》规定：申请许可证，应当向（　　）提出。申请人取得许可证后，方可向工商行政管理部门申请营业执照或者变更经营范围。

答案：申请人所在地的派出机构

3.《承装（修、试）电力设施许可证管理办法》规定：派出机构收到申请，应当对（　　）、（　　）进行审查。派出机构有权要求申请人就申请事项作出解释或者说明。

答案：申请材料是否齐全、是否符合法定形式

4.派出机构在审查过程中认为需要对申请材料的（　　）进行核实的，应当指派（　　）的工作人员进行现场核查。

答案：实质性内容，两名以上

5.承装（修、试）电力设施许可证的变更分为（　　）变更和（　　）变更。

答案：许可事项，登记事项

6.承装（修、试）电力设施许可证的许可事项变更是指许可证（　　）的变更。

答案：类别和等级

7.登记事项变更是指承装（修、试）电力设施单位名称、（　　）、（　　）等事项的变更。

答案：住所，法定代表人

8.登记事项变更的，应当自工商行政管理部门依法办理变更登记之日起（　　）内，提出登记事项变更申请。

答案：30 日

9.《承装（修、试）电力设施许可证管理办法》的有效期为（　　）年。

答案：6

10．承装（修、试）电力设施许可证有效期届满需要延续的，应当在（　　）提出申请，提交《承装（修、试）电力设施许可证管理办法》第十条规定的材料和许可证原件。

答案：有效期届满 30 日前

11．许可证损毁的，应当及时向颁发许可证的派出机构申请补办；许可证遗失的，应当立即在（　　）刊登遗失声明，刊登遗失声明（　　）后方可向颁发许可证的派出机构申请补办。派出机构应当自收到许可证补办申请之日起（　　）内，按照有关规定补发许可证。

答案：规定的媒体上，10 日，15 日

二、选择题

（一）单选题

1．承装（修、试）电力设施许可证有效期届满需要延续的，向派出机构提出申请并提交相关材料后，派出机构在许可证有效期届满前未作出是否准予延续的决定的，视为（　　）延续并补办相应手续。

A．同意　　　　　　　B．不同意
答案：A

（二）多选题

1．《承装（修、试）电力设施许可证管理办法》中所称承装、承修、承试电力设施，是指对（　　）电力设施的安装、维修和试验。

A．变电　　　　　　B．输电　　　　　　C．受电　　　　　　D．供电
答案：BCD

2．根据《承装（修、试）电力设施许可证管理办法》规定，取得（　　）级许可证的，可以从事 110kV 以下电压等级电力设施的安装、维修或者试验活动。

A．一　　　　　　B．二　　　　　　C．三　　　　　　D．四
E．五
答案：ABC

三、判断题

1．《承装（修、试）电力设施许可证管理办法》规定：国家电力监管委员会负责指导、监督全国许可证的颁发和管理。（　　）

答案：√

2．电监会派出机构负责辖区内许可证的受理、审查、颁发和日常监督管理。（　　）

答案：✓

3. 取得四级许可证的，可以从事 110kV 以下电压等级电力设施的安装、维修或者试验活动。（　　）

答案：✕

正确答案：取得四级许可证的，可以从事 35kV 以下电压等级电力设施的安装、维修或者试验活动。

4. 取得五级许可证的，可以从事 10kV 以上电压等级电力设施的安装、维修或者试验活动。（　　）

答案：✕

正确答案：取得五级许可证的，可以从事 10kV 以下电压等级电力设施的安装、维修或者试验活动。

5. 取得二级许可证的，可以从事 110kV 以上电压等级电力设施的安装、维修或者试验活动。（　　）

答案：✓

6. 申请许可证，应当向申请人所在地的派出机构提出。申请人取得许可证后，方可向工商行政管理部门申请营业执照或者变更经营范围。（　　）

答案：✓

7. 派出机构收到申请，应当对申请材料是否齐全、是否符合法定形式进行审查。（　　）

答案：✓

8. 承装（修、试）电力设施许可证的登记事项变更是指许可证类别和等级的变更。（　　）

答案：✕

正确答案：承装（修、试）电力设施许可证的许可事项变更是指许可证类别和等级的变更。

9. 变更后的许可证，有效期自变更之日起重新计算。（　　）

答案：✕

正确答案：变更后的许可证，有效期限不变。

10. 《承装（修、试）电力设施许可证管理办法》的有效期为五年。（　　）

答案：✕

正确答案：有效期应为六年。

11. 承装（修、试）电力设施单位的人员、资产、设备等情况发生重大变化，已不符合相应许可证条件、标准的，派出机构应依法收缴其许可证。（　　）

答案：✕

正确答案：派出机构应当根据其实际具有的条件，重新核定其许可证的类别和等级。

12．承装（修、试）电力设施单位在从事承装、承修、承试电力设施活动中发生重大以上生产安全事故或者重大质量责任事故的，由派出机构给予警告，责令其限期整改，处一万元以下罚款，降低许可证等级；情节严重的，收缴其许可证。（　　）

答案：×

正确答案：由派出机构给予警告，责令其限期整改，在规定限期内未整改的或者整改后仍不合格的，处一万元以下罚款，降低许可证等级；情节严重的，收缴其许可证。

四、简答题

1．《承装（修、试）电力设施许可证管理办法》中所称承装、承修、承试电力设施是指对哪些设施的安装、维修和试验？

答：《承装（修、试）电力设施许可证管理办法》中所称承装、承修、承试电力设施，是指对输电、供电、受电电力设施的安装、维修和试验。

2．承装（修、试）电力设施许可证分哪些类别，分别可以从事哪些业务？

答：许可证分为承装、承修、承试三个类别。取得承装类许可证的，可以从事电力设施的安装活动；取得承修类许可证的，可以从事电力设施的维修活动；取得承试类许可证的，可以从事电力设施的试验活动。

3．《承装（修、试）电力设施许可证管理办法》中许可证分为一级、二级、三级、四级和五级，请分别说出各级可以承装（修、试）的范围。

答：取得一级许可证的，可以从事所有电压等级电力设施的安装、维修或者试验活动；取得二级许可证的，可以从事220kV以下电压等级电力设施的安装、维修或者试验活动；取得三级许可证的，可以从事110kV以下电压等级电力设施的安装、维修或者试验活动；取得四级许可证的，可以从事35kV以下电压等级电力设施的安装、维修或者试验活动；取得五级许可证的，可以从事10kV以下电压等级电力设施的安装、维修或者试验活动。

4．违反规定未取得许可证或者超越许可范围，非法从事承装、承修、承试电力设施活动的，应如何处理？

答：由派出机构责令其停止相关的经营活动，没收违法所得，处1万元以上3万元以下罚款；违法经营行为规模较大、社会危害严重的，可以并处3万元以上20万元以下罚款；违法经营行为存在重大安全隐患、威胁公共安全的，处5万元以上50万元以下罚款，并可以没收从事无证经营的工具设备。

5．电力企业违反国家有关规定，将承装（修、试）电力设施业务发包给未取得许可证或者超越许可范围承揽工程的单位或者个人的应如何处理？

答：由派出机构责令其限期改正，给予警告，处 1 万元以上 3 万元以下罚款。电网企业发现未取得许可证或者超越许可范围承揽用户受电工程的单位或者个人，未按照本办法规定及时报告的，由派出机构给予警告，处 1 万元以上 3 万元以下罚款。

第二章

供电服务知识

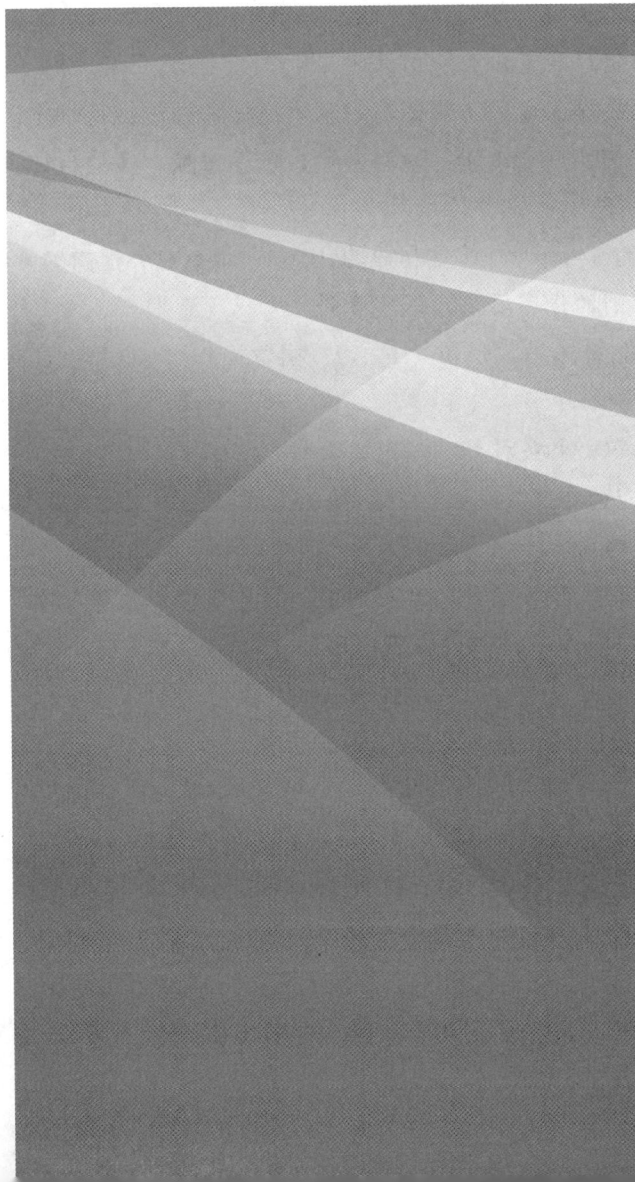

第一节　国家电网公司供电服务规范

一、填空题

1. 为坚持（　　）的服务宗旨，认真贯彻（　　）的供电服务方针，不断提高供电服务质量，规范供电服务行为，提升供电服务水平，并接受全社会的监督。

答案："人民电业为人民"，"优质、方便、规范、真诚"

2.《国家电网公司供电服务规范》适用于国家电网公司所属（　　）和（　　）。

答案：电网经营企业，供电企业

3.《国家电网公司供电服务规范》中基本道德和技能规范规定：严格遵守国家法律、法规，（　　）、恪守承诺；爱岗敬业，乐于奉献，廉洁自律，秉公办事；工作期间精神饱满，注意力集中；使用（　　），提倡使用普通话。

答案：诚实守信、规范化文明用语

4.《国家电网公司供电服务规范》中基本道德和技能规范规定：严格遵守国家法律、法规，诚实守信、恪守承诺；爱岗敬业、乐于奉献、廉洁自律、（　　）。

答案：秉公办事

5. 遵守国家的（　　），尊重客户的（　　），不对外泄露客户的（　　）。

答案：保密原则，保密要求，保密资料

6. 熟知本岗位的（　　）和（　　），岗位操作（　　），具有合格的专业技术水平。

答案：业务知识，相关技能，规范、熟练

7. 供电企业应公布（　　）、（　　）、（　　）、（　　）、（　　）和（　　），接受社会与客户的监督。

答案：服务承诺，服务项目，服务范围，服务程序，收费标准，收费依据

8. 从方便客户出发，合理设置供电服务（　　）或（　　）的代办点，并保证服务质量。

答案：营业网点，满足基本业务需要

9. 根据国家有关法律法规，本着（　　）的原则，以合同形式明确供电企业与客户双方的权利和义务，明确（　　），维护双方的合法权益。

答案：平等、自愿、诚实信用，产权责任分界点

10. 严格执行国家规定的电费电价政策及（　　），严禁利用各种方式和手段变相（　　）或（　　）。

答案：业务收费标准，扩大收费范围，提高收费标准

11. 聘请供电服务质量监督员，定期召开（　　　）并（　　　），听取客户意见，改进供电服务工作。

答案：客户座谈会，走访客户

12. 以实现（　　　）为目标，开展（　　　）和服务活动，减少客户用电成本，提高用电负荷率。

答案：全社会电力资源优化配置，电力需求侧管理

13. 以实现（　　　）为目标，开展电力需求侧管理和服务活动，减少客户用电成本，提高用电负荷率。

答案：全社会电力资源优化配置

14. 供电服务人员行为举止应做到（　　　）。

答案：自然、文雅、端庄、大方

15. 为客户提供服务时，应（　　　）。接待客户时，应（　　　），（　　　），做到来有迎声、去有送声。

答案：礼貌、谦和、热情，面带微笑，目光专注

16. 接待客户时，应面带微笑，目光专注，做到（　　　）。与客户会话时，应（　　　），有问必答。工作发生差错时，应（　　　）。

答案：来有迎声、去有送声，亲切、诚恳，及时更正并向客户道歉

17. 为行动不便的客户提供服务时，应主动给予（　　　）。对听力不好的客户，应适当（　　　）。

答案：特别照顾和帮助，提高语音、放慢语速

18. 与客户交接钱物时，应（　　　），轻拿轻放、不抛不丢。

答案：唱收唱付

19. 当客户的要求与政策、法律、法规及本企业制度相悖时，应向客户（　　　），争取客户理解，做到（　　　）。遇有客户提出不合理要求时，应（　　　），不得与客户发生争吵。

答案：耐心解释，有理有节，向客户委婉说明

20. 供电服务人员上岗必须（　　　），并佩戴（　　　）。

答案：统一着装，工号牌

21.《国家电网公司供电服务规范》：供电服务人员上岗应保持仪容仪表美观大方，不得（　　　），不得（　　　），（　　　）。

答案：浓妆艳抹，敞怀、将长裤卷起，戴墨镜。

22. 在电力系统正常状况下，35kV及以上电压供电的，客户受电端供电电压正、负偏差的绝对值之和不超过额定值的（　　　）。

答案：10%

23．在电力系统正常状况下，220V 单相供电的，为额定值的（　　　）。

答案：＋7%，－10%

24．减少因（　　）和（　　）对客户的停电次数及每次停电的持续时间。

答案：供电设备计划检修，电力系统事故

25．对（　　　）电压等级供电的客户的停电次数，每年不应超过 1 次；对（　　）电压等级供电的客户，每年不应超过 3 次。

答案：35kV 及以上，10kV

26．供电设施因计划检修需要停电时，应提前 7 天将（　　　）、（　　　）、（　　　）和（　　　）进行公告，并通知重要客户。

答案：停电区域，线路，停电时间，恢复供电的时间

27．供电设施因计划检修需要停电时，应提前（　　　）将停电区域、线路、停电时间和恢复供电的时间进行公告，并通知重要客户。供电设施因临时检修需要停电的，应提前（　　　）通知重要用户或进行公告。

答案：7 天、24h

28．对紧急情况下的停电或限电，客户询问时，应向客户做好解释工作，并（　　　）。

答案：尽快恢复正常供电。

29．供电企业营业场所应设置（　　　），安排（　　　）。

答案：值班主任，领导接待日

30．供电企业营业场所实行（　　　）。无论办理业务是否对口，接待人员都要认真倾听，热心引导，快速衔接，并为客户提供准确的联系人、联系电话和地址。

答案：首问负责制

31．受理用电业务时，应主动向客户说明该项业务需客户提供的相关资料、（　　　）、相关的收费项目和标准，并提供（　　　）和（　　　）。

答案：办理的基本流程，业务咨询，投诉电话号码

32．客户填写业务登记表时，营业人员应给予热情的指导和帮助，并（　　　），如发现填写有误，应（　　　）。

答案：认真审核，及时向客户指出

33．因计算机系统出现故障而影响业务办理时，若短时间内可以恢复，应请客户（　　　）；若需较长时间才能恢复，除向客户（　　　）外，应请客户留下联系电话，以便（　　　）。

答案：稍候并致歉，说明情况并道歉，另约服务时间

34．当有特殊情况必须暂时停办业务时，应列示（　　　）标牌。

答案："暂停营业"

35. 临下班时，对于正在处理中的业务应（　　）后方可下班。下班时如仍有等候办理业务的客户，应（　　）。

答案：照常办理完毕，继续办理

36. 营业场所外设置规范的（　　）和（　　）。

答案：供电企业标志，营业时间牌

37. 营业场所内应布局合理、舒适安全。有条件的营业场所，应设置（　　）和（　　）。

答案：业务洽谈区域，电能利用展示区

38. 营业场所内应张贴（　　）的服务标语。

答案："优质、方便、规范、真诚"

39. 营业窗口应设置醒目的（　　）标识。标识一般由窗口编号或名称、（　　）等组成。必要时，应设有中英文对照标识，少数民族地区设有（　　）标识。

答案：业务受理，经办业务种类，汉文和民族文字对应

40. "95598"客户服务热线的工作内容有停电信息公告、电力故障报修、（　　）、（　　）、（　　）、业务受理等。

答案：服务质量投诉，用电信息查询，咨询

41. "95598"客户服务网页（网站）工作内容有停电信息公告、用电信息查询、（　　）、（　　）、服务质量投诉等。

答案：业务办理信息查询，供用电政策法规查询

42. "95598"客户服务热线应时刻保持电话畅通，电话铃响（　　）声内接听，超过（　　）声应（　　）。应答时要首先问候，然后报出（　　）和（　　）。

答案：4，4，道歉，单位名称，工号

43. 接听电话时，应根据实际情况随时说"是""对"等，以示在（　　），重要内容要注意（　　）。通话结束，须等客户先挂断电话后再挂电话，不可（　　）。

答案：专心聆听，重复、确认，强行挂断

44. 受理客户咨询时，应（　　），尽量少用（　　），以免影响与客户的交流效果。

答案：耐心、细致，生僻的电力专业术语

45. 对于客户咨询，如不能当即答复，应向客户（　　），并（　　），经（　　）后，尽快答复。

答案：致歉，留下联系电话，研究或请示领导

46. 客户咨询或投诉叙述不清时，应用客气周到的语言（　　）客户，（　　）客人的话语。

答案：引导或提示，不随意打断

47. 核对客户资料时（姓名、地址等），对于多音字应选择（　　），避免使用贬义词或反面人物名字。

答案：中性词或褒义词

48. 接到客户报修时，如判断属客户内部故障，可（　　）客户排查故障，也可（　　）提供抢修服务，但要事先向客户说明该项服务是（　　）。

答案：电话引导，应客户要求，有偿服务

49. "95598"客户服务热线应建立（　　）制度。

答案：客户回访

50. 对客户投诉，应（　　）跟踪投诉受理全过程，（　　）天内答复。对故障报修，必要时在修复后及时进行回访，听取意见和建议。

答案：100%，5

51. "95598"客户服务网页首页应有明显的（　　）字样。为方便客户使用，应设有（　　）。

答案："供电客户服务"，导航服务系统

52. "95598"客户服务网页应设立（　　）、（　　），管理员应及时对客户的意见和建议进行回复。

答案：咨询台，留言簿

53. 网上开通业务受理项目的，应提供方便客户填写的表格以及办理（　　）。

答案：各项业务的说明资料

54. 对客户的受电工程不指定（　　），不指定（　　），不指定（　　）。

答案：设计单位，施工队伍，设备材料采购

55. 到客户现场服务前，有必要且有条件的，应与客户（　　），讲明（　　），请客户予以配合。

答案：预约时间，工作内容和工作地点

56. 到客户现场工作时，应遵守客户（　　），尊重客户的（　　）。

答案：内部有关规章制度，风俗习惯

57. 如在工作中损坏了客户原有设施，应（　　）或（　　）。

答案：尽量恢复原状，等价赔偿

58. 在公共场所施工应有（　　），悬挂（　　）、（　　），并配有（　　）。在道路两旁施工时，应在恰当位置摆放（　　）。

答案：安全措施，施工单位标志，安全标志，礼貌用语，醒目的告示牌

59. 原则上不在客户处住宿、就餐，如因特殊情况确需在客户处住宿、就餐的，应（　　）。

答案：按价付费

60．供电企业对客户送审的受电工程设计文件和有关资料答复时限：高压供电的最长不超过（　　　）；低压供电的最长不超过（　　　）。供电企业的审核意见应以（　　　）连同审核过的受电工程设计文件一份和有关资料一并退还客户，以便客户（　　　）。

答案：1个月，10天，书面形式，据以施工

61．供电企业应在（　　　）准确抄录计费电能表读数。因客户的原因不能如期抄录计费电能表读数时，可通知客户（　　　）或（　　　）计收电费，待下一次抄表时一并结清。确需调整抄表时间的，应（　　　）客户。

答案：规定的日期，待期补抄，暂按前次用电量，事先通知

62．在尊重客户、有利于公平结算的前提下，供电企业可采用客户乐于接受的（　　　）、（　　　）和（　　　）进行抄表收费工作。

答案：技术手段，结算，付费方式

63．在尊重客户、有利于公平结算的前提下，供电企业可采用客户乐于接受的（　　　）进行抄表收费工作。

答案：技术手段、结算和付费方式

64．对客户受电工程的中间检查和竣工检验，应以有关的法律法规、技术规范、技术标准、施工设计为依据，不得提出（　　　）。对检查或检验不合格的，应向客户（　　　），并留下（　　　）。客户改正后予以再次检验，直至合格。

答案：不合理要求，耐心说明，书面整改意见

65．用电检查人员依法到客户用电现场执行用电检查任务时，必须按照（　　　）的规定，主动向被检查客户出示（　　　），并按（　　　）确定的项目和内容进行检查。

答案：《用电检查管理办法》，用电检查证，"用电检查工作单"

66．用电检查人员不得在检查现场（　　　）进行电工作业。

答案：替代客户

67．供电企业应按（　　　）检验或检定、轮换计费电能表，并对电能计量装置进行（　　　）。发现计量装置失常时，应及时（　　　）并按规定处理。

答案：规程规定的周期，不定期检查，查明原因

68．供电企业应按规程规定的周期（　　　）计费电能表。发现计量装置失常时，应及时查明原因并按规定处理。

答案：检验或检定、轮换

69．发现因客户责任引起的电能计量装置损坏，应礼貌地与客户（　　　），由客户（　　　），并在工作单上（　　　）。

答案：分析损坏原因，确认，签字

70．客户对计费电能表的准确性提出异议，并要求进行校验的，经有资质的

（　　　）检定，在允许误差范围内的，校验费由（　　　）承担；超出允许误差范围的，校验费由（　　　）承担，并按规定向客户退补相应电量的电费。

答案：电能计量技术检定机构，客户，供电企业

71．对产权不属于供电企业的电力设施进行维护和抢修实行（　　　）的原则。

答案：有偿服务

72．应客户要求进行有偿服务的，（　　　）或（　　　）的费用，执行省（自治区、直辖市）物价管理部门核定的收费标准。

答案：电力修复，更换电气材料

73．应客户要求进行（　　　）的，电力修复或更换电气材料的费用，执行省（自治区、直辖市）物价管理部门核定的收费标准。

答案：有偿服务

74．进行有偿服务工作时，应向客户逐一列出（　　　）、收费标准、（　　　）、（　　　）等清单，并经客户确认、签字。付费后，应开具正式发票。

答案：修复项目，消耗材料，单价

75．有偿服务工作完毕后，应留下联系电话，并（　　　），（　　　）。

答案：主动回访客户，征求意见

76．处理客户投诉应以（　　　）为依据，以维护（　　　）和保护（　　　）为原则。

答案：事实和法律，客户的合法权益，国有财产不受侵犯

77．建立对投诉举报客户的（　　　）制度。及时跟踪投诉举报处理进展情况，进行督办，并适时予以通报。

答案：回访

78．严格保密制度，尊重客户意愿，满足客户（　　　）请求，为投诉举报人做好保密工作。

答案：匿名

二、选择题

1．下面对《国家电网公司供电服务规范》中基本道德和技能规范的内容，哪项叙述是不准确的？（　　　）

A．严格遵守国家法律、法规，诚实守信、恪守承诺。爱岗敬业，乐于奉献，廉洁自律，秉公办事

B．真心实意为客户着想，满足客户的合理要求。对客户的咨询、投诉等不推诿，不拒绝，不搪塞，及时、耐心、准确地给予解答

C．遵守国家的保密原则，尊重客户的保密要求，不对外泄露客户的保密资料

D．工作期间精神饱满，注意力集中。使用规范化文明用语，提倡使用普通话

E．熟知本岗位的业务知识和相关技能，岗位操作规范、熟练，具有合格的专业技术水平

答案：B

2．以实现全社会电力资源优化配置为目标，开展（　　）管理和服务活动，减少客户用电成本，提高用电负荷率。

A．安全供用电　　　B．电力需求侧　　　C．节约电能量　　　D．科学用电

答案：B

3．以下（　　）不属于供电员工站立时的行为举止规范要求。

A．抬头、挺胸、收腹

B．双手下垂置于身体两侧或双手交叠自然下垂

C．双脚并拢，脚跟相靠，脚尖微开

D．双手抱胸、叉腰

答案：D

4．下面关于对供电服务人员行为举止规范要求叙述准确的是（　　）。

A．站立时，双手交叠自然下垂，双脚并拢，脚跟相靠，脚尖微开，不得双手抱胸、叉腰

B．坐下时，上身自然挺直，两肩平衡放松，后背与椅背不得留有间隙，不用手托腮或趴在工作台上，不抖动腿和跷二郎腿

C．走路时，步幅适当，节奏适宜，不奔跑追逐，不边走边大声谈笑喧哗

D．避免在客户面前打哈欠、打喷嚏，难以控制时，应侧面回避，并向对方致歉

答案：C

5．在电力系统非正常状况下，10kV 及以下三相供电的，客户受电端的供电电压允许偏差为额定值的（　　）。

A．10%　　　　　　B．＋7%，－10%　　C．±10%　　　　　　D．±7%

答案：C

6．在电力系统非正常状况下，220V 单相供电的，为额定值的（　　）。

A．10%　　　　　　B．＋7%，－10%　　C．±10%　　　　　　D．±7%

答案：C

7．供电企业营业场所的服务内容不包括（　　）。

A．受理电力客户新装或增加用电容量

B．受理电力客户故障报修、投诉

C．受理电力客户变更用电

D．设置值班主任

E．其他公司代收费

答案：E

8．办理客户用电业务的时间一般每件不超过（　　）min，办理居民客户收费业务的时间一般每件不超过（　　）min。

A．5，20　　　　　　B．5，15　　　　　　C．15，5　　　　　　D．20，5

答案：D

9．下面（　　）不是营业场所内应公布的信息。

A．服务承诺　　　　　　　　　　B．供电服务项目

C．电价表　　　　　　　　　　　D．业务办理程序

E．业务联系电话　　　　　　　　F．岗位纪律

G．服务及投诉电话　　　　　　　I．收费项目及收费标准

答案：E

10．下列（　　）不属于"95598"客户服务网页（网站）的服务内容。

A．停电信息公告　　　　　　　　B．电力故障报修

C．服务质量投诉　　　　　　　　D．供用电政策法规查询

E．用电信息查询　　　　　　　　F．24h 不间断服务

答案：B

11．供电服务现场服务内容不包括（　　）。

A．客户侧计费电能表电量计算

B．故障抢修

C．客户侧用电情况的巡查

D．客户侧用电报装工程的设施安装、验收、接电前检查及设备接电

答案：A

12．供电企业对客户送审的受电工程设计文件和有关资料答复时限：高压供电的最长不超过（　　）；低压供电的最长不超过（　　）。

A．1个月，10天　　　　　　　　B．20个工作日，8个工作日

C．2个月，1个月　　　　　　　　D．3个月，10天

答案：A

13．受理居民客户申请用电后，（　　）个工作日内送电；其他客户在受电装置验收合格并签订供用电合同后，（　　）个工作日内送电。

A．3，5　　　　　B．5，5　　　　　C．5，7　　　　　D．3，7

答案：B

14．供电企业应向客户提供不少于（　　）种可供选择的缴纳电费方式。

A．一　　　　　　B．二　　　　　　C．三　　　　　　D．四

答案：B

15. 接到报修电话后，故障抢修人员到达故障现场的时限：城区（　　）min，农村（　　）min，边远地区（　　）min，特殊边远地区根据实际情况合理确定。

A. 45，80，120　　B. 45，90，100　　C. 45，90，120　　D. 60，120，240

答案：C

三、判断题

1.《国家电网公司供电服务规范》适用于国家电网公司所属各电网经营企业和供电企业。（　　）

答案：√

2.《国家电网公司供电服务规范》是电网经营企业和供电企业在电力供应经营活动中，为客户提供供电服务时应达到的基本行为规范和质量标准。（　　）

答案：√

3. 真心实意为客户着想，尽量满足客户的要求。对客户的咨询、投诉等不推诿，不拒绝，不搪塞，及时、耐心、准确地给予解答。（　　）

答案：×

正确答案：尽量满足客户的合理要求。

4. 遵守国家的保密原则，尊重客户的保密要求，不对外泄露客户的保密资料。（　　）

答案：√

5. 坐下时，上身自然挺直，两肩平衡放松，后背与椅背不得留有间隙，不用手托腮或趴在工作台上，不抖动腿和跷二郎腿。（　　）

答案：×

正确答案：后背与椅背保持一定间隙。

6. 尽量避免在客户面前打哈欠，打喷嚏，难以控制时，应尽量轻微，并向对方致歉。（　　）

答案：×

正确答案：难以控制时，应侧面回避，并向对方致歉。

7. 在电力系统正常状况下，10kV 及以下三相供电的，客户受电端的供电电压允许偏差为额定值的 +7%，−10%。（　　）

答案：×

正确答案：应为额定值的 ±7%。

8. 在电力系统正常状况下，客户受电端的电压最大允许偏差不应超过额定值的 ±10%。（　　）

答案：×

正确答案：在电力系统非正常状况下，客户受电端的电压最大允许偏差不应超过额定值的±10%。

9．供电设备计划检修时，对 10kV 电压等级供电的客户，每年不应超过 3 次；对 3kV 及以上电压等级供电的客户的停电次数，每年不应超过 1 次。（　　　）

答案：√

10．客户填写业务登记表时，营业人员应给予热情的指导和帮助，并认真审核，如发现填写有误，应及时帮助填写。（　　　）

答案：×

正确答案：如发现填写有误，应及时向客户指出。

11．客户来办理业务时，应主动接待，不因遇见熟人或接听电话而怠慢客户。如前一位客户业务办理时间过长，应礼貌地向下一位客户致歉。（　　　）

答案：√

12．《国家电网公司供电服务规范》中对营业场所环境的要求是：环境整洁，设置无障碍通道。（　　　）

答案：×

正确答案：有条件的地方，可设置无障碍通道。

13．有条件的营业场所，应设置客户自助查询的计算机终端。（　　　）

答案：×

正确答案：有条件的营业场所，应设置业务洽谈区域和电能利用展示台。

14．对于客户咨询，如不能当即答复，应留下联系电话，经请示领导后，尽快答复。（　　　）

答案：×

正确答案：应向客户致歉，并留下联系电话，经研究或请示领导后，尽快答复。

15．客户打错电话时，应礼貌地说明情况。对带有主观恶意的骚扰电话，可用恰当的言语警告后先行挂断电话。（　　　）

答案：×

正确答案：可用恰当的言语警告后先行挂断电话并向值长或主管汇报。

16．客户来电话发泄怒气时，应仔细倾听并做记录，对客户讲话应有所反应，并表示体谅对方的情绪。如感到难以处理时，应适时地挂断电话，避免与客户发生正面冲突。（　　　）

答案：×

正确答案：应适时地将电话转给值长、主管等，避免与客户发生正面冲突。

17．因输配电设备事故、检修引起停电，客户询问时，应告知客户停电原因，并主动致歉。（　　　）

答案：√

18．对故障报修，在修复后应及时进行回访，听取意见和建议。（　　）

答案：×

正确答案：对故障报修，必要时在修复后及时进行回访，听取意见和建议。

19．"95598"客户服务网页开通业务受理项目的，应提供方便客户填写的表格以及办理各项业务的说明资料。（　　）

答案：√

20．《国家电网公司供电服务规范》中现场服务中不包括客户侧用电报装工程的设施安装、验收、接电前检查及设备接电。（　　）

答案：×

正确答案：《国家电网公司供电服务规范》中现场服务中包括客户侧用电报装工程的设施安装、验收、接电前检查及设备接电。

21．进入客户现场时，应主动出示工作证件，并进行自我介绍。进入居民室内时，应先按门铃或轻轻敲门，主动出示工作证件，征得同意后，穿上鞋套，方可入内。（　　）

答案：√

22．到客户现场工作时，如需借用客户物品，应先征得客户同意，用完后先清洁再轻轻放回原处，并向客户致谢。（　　）

答案：√

23．《国家电网公司供电服务规范》规定，现场工作结束后，应立即清扫，不能留有废料和污迹，做到设备、场地清洁。同时向客户说明收费项目及标准，并请客户签字确认。（　　）

答案：×

正确答案：现场工作结束后，应立即清扫，不能留有废料和污迹，做到设备、场地清洁。同时应向客户交代有关注意事项，并主动征求客户意见。

24．对客户送审的受电工程设计文件和有关资料答复时限：高压供电的最长不超过1个月；低压供电的最长不超过10天。（　　）

答案：√

25．受理居民客户申请用电后，5个工作日内送电；其他客户在受电装置验收合格并签订供用电合同后，5个工作日内送电。（　　）

答案：√

26．因天气等特殊原因造成故障较多不能在规定时间内到达现场进行处理的，应向客户做好解释工作，可暂缓处理。（　　）

答案：×

正确答案：应向客户做好解释工作，并争取尽快安排抢修工作。

27．供电企业在新装、换装及现场校验后对电能计量装置加封，并请客户在工作凭证上签章。如居民客户不在家，应以其他方式通电表底数。拆回的电能计量装置应在表库存放1个月，以便客户提出异议时进行答复。（　　）

答案：×

正确答案：应在表库至少存放1个月，以便客户提出异议时进行复核。

28．用电检查人员依法到客户用电现场执行用电检查任务时，必须按照《用电检查管理办法》的规定，主动向被检查客户出示工作证，并按"用电检查工作单"确定的项目和内容进行检查。（　　）

答案：×

正确答案：应当向被检查客户出示用电检查证。

29．引起停电的原因消除后应及时恢复供电，不能及时恢复供电的，应向客户说明原因。（　　）

答案：√

30．供电企业可以通过领导对外接待日等方式接受客户的投诉和举报。（　　）

答案：√

31．接到客户举报时，应向客户致谢，详细记录具体情况后，转递相关部门或领导处理。（　　）

答案：×

正确答案：接到客户举报时，应向客户致谢，详细记录具体情况后，立即转递相关部门或领导处理。

32．处理客户投诉应以事实为依据，以维护客户的合法权益和保护国有财产不受侵犯为原则。（　　）

答案：×

正确答案：应以事实和法律为依据。

33．对客户投诉，无论责任归于何方，都应积极、热情、认真进行处理，不得在处理过程中发生内部推诿、搪塞或敷衍了事的情况。（　　）

答案：√

34．保护投诉举报人的合法权利。对打击报复投诉举报人的行为，一经发现，严肃处理。（　　）

答案：√

四、简答题

1．《国家电网公司供电服务规范》中基本道德和技能规范是什么？

答：（1）严格遵守国家法律、法规，诚实守信、恪守承诺。爱岗敬业，乐于奉献，廉洁自律，秉公办事。

（2）真心实意为客户着想，尽量满足客户的合理要求。对客户的咨询、投诉等不推诿，不拒绝，不搪塞，及时、耐心、准确地给予解答。

（3）遵守国家的保密原则，尊重客户的保密要求，不对外泄露客户的保密资料。

（4）工作期间精神饱满，注意力集中。使用规范化文明用语，提倡使用普通话。

（5）熟知本岗位的业务知识和相关技能，岗位操作规范、熟练，具有合格的专业技术水平。

2. 当客户的要求与政策、法律、法规及本企业制度相悖时，应如何处理？

答：当客户的要求与政策、法律、法规及本企业制度相悖时，应向客户耐心解释，争取客户理解，做到有理有节。遇有客户提出不合理要求时，应向客户委婉说明。不得与客户发生争吵。

3. 请简述《国家电网公司供电服务规范》中行为举止规范的内容。

答：（1）行为举止应做到自然、文雅、端庄、大方。

（2）为客户提供服务时，应礼貌、谦和、热情。接待客户时，应面带微笑，目光专注，做到来有迎声、去有送声。与客户会话时，应亲切、诚恳，有问必答。工作发生差错时，应及时更正并向客户道歉。

（3）当客户的要求与政策、法律、法规及本企业制度相悖时，应向客户耐心解释，争取客户理解，做到有理有节。遇有客户提出不合理要求时，应向客户委婉说明。不得与客户发生争吵。

（4）为行动不便的客户提供服务时，应主动给予特别照顾和帮助。对听力不好的客户，应适当提高语音，放慢语速。

（5）与客户交接钱物时，应唱收唱付，轻拿轻放，不抛不丢。

4.《国家电网公司供电服务规范》中对供电服务人员的仪容仪表有何要求？

答案：（1）供电服务人员上岗必须统一着装，并佩戴工号牌。

（2）保持仪容仪表美观大方，不得浓妆艳抹，不得敞怀、将长裤卷起，不得戴墨镜。

5.《国家电网公司供电服务规范》中规定，营业场所的服务内容有哪些？

答：（1）受理电力客户新装或增加用电容量、变更用电、业务咨询与查询、交纳电费、报修、投诉等。

（2）设置值班主任，安排领导接待日。

（3）县以上供电营业场所无周休日。

6. 受理客户用电业务时，应主动说明哪些信息？

答：受理用电业务时，应主动向客户说明该项业务需客户提供的相关资料、办理的基本流程、相关的收费项目和标准，并提供业务咨询和投诉电话号码。

7. 因计算机系统出现故障而影响业务办理时应如何处理？

答：因计算机系统出现故障而影响业务办理时，若短时间内可以恢复，应请客户稍候并致歉；若需较长时间才能恢复，除向客户说明情况并道歉外，应请客户留下联系电话，以便另约服务时间。

8. "95598"服务内容有哪些？

答：（1）"95598"客户服务热线：停电信息公告、电力故障报修、服务质量投诉、用电信息查询、咨询、业务受理等。

（2）"95598"客户服务网页（网站）：停电信息公告、用电信息查询、业务办理信息查询、供用电政策法规查询、服务质量投诉等。

（3）24h 不间断服务。

9. 《国家电网公司供电服务规范》中"95598"客户服务热线服务规范对接听客户电话是如何规定的？

答：接听电话时，应做到语言亲切、语气诚恳、语音清晰、语速适中、语调平和、言简意赅。应根据实际情况随时说"是""对"等，以示在专心聆听，重要内容要注意重复、确认。通话结束，须等客户先挂断电话后再挂电话，不可强行挂断。

10. 《国家电网公司供电服务规范》中对受理客户咨询是如何规定的？

答：受理客户咨询时，应耐心、细致，尽量少用生僻的电力专业术语，以免影响与客户的交流效果。如不能当即答复，应向客户致歉，并留下联系电话，经研究或请示领导后，尽快答复。客户咨询或投诉叙述不清时，应用客气周到的语言引导或提示客户，不随意打断客人的话语。

11. 接到客户报修时应如何处理？

答：接到客户报修时，应详细询问故障情况。如判断确属供电企业抢修范围内的故障或无法判断故障原因，应详细记录，立即通知抢修部门前去处理。如判断属客户内部故障，可电话引导客户排查故障，也可应客户要求提供抢修服务，但要事先向客户说明该项服务是有偿服务。

12. 客户打错电话及客户来电话发泄怒气时应如何处理？

答：客户打错电话时，应礼貌地说明情况。对带有主观恶意的骚扰电话，可用恰当的言语警告后先行挂断电话并向值长或主管汇报。

客户来电话发泄怒气时，应仔细倾听并做记录，对客户讲话应有所反应，并表示体谅对方的情绪。如感到难以处理时，应适时地将电话转给值长、主管等，避免与客户发生正面冲突。

13. "95598"客户服务网页（网站）服务规范的内容有哪些？

答：（1）网页制作应直观，色彩明快。首页应有明显的"供电客户服务"字样。为方便客户使用，应设有导航服务系统。

（2）网页内容应及时更新。

（3）网上开通业务受理项目的，应提供方便客户填写的表格以及办理各项业务的说明资料。

（4）网上应设立咨询台、留言簿，管理员应及时对客户的意见和建议进行回复。

14.《国家电网公司供电服务规范》中现场服务内容有哪些？

答：（1）客户侧计费电能表电量抄见。

（2）故障抢修。

（3）客户侧停电、复电。

（4）客户侧用电情况的巡查。

（5）客户侧用电报装工程的设施安装、验收、接电前检查及设备接电。

（6）客户侧计费电能表现场安装、校验。

15.《国家电网公司供电服务规范》现场服务纪律的内容有哪些？

答：（1）对客户的受电工程不指定设计单位，不指定施工队伍，不指定设备材料采购。

（2）到客户现场服务前，有必要且有条件的，应与客户预约时间，讲明工作内容和工作地点，请客户予以配合。

（3）进入客户现场时，应主动出示工作证件，并进行自我介绍。进入居民室内时，应先按门铃或轻轻敲门，主动出示工作证件，征得同意后，穿上鞋套，方可入内。

（4）到客户现场工作时，应遵守客户内部有关规章制度，尊重客户的风俗习惯。

（5）到客户现场工作时，应携带必备的工具和材料。工具、材料应摆放有序，严禁乱堆乱放。如需借用客户物品，应征得客户同意，用完后先清洁再轻轻放回原处，并向客户致谢。

（6）如在工作中损坏了客户原有设施，应尽量恢复原状或等价赔偿。

（7）在公共场所施工，应有安全措施，悬挂施工单位标志、安全标志，并配有礼貌用语。在道路两旁施工时，应在恰当位置摆放醒目的告示牌。

（8）现场工作结束后，应立即清扫，不能留有废料和污迹，做到设备、场地清洁。同时应向客户交代有关注意事项，并主动征求客户意见。电力电缆沟道等作业完成后，应立即盖好所有盖板，确保行人、车辆通行。

（9）原则上不在客户处住宿、就餐，如因特殊情况确需在客户处住宿、就餐的，应按价付费。

16.到客户现场工作时对工具和材料的使用有何规定？

答：到客户现场工作时，应携带必备的工具和材料。工具、材料应摆放有序，严禁乱堆乱放。如需借用客户物品，应征得客户同意，用完后先清洁再轻轻放回原处，并向客户致谢。

17. 在公共场所施工及现场工作结束后，有何注意事项？

答：在公共场所施工，应有安全措施，悬挂施工单位标志、安全标志，并配有礼貌用语。在道路两旁施工时，应在恰当位置摆放醒目的告示牌。

现场工作结束后，应立即清扫，不能留有废料和污迹，做到设备、场地清洁。同时应向客户交待有关注意事项，并主动征求客户意见。电力电缆沟道等作业完成后，应立即盖好所有盖板，确保行人、车辆通行。

18.《国家电网公司供电服务规范》中对客户送审的受电工程设计文件和有关资料的答复时限是如何规定的？

答：对客户送审的受电工程设计文件和有关资料答复时限：高压供电的最长不超过1个月；低压供电的最长不超过10天。供电企业的审核意见应以书面形式连同审核过的受电工程设计文件一份和有关资料一并退还客户，以便客户据以施工。

19.《国家电网公司供电服务规范》中抄表收费服务规范的内容有哪些？

答：（1）供电企业应在规定的日期准确抄录计费电能表读数。因客户的原因不能如期抄录计费电能表读数时，可通知客户待期补抄或暂按前次用电量计收电费，待下一次抄表时一并结清。确需调整抄表时间的，应事先通知客户。

（2）供电企业应向客户提供不少于两种可供选择的缴纳电费方式。

（3）在尊重客户、有利于公平结算的前提下，供电企业可采用客户乐于接受的技术手段、结算和付费方式进行抄表收费工作。

20.《国家电网公司供电服务规范》中故障抢修服务规范的内容有哪些？

答：（1）提供24h电力故障报修服务，对电力报修请求做到快速反应、有效处理。

（2）加快故障抢修速度，缩短故障处理时间。有条件的地区应配备用于临时供电的发电车。

（3）接到报修电话后，故障抢修人员到达故障现场的时限：城区45min、农村90min、边远地区2h，特殊边远地区根据实际情况合理确定。

（4）因天气等特殊原因造成故障较多不能在规定时间内到达现场进行处理的，应向客户做好解释工作，并争取尽快安排抢修工作。

21. 装表、接电及现场检查的服务规范内容有哪些？

答：（1）供电企业在新装、换装及现场校验后应对电能计量装置加封，并请客户在工作凭证上签章。如居民客户不在家，应以其他方式通知其电表底数。拆回的电能计量装置应在表库至少存放1个月，以便客户提出异议时进行复核。

（2）对客户受电工程的中间检查和竣工检验，应以有关的法律法规、技术规范、技术标准、施工设计为依据，不得提出不合理要求。对检查或检验不合格的，应向客户耐心说明，并留下书面整改意见。客户改正后予以再次检验，直至合格。

（3）用电检查人员依法到客户用电现场执行用电检查任务时，必须按照《用电检查管理办法》的规定，主动向被检查客户出示用电检查证，并按"用电检查工作单"确定的项目和内容进行检查。

（4）用电检查人员不得在检查现场替代客户进行电工作业。

（5）供电企业应按规程规定的周期检验或检定、轮换计费电能表，并对电能计量装置进行不定期检查。发现计量装置失常时，应及时查明原因并按规定处理。

（6）发现因客户责任引起的电能计量装置损坏，应礼貌地与客户分析损坏原因，由客户确认，并在工作单上签字。

（7）客户对计费电能表的准确性提出异议，并要求进行校验的，经有资质的电能计量技术检定机构检定，在允许误差范围内的，校验费由客户承担；超出允许误差范围的，校验费由供电企业承担，并按规定向客户退补相应电量的电费。

22.《国家电网公司供电服务规范》中"停、复电服务规范"的内容是什么？

答：（1）因故对客户实施停电时，应严格按照《供电营业规则》规定的程序办理。

（2）引起停电的原因消除后应及时恢复供电，不能及时恢复供电的，应向客户说明原因。

23.《国家电网公司供电服务规范》中有偿服务规范的内容有哪些？

答：（1）对产权不属于供电企业的电力设施进行维护和抢修实行有偿服务的原则。

（2）应客户要求进行有偿服务的，电力修复或更换电气材料的费用，执行省（自治区、直辖市）物价管理部门核定的收费标准。

（3）进行有偿服务工作时，应向客户逐一列出修复项目、收费标准、消耗材料、单价等清单，并经客户确认、签字。付费后，应开具正式发票。

（4）有偿服务工作完毕后，应留下联系电话，并主动回访客户，征求意见。

24. 供电企业可通过哪些方式接受客户的投诉和举报？

答：（1）"95598"供电客户服务热线或专设的投诉举报电话。

（2）营业场所设置意见箱或意见簿。

（3）信函。

（4）"95598"供电客户服务网页（网站）。

（5）领导对外接待日。

（6）其他渠道。

25. 投诉举报处理的服务规范内容有哪些？

答：（1）接到客户投诉或举报时，应向客户致谢，详细记录具体情况后，立即转递相关部门或领导处理。投诉在5天内、举报在10天内答复。

（2）处理客户投诉应以事实和法律为依据，以维护客户的合法权益和保护国有财产不受侵犯为原则。

（3）对客户投诉，无论责任归于何方，都应积极、热情、认真进行处理，不得在处理过程中发生内部推诿、搪塞或敷衍了事的情况。

（4）建立对投诉举报客户的回访制度。及时跟踪投诉举报处理进展情况，进行督办，并适时予以通报。

（5）严格保密制度，尊重客户意愿，满足客户匿名请求，为投诉举报人做好保密工作。

（6）对隐瞒投诉举报情况或隐匿、销毁投诉举报件者，一经发现，严肃处理。

（7）保护投诉举报人的合法权利。对打击报复投诉举报人的行为，一经发现，严肃处理。

第二节　国家电网公司供电客户服务提供标准

一、填空题

1.《国家电网公司供电客户服务提供标准》明确了电网经营企业和供电企业在实现客户服务的过程中，向客户提供的各项（　　）和（　　）的基本配置要求。

答案：服务资源，服务活动

2. 客户指的是可能或已经与供电企业建立供用电关系的（　　）。

答案：组织或个人

3. 供电服务是指服务提供者遵循一定的（　　），以特定方式和手段，提供（　　）和（　　）来实现客户现实或者潜在的用电需求的活动过程。

答案：标准和规范，合格的电能产品，满意的服务

4. 供电服务包括（　　）和（　　）。

答案：供电产品提供，供电客户服务

5.（　　）是指电力供应过程中，企业为满足客户获得和使用电力产品的各种相关需求的一系列活动的总称。

答案：供电客户服务

6. 供电客户服务渠道指供电企业与客户进行（　　）的具体途径。简称"服务渠道"。

答案：交互、提供服务

7. 供电客户服务项目指供电企业针对明确的服务对象，由服务提供者通过具体的（　　），在一定周期内按照规范的（　　）提供的一系列服务活动，简称"服务项目"。

答案：服务渠道，服务流程和内容

8. 供电营业厅是供电企业为客户办理用电业务需要而设置的（　　）或（　　）

的服务场所。

答案：固定，流动

9．供电营业厅的服务网络应覆盖公司的供电区域，其布设应综合考虑所服务的（　　　）、客户数量、（　　　），以及当地客户的（　　　），合理设置。

答案：客户类型，服务半径，消费习惯

10．《国家电网公司供电客户服务提供标准》中规定，A级厅为（　　　）营业厅，兼本地区供电营业厅服务人员的（　　　），设置于（　　　）城市，每个地区范围内最多只能设置1个。

答案：地区中心，实训基地，地级及以上

11．《国家电网公司供电客户服务提供标准》中规定，D级厅为（　　　）或者（　　　），可视当地服务需求，设置于城市区域、郊区，乡镇。

答案：单一功能收费厅，自助营业厅

12．供电营业厅的服务功能包括：（　　　）、收费、（　　　）、引导和（　　　）。

答案：业务办理，告示，洽谈

13．"业务办理"指受理各类用电业务，包括客户新装、增容及变更用电申请，故障报修，（　　　）、（　　　）、咨询、投诉、举报和建议，（　　　）等。

答案：校表，信息订阅，客户信息更新

14．D级营业厅应具备的服务功能包括：电费收取、（　　　），以及（　　　）等服务功能。

答案：发票打印，服务信息公示

15．《国家电网公司供电客户服务提供标准》中"告示"指提供（　　　）、收费标准及依据、用电业务流程、服务项目、（　　　）等各种服务信息公示，计划停电信息及（　　　）公告，功能展示，以及公布岗位纪律、服务承诺、（　　　）等。

答案：电价标准及依据，95598供电服务热线，重大服务事项，电力监管投诉举报电话

16．A、B级供电营业厅实行（　　　）营业。

答案：无周休日

17．供电营业厅的服务方式包括：面对面，（　　　）、（　　　）、（　　　）、（　　　）。

答案：电话，书面留言，传真，客户自助

18．D级营业厅具备（　　　）服务方式时，可视当地条件和客户需求，提供24h服务。

答案：客户自助

19．A级营业厅必须具备的服务人员包括：（　　　）、业务受理员、收费员、（　　　）、（　　　）和（　　　）。

答案：营业厅主管，保安员，引导员，保洁员

20. B级营业厅必须具备的服务人员包括：（　　）、（　　）、（　　）、（　　）、（　　）、（　　）。

答案：营业厅主管，业务受理员，收费员，保安员，引导员，保洁员

21. C级营业厅必须具备的服务人员包括：（　　）、（　　）、（　　）、（　　）。

答案：营业厅主管，业务受理员，收费员，保安员

22. 供电营业厅的功能分区包括：业务办理区、收费区、（　　）、展示区、（　　）、引导区和（　　）。

答案：业务待办区，洽谈区，客户自助区

23. 收费区一般与业务办理区相邻，应采取相应的（　　）。收费区地面应有（　　），遇客流量大时应设置（　　），合理疏导人流。

答案：保安措施，一米线，引导护栏

24. 展示区通过（　　）、（　　）、（　　）、（　　）等多种形式，向客户宣传科学用电知识，介绍服务功能和方式，以及公布各类服务信息。

答案：宣传手册，广告展板，电子多媒体，实物展示

25. 客户自助区应配设相应的自助终端设施，包括（　　）、（　　）、（　　）等。

答案：触摸屏，多媒体查询设备，自助缴费终端

26. 供电营业厅应整洁明亮、布局合理、舒适安全，做到"四净四无"，即"（　　）；（　　）"。

答案：地面净、桌面净、墙面净、门面净，无灰尘、无纸屑、无杂物、无异味

27.《国家电网公司供电客户服务提供标准》服务设施及用品设置标准中要求，夜间应保证（　　）及（　　）明亮易辨。

答案：国家电网徽标，双面小型灯箱

28.《国家电网公司供电客户服务提供标准》供电营业厅服务设施及用品设置标准中要求，供电营业厅入口处应配有"营业中"或"休息中"标志牌，营业柜台应配有"（　　）"标志牌。

答案：暂停服务

29.《国家电网公司供电客户服务提供标准》供电营业厅服务设施及用品设置标准中要求，供客户操作使用的服务设施，如发生故障不能使用，应摆设（　　）标识牌，并在（　　）天内修复。

答案：设备维修中，30

30.《国家电网公司供电客户服务提供标准》中，95598的服务方式包括：（　　）、（　　）、（　　）、（　　）、（　　）。

答案：客户自助，人工通话，短信，录音留言，传真

31. 95598 智能互动网站的网页制作要求直观，色彩明快，各服务功能分区要有明显的（　　　）区分。

答案：色系

32.《国家电网公司供电客户服务提供标准》：现场服务的方式包括（　　　）、（　　　）、（　　　）。

答案：面对面，电话，短信

33.《国家电网公司供电客户服务提供标准》：现场服务的设施及用品包括（　　　）、（　　　）、（　　　）、（　　　）、（　　　）、（　　　）。

答案：警示牌，安全围栏等标志，移动 POS 机，移动作业终端，电能表现场检查设备，多媒体记录设备

34. 银行及其他代办机构服务渠道是指供电企业委托（　　　）、（　　　）及其他机构，代为提供（　　　）及相关服务的特定服务途径。

答案：银行，通信运营商，电费收取

35.《国家电网公司供电客户服务提供标准》中规定代办机构的服务功能包括（　　　）、（　　　）。

答案：电费收取，欠费查询

36.《国家电网公司供电客户服务提供标准》中规定代办机构的服务方式一般包括（　　　）、（　　　）两种方式。

答案：柜台，客户自助

37. 代办机构营业网点应具有电力企业委托的经营权，并在营业窗口悬挂（　　　）标志牌。

答案：供电企业委托授权

38.《国家电网公司供电客户服务提供标准》中规定社区服务的方式包括（　　　）、（　　　）。

答案：面对面，客户自助

39. 供电企业受理的变更用电业务包括减容、暂停、暂换、迁址、移表、暂拆、（　　　）、更名、分户、并户、销户、（　　　）、改类、（　　　）、（　　　）。

答案：过户，改压，临时用电延期，临时用电终止

40. 暂停、暂拆的服务流程为：由受理客户申请开始，经过现场勘查、（　　　）、（　　　）、（　　　）、客户申请资料归档等流程环节，服务结束。

答案：办理停电手续，现场拆表，设备封停

41. 客户改类的服务流程为：由受理客户申请开始，经过（　　　）、（　　　）、（　　　）、客户申请资料归档等流程环节，服务结束。

答案：现场勘查，签订供用电合同，装表接电

42. 故障抢修服务项目的服务人员包括：（　　　）、（　　　）、（　　　）、（　　　）。

答案：95598 客户代表，业务受理员，电子客服代表，业务处理人员

43. 故障抢修服务的服务渠道包括：（　　　）、（　　　）、（　　　）、（　　　）。

答案：供电营业厅，95598 供电服务热线，电子渠道，社区及其他渠道，客户现场

44. 咨询服务项目的服务人员包括：（　　　）、（　　　）、（　　　）、（　　　）。

答：95598 客服代表，业务受理员，电子客服代表，业务处理人员。

45. 咨询服务的服务渠道包括（　　　）、（　　　）、（　　　）、（　　　）、（　　　）。

答案：95598 供电服务热线，供电营业厅，电子渠道，客户现场，社区及其他渠道

46. 客户建议的服务流程为：由受理客户建议开始，经过（　　　）、应客户要求进行回访、办结归档等流程环节，服务结束。

答案：调查研究

47. 客户信息更新服务是供电企业为客户提供（　　　）、（　　　）等客户信息更新的服务。

答案：联系方式，业务密码

48. 客户信息更新服务项目的服务人员包括：（　　　）、（　　　）、（　　　）。

答案：业务受理员，95598 客服代表，电子客服代表。

49. 客户信息更新服务项目的服务渠道包括：（　　　）、（　　　）、（　　　）、（　　　）。

答：供电营业厅，95598 供电服务热线，电子渠道，社区及其他渠道，客户现场

50. 账单服务是供电企业通过（　　　）、（　　　）等方式向客户提供电费票据和账单的服务。

答案：发放，邮寄

51. 客户欠费停电告知服务是指供电企业通过（　　　）或（　　　）等方式，告知客户欠费停电信息，提醒客户及时缴纳电费的服务。

答案：电话、邮寄、送单，短信

52. 重要客户停限电告知服务是指供电企业向重要客户提供（　　　）、（　　　）、（　　　）停限电信息，以及（　　　）的服务。

答案：计划，临时，事故，供电可靠性预警

53.《国家电网公司供电客户服务提供标准》中高压客户表计轮换告知服务项目的流程为：由供电企业制定表计轮换计划开始，经过与客户（　　　）、客户现场轮换表计、与客户（　　　）等流程环节，服务结束。

答案：预约时间，共同确认电能表指示数

54.《国家电网公司供电客户服务提供标准》中"专线客户停电协商服务"项目的

流程为：由供电企业（　　）开始，经过（　　）、按照协商结果确定停电计划等流程环节，服务结束。

答案：预制定停电计划，与客户协商

55. 保供电服务是指供电企业针对客户需求，对涉及（　　）等有重大影响的活动提供保电的服务。

答案：政治、经济、文化

二、选择题

（一）单选题

1. 下列哪项不属于服务渠道的提供要素？（　　）。

A．服务网络布设　　　　　　　　　B．人员

C．功能　　　　　　　　　　　　　D．方式

E．流程　　　　　　　　　　　　　F．设施及用品

G．环境

答案：E

2. 下列哪项不属于服务项目的提供要素？（　　）

A．服务内容　　　B．服务人员　　　C．渠道　　　　D．方式

E．流程

答案：D

3. 供电服务指服务提供者遵循一定的标准和规范，以特定方式和手段，提供合格的电能产品和满意的服务来实现客户现实或者潜在的用电需求的活动过程。供电服务包括（　　）。

A．电能产品和服务　　　　　　　　B．合格的电能产品

C．供电产品提供和供电客户服务　　D．满意的服务

答案：C

4. 下列（　　）不属于《国家电网公司供电客户服务提供标准》所指的"供电营业厅"的范畴。

A．网上营业厅　　　　　　　　　　B．自助营业厅

C．供电流动服务车　　　　　　　　D．单一功能收费厅

答案：A

5. 下列关于供电营业厅设置的描述中，哪些是错误的？（　　）

A．A 级厅为地区中心营业厅，兼本地区供电营业厅服务人员的实训基地，设置于地级及以上城市，每个地区范围内最多只能设置 1 个

B．B 级厅为区县中心营业厅，设置于县级及以上城市，每个区县范围内最多只

能设置 1 个

C. C 级厅为区县的非中心营业厅，可视当地服务需求，设置于城市区域、郊区，乡镇

D. D 级厅为单一功能收费厅，可视当地服务需求，设置于城市区域、郊区，乡镇

答案：D

6. （   ）供电营业厅无须具备业务办理、收费、告示、引导和洽谈等服务功能。

A. A 级　　　　　B. B 级　　　　　C. C 级　　　　　D. D 级

答案：D

7. 下面（   ）不是 B 级营业厅必须具备的服务人员。

A. 营业厅主管　　　　　　　　　B. 业务受理员

C. 保安员　　　　　　　　　　　D. 保洁员

E. 收费员

答案：D

8. （   ）一般设置在面向大厅主要入口的位置，其受理台应为半开放式。

A. 业务办理区　　B. 收费区　　C. 业务待办区　　D. 引导区

答案：A

9. （   ）一般与业务办理区相邻，应采取相应的保安措施。

A. 业务办理区　　B. 收费区　　C. 业务待办区　　D. 引导区

答案：B

10. （   ）应配设与营业厅整体环境相协调且使用舒适的桌椅，配备客户书写台、宣传资料架、报刊架、饮水机、意见箱（簿）等。

A. 洽谈区　　　　B. 业务待办区　　C. 展示区　　　D. 引导区

答案：B

11. 下面哪些不是《国家电网公司供电客户服务提供标准》规定的展示区的设置标准？（   ）

A. 向客户宣传科学用电知识，介绍服务功能和方式

B. 公示、公告各类服务信息

C. 公布岗位纪律、服务承诺、服务及投诉电话

D. 放置免费赠送的宣传资料

E. 展示节能设备、用电设施

答案：D

12. （   ）一般为半封闭或全封闭的空间，应配设与营业厅整体环境相协调且

使用舒适的桌椅，以及饮水机、宣传资料架等。

A．业务待办区　　B．洽谈区　　　　C．展示区　　　　D．客户自助区

答案：B

13．下列哪项不属于95598的服务方式？（　　　）

A．客户自助　　　B．人工通话　　　C．书面留言　　　D．传真

答案：C

14．下面哪个不属于电子渠道的服务方式？（　　　）

A．网站留言　　　B．客户自助　　　C．在线人工　　　D．短信

答案：D

15．客户现场的服务方式不包括（　　　）。

A．书面留言　　　B．面对面　　　　C．电话　　　　　D．短信

答案：A

16．下面哪些不属于客户现场服务渠道的服务人员？（　　　）

A．故障抢修人员　　　　　　　　B．现场勘查人员

C．用电指导人员　　　　　　　　D．催收人员

E．中间检查及验收人员　　　　　F．业务受理人员

答案：F

17．新装、增容及变更用电服务的服务渠道不包括（　　　）。

A．供电营业厅　　　　　　　　　B．95598供电服务热线

C．电子渠道　　　　　　　　　　D．客户现场

E．银行及其他代办渠道

答案：E

18．客户暂停、暂拆服务项目的服务流程为（　　　）。

A．受理客户申请→现场勘查→办理停电手续→设备封停→资料归档

B．受理客户申请→现场勘查→办理停电手续→现场拆表→资料归档

C．受理客户申请→现场勘查→现场拆表、设备封停→资料归档

D．受理客户申请→现场勘查→办理停电手续→现场拆表、设备封停→资料归档

答案：D

19．信息公告服务的服务渠道不包括（　　　）。

A．供电营业厅　　　　　　　　　B．95598供电服务热线

C．电子渠道　　　　　　　　　　D．客户现场

E．社区及其他渠道

答案：D

20．重要客户停限电告知服务的服务渠道不包括（　　　）。

A．供电营业厅   B．95598 供电服务热线

C．客户现场   D．社区及其他服务渠道

答案：A

21．高压客户表计轮换告知服务项目的流程为（ ）

A．与客户预约时间→客户现场轮换表计→由客户确认电能表指示数

B．与客户预约时间→客户现场轮换表计→与客户共同确认电能表指示数

C．制定表计轮换计划→预约时间→客户现场轮换表计→与客户共同确认电能表
指示数

D．制定表计轮换计划→预约时间→客户现场轮换表计→由客户确认电能表指
示数

答案：C

22．高压客户表计轮换告知服务的服务渠道有（ ）。

A．供电营业厅   B．95598 供电服务热线

C．客户现场   D．社区及其他服务渠道

答案：C

23．信息订阅服务中"订阅"子项的流程为：（ ）。

A．受理客户订阅申请→办理订阅→发送确认订阅信息

B．受理客户订阅申请→验证客户身份→办理订阅→发送确认订阅信息

C．受理客户订阅申请→告知订阅事项→办理订阅→发送确认订阅信息

D．受理客户订阅申请→验证客户身份→告知订阅事项→办理订阅→发送确认订
阅信息

答案：D

24．信息订阅服务中"退订"子项的流程为：（ ）。

A．受理客户申请→办理退订→发送确认退订信息

B．受理客户退订申请→验证客户身份→办理退订→发送确认退订信息

C．受理客户退订申请→办理退订→发送确认退订信息

D．受理客户退订申请→验证客户身份→发送确认退订信息

答案：B

（二）多选题

1．《国家电网公司供电客户服务提供标准》中指出服务渠道的提供要素包括
（ ）。

A．服务网络布设   B．人员

C．功能   D．方式

E．流程   F．设施及用品

G．环境

答案：ABCDFG

2．《国家电网公司供电客户服务提供标准》中指出服务项目的提供要素包括（　　）。

A．服务内容　　　　B．服务人员　　　　C．渠道　　　　D．流程

E．方式

答案：ABCD

3．《国家电网公司供电客户服务提供标准》规定供电营业厅共有 7 个功能分区，（　　）供电营业厅必须具备所有的功能分区。

A．A 级　　　　　B．B 级　　　　　C．C 级　　　　　D．D 级

答案：AB

三、判断题

1．供电客户服务是供电企业为满足客户的某项用电需求，通过某一服务渠道向客户提供某个服务项目，而与客户进行的接触活动及内部活动共同产生的结果。（　　）

答案：√

2．《国家电网公司供电客户服务提供标准》通过明确供电客户服务提供要素，统一了公司系统的 6 个服务渠道和 16 个服务项目。（　　）

答案：√

3．《国家电网公司供电客户服务提供标准》不等同于向客户的承诺。（　　）

答案：√

4．B 级厅为地区中心营业厅，设置于县级及以上城市，每个区县范围内最多只能设置 1 个。（　　）

答案：×

正确答案：B 级厅应为区县中心营业厅，，设置于县级及以上城市，每个区县范围内最多只能设置 1 个。

5．A 级厅为地区中心营业厅，兼本地区服务人员的实训基地，设置于地级及以上城市，每个地区范围内最多只能设置 1 个。（　　）

答案：×

正确答案：A 级厅为地区中心营业厅，兼本地区供电营业厅服务人员的实训基地，设置于地级及以上城市，每个地区范围内最多只能设置 1 个。

6．供电营业厅应设置在交通方便、容易辨识的地方。（　　）

答案：√

7．"收费"指提供电费及各类营业费用的收取，以及充值卡销售、表卡售换等。（　　）

答案：×

正确答案：应该还有账单服务。

8. 供电营业厅"引导"指根据客户的用电业务需要，将其引导至相应的业务办理部门。"洽谈"指根据客户的用电需要，提供专业接洽服务。（ ）

答案：×

正确答案：应为引导至营业厅内相应的功能区。

9. A、B、C 级营业厅应具备面对面、电话、书面留言、传真、客户自助等五种服务方式。

答案：√

10. A、B、C 级供电营业厅的服务方式包括面对面、电话、书面留言、传真和客户自助。（ ）

答案：√

11. 供电营业厅的服务人员应经岗前培训合格，方能上岗工作。且要求 A 级供电营业厅的营业厅主管和业务受理员具备大专及以上学历，达到普通话水平测试三级及以上水平。（ ）

答案：×

正确答案：且要求 A 级供电营业厅的营业厅主管、业务受理员、收费员、引导员具备大专及以上学历，达到普通话水平测试三级及以上水平。

12. 供电营业厅的服务环境应具备统一的国家电网公司标识，符合《国家电网公司标识应用管理办法》《国家电网公司标识应用手册》的要求，整体风格应力求鲜明、统一、醒目。（ ）

答案：√

13. 引导区一般设置在面向大厅主要入口的位置，其受理台应为半开放式。（ ）

答案：×

正确答案：应为业务办理区。或者：引导区应设置在大厅入口旁，并配设排队机。

14. 引导区应设置在大厅入口旁，并配设排队机。（ ）

答案：√

15. 95598 客服代表应具备大专及以上学历，普通话达到普通话水平测试三级及以上，语言表达清晰准确、岗位培训合格。（ ）

答案：√

16. 95598 智能互动网站应由国网公司统一布设，应为客户提供 7×24h 不间断自助服务。（ ）

答案：√

17．电子渠道的服务功能除宣传展示和信息公告外，其他功能只对网站注册或开通用户开放。（　　）

答案：√

18．《国家电网公司供电客户服务提供标准》中对电子渠道"客户自助"服务方式的设置标准为：应对客户进行身份验证，确保客户信息不外泄；自助缴费服务应确保客户资金安全。（　　）

答案：√

19．在需要排队的情况下，应告知客户排队情况，在进入人工服务后，电子客服代表平均响应时间应小于5s。客户无诉求达30s以上，方可退出人工服务。

答案：√

20．客户现场服务渠道是指供电企业服务人员到客户需求所在地进行服务的一种途径。（　　）

答案：√

21．社区服务渠道是供电企业利用居民社区服务网络向客户提供服务的一种途径。（　　）

答案：√

22．各供电企业应综合考虑供电区域内客户需求、现有服务网络的布设情况以及实际具备的服务能力等因素，合理布设社区服务点。（　　）

答案：√

23．社区服务必须设置专职的社区服务员，且社区服务人员应具备电力行业相关知识。（　　）

答案：×

正确答案：社区服务可设置兼职或专职的社区服务员。

24．社区服务的设施及用品包括服务信息公告栏，宣传资料和自助缴费终端（可选）。（　　）

答案：√

25．客户过户的服务流程为：由受理客户申请开始，经过现场勘查、签订供用电合同、客户申请资料归档等流程环节，服务结束。（　　）

答案：√

26．"临时用电终止"服务子项的流程为：由受理客户申请开始，经与客户结清有关费用、终止供用电合同、客户申请资料归档等流程环节，服务结束。（　　）

答案：×

正确答案：经过现场勘查、与客户结清有关费用。

27．市政代工的服务流程为：由受理市政部门申请开始，经过现场勘查、审批，

跟踪供电工程进度，组织图纸审查、中间检查、竣工验收、资料归档等流程环节结束服务。（　　）

答案：√

28. 故障抢修服务是供电企业受理客户对供电设施故障报修后，到达现场进行故障处理、恢复供电的服务。（　　）

答案：×

正确答案：是供电企业受理客户对供电企业产权范围内的供电设施故障报修。

29. 故障抢修服务的服务流程为：由受理客户故障报修开始，经过接单派工、故障处理、抢修结果回访、资料归档等流程环节，服务结束。（　　）

答案：√

30. 咨询服务是指供电企业为客户提供电价电费、停送电信息、供电服务信息、用电业务、业务收费、客户资料、计量装置、法律法规、服务规范、电动汽车、能效服务、用电技术及常识等内容的咨询服务。（　　）

答案：√

31. 咨询服务的服务流程为：由受理客户咨询申请开始，经过核实客户信息、处理客户申请、回复客户结果、办结归档等流程环节，服务结束。（　　）

答案：√

32. 客户信息更新服务项目的服务流程为：由受理客户信息更新申请开始，根据客户提供资料、进行信息更新、资料归档等流程环节，服务结束。（　　）

答案：×

正确答案：经过验证客户身份、客户提供资料、信息更新、资料归档等流程环节，服务结束。

33. 缴费服务是供电企业向客户提供坐收、代收、代扣、充值卡交费、走收、卡表购电、走收自助交费、网络交费等多种方式的服务项目。（　　）

答案：√

34.《国家电网公司供电客户服务提供标准》中缴费服务的服务渠道包括：供电营业厅、95598供电服务热线、电子渠道、银行及其他代办机构、客户现场、社区及其他服务渠道。（　　）

答案：√

35.《国家电网公司供电客户服务提供标准》中走收的服务流程为：由生成走收电费票据开始，经过供电企业服务人员到收费地点收取费用、交付收费凭证、银行交款与销账，票据交接等流程环节，服务结束。（　　）

答案：×

正确答案：应为由生成并领取走收电费票据开始。

36．电费票据和账单发放的服务流程为：由供电营业厅或银行及其他代办机构受理客户要求、提供电费票据或账单的申请开始，经过验证客户身份、开具票据或账单给客户等流程环节，服务结束。（　　）

答案：√

37．账单寄送的服务流程为：由供电营业厅受理客户寄送账单申请开始，经过验证客户身份、办理账单寄送给客户等流程环节，服务结束。（　　）

答案：√

38．客户校表服务的服务流程为：由受理客户的校表申请开始，经过收取相关费用、预约上门时间、电能计量装置校验、发放校表结果等流程环节，服务结束。（　　）

答案：×

正确答案：应为发放校表结果、校表结果处理等流程环节，服务结束。

39．《国家电网公司供电客户服务提供标准》中信息公告服务是指供电企业向客户提供用电政策法规、供电服务承诺、电价、收费标准、用电业务流程、计划停电、新服务项目介绍等信息的服务。（　　）

答案：√

40．信息公告服务的服务流程为：由收集信息发布内容开始，经过内容审核、发布方式制定、信息公告等流程环节，服务结束。（　　）

答案：√

41．《国家电网公司供电客户服务提供标准》中重要客户停限电告知服务项目的流程为：由供电企业制定停限电计划开始，经过计划、临时、事故停限电信息告知重要客户、进行相关记录、资料存档等流程环节，服务结束。（　　）

答案：×

正确答案：还有供电可靠性预警信息。

42．《国家电网公司供电客户服务提供标准》中专线客户停电协商服务指的是供电企业提供的与专线客户协商停电时间的服务。（　　）

答案：×

正确答案：应为协商计划停电时间的服务。

43．信息订阅服务是指供电企业以短信、微信等方式，向客户提供电费、停电等信息订阅的服务，包括订阅和退订两个服务子项。（　　）

答案：√

四、简答题

1．供电营业厅分为哪几级？设置要求是什么？

答：供电营业厅按 A、B、C、D 四级设置，其要求如下：

（1）A 级厅为地区中心营业厅，兼本地区供电营业厅服务人员的实训基地，设置于地级及以上城市，每个地区范围内最多只能设置 1 个。

（2）B 级厅为区县中心营业厅，设置于县级及以上城市，每个区县范围内最多只能设置 1 个。

（3）C 级厅为区县的非中心营业厅，可视当地服务需求，设置于城市区域、郊区、乡镇。

（4）D 级厅为单一功能收费厅或者自助营业厅，可视当地服务需求，设置于城市区域、郊区、乡镇。

2. 何为 A 级营业厅，其应具备的服务功能、服务方式和服务人员有哪些？

答：A 级厅为地区中心营业厅，兼本地区供电营业厅服务人员的实训基地，设置于地级及以上城市，每个地区范围内最多只能设置 1 个。

A 级营业厅应具备的服务功能包括：业务办理、收费、告示、引导和洽谈。

A 级营业厅应具备的服务方式包括：面对面、电话、书面留言、传真、客户自助。

A 级营业厅应具备的服务人员包括：营业厅主管、业务受理员、收费员、保安员、引导员、保洁员。

3. 何为 B 级营业厅，其应具备的服务功能、服务方式和服务人员有哪些？

答：B 级厅为区县中心营业厅，设置于县级及以上城市，每个区县范围内最多只能设置 1 个。

B 级营业厅应具备的服务功能包括：业务办理、收费、告示、引导和洽谈。

B 级营业厅应具备的服务方式包括：面对面、电话、书面留言、传真、客户自助。

B 级营业厅应具备的服务人员包括：营业厅主管、业务受理员、收费员、保安员、引导员。

4. 何为 C 级营业厅，其应具备的服务功能、服务方式和服务人员有哪些？

答：C 级厅为区县的非中心营业厅，可视当地服务需求，设置于城市区域、郊区、乡镇。

C 级营业厅应具备的服务功能包括：业务办理、收费、告示、引导和洽谈。

C 级营业厅应具备的服务方式包括：面对面、电话、书面留言、传真、客户自助。

C 级营业厅应具备的服务人员包括：营业厅主管、业务受理员、收费员、保安员。

5. 何为 D 级营业厅，其应具备的服务功能、服务方式和服务人员有哪些？

答：D 级厅为单一功能收费厅或者自助营业厅，可视当地服务需求，设置于城市区域、郊区、乡镇。

D 级营业厅应具备的服务功能包括：电费收取、发票打印，以及服务信息公示等服务功能。

D 级营业厅应具备的服务方式包括：面对面、书面留言、客户自助。

D级营业厅应具备的服务人员包括：收费员、保安员。

6．供电营业厅"业务办理"功能是指受理哪些用电业务？

答："业务办理"指受理各类用电业务，包括客户新装、增容及变更用电申请，故障报修，校表，信息订阅，咨询、投诉、举报和建议，客户信息更新等。

7．供电营业厅"告示"功能是指公告或公布哪些信息？

答："告示"指提供电价标准及依据、收费标准及依据、用电业务流程、服务项目、95598供电服务热线等各种服务信息公示，计划停电信息及重大服务事项公告，功能展示，以及公布岗位纪律、服务承诺、电力监管投诉举报电话等。

8．《国家电网公司供电客户服务提供标准》中规定，95598供电服务热线的服务功能有哪些？

答：95598供电服务热线应通过语音导航，向客户提供故障报修，咨询，投诉、举报、意见、建议和申请受理，停电信息公告，客户信息更新，信息订阅，并具备外呼功能。

9．《国家电网公司供电客户服务提供标准》中规定，电子渠道的服务功能包括哪些？

答：电子渠道的服务功能包括：①会员注册或开通服务；②宣传展现；③信息公告；④信息查询；⑤充值交费和账单服务；⑥业务受理；⑦新型业务；⑧服务监督。

10．客户现场服务内容包括哪些？

答：客户现场服务包括：处理新装、增容及变更用电，故障抢修，收缴电费，电能表校验，电能表换装，保供电，服务信息告知，专线客户停电协商，提供电费表单及受理投诉、举报和建议等。

11．《国家电网公司供电客户服务提供标准》中的变更用电包括哪些？

答：变更用电包括：减容、暂停、暂换、迁址、移表、暂拆、过户、更名、分户、并户、销户、改压、改类、临时用电延期、临时用电终止。

12．客户新装、增容、减容及暂换服务项目的服务流程是什么？

答：由受理客户申请开始，经过现场勘查、制定供电方案、向客户收取有关营业费用、图纸审核、中间检查、竣工验收、签订供用电合同、装表接电、客户申请资料归档和回访等流程环节，服务结束。

13．客户销户的服务流程是什么？

答：客户销户的服务流程为：由受理客户申请开始，经过现场勘查、拆除采集终端或拆表停电、缴纳并结清相关费用、客户申请资料归档等流程环节，服务结束。

14．市政代工的服务流程是什么？

答：市政代工服务子项的流程为：由受理市政部门申请开始，经过现场勘查、审批，跟踪供电工程进度，组织图纸审查、中间检查、竣工验收、资料归档等流程环节结束服务。

15. 简述《国家电网公司供电客户服务提供标准》中"保供电服务"的服务流程。

答：本服务项目的流程为：由供电企业受理客户保供电需求开始，经过制定保供电方案、专项用电检查、指导客户进行整改、保供电设施准备、保供电人员和设施按时到位、直至保电服务结束。

第三节 国家电网公司新"三个十条"

一、填空题

1.《国家电网公司调度交易服务"十项措施"》规定，严格执行政府有关部门制定的发电量调控目标，合理安排（　　），公平调用发电机组（　　）。

答：发电量进度，辅助服务

2.《国家电网公司调度交易服务"十项措施"》规定，充分尊重市场主体意愿，严格遵守政策规则，公开透明组织（　　），按时准确完成（　　）。

答：各类电力交易，电量结算

3.《国家电网公司调度交易服务"十项措施"》规定，充分尊重（　　），严格遵守（　　），公开透明组织各类电力交易，按时准确完成电量结算。

答：市场主体意愿，政策规则

4.《国家电网公司调度交易服务"十项措施"》规定，认真执行国家有关规定和调度规程，优化新机并网服务流程，为发电企业提供高效优质的（　　）及（　　）服务。

答：新机并网，转商运

5.《国家电网公司调度交易服务"十项措施"》规定，健全完善问询答复制度，对发电企业提出的问询能够当场答复的，应当场予以答复；不能当场答复的，应当自接到问询之日起（　　）予以答复；如需延长答复期限的，应告知发电企业，延长答复的期限最长不超过（　　）。

答：6个工作日内，12个工作日

6.《国家电网有限公司供电服务"十项承诺"》规定：价费政策公开透明。严格执行（　　）制定的电价和收费政策，及时在（　　）、（　　）、（　　）公开电价、收费标准和服务程序。

答：价格主管部门，供电营业场所，网上国网 App（微信公众号），"95598"网站。

7. 城市电网平均供电可靠率达到（　　），居民客户端平均电压合格率达到

（　　　）；农村电网平均供电可靠率达到（　　　），居民客户端电压合格率达到（　　　），特殊边远地区电网平均供电可靠率和居民客户端平均电压合格率符合国家有关监管要求。

答案：99.9%，98.5%，99.8%，97.5%

8．提供（　　　）h电力故障报修服务，供电抢修人员到达现场的平均时间一般为：城区范围（　　　）min；农村地区（　　　）min；特殊边远地区（　　　）h。达到现场后恢复供电平均时间一般为：城区范围（　　　）h，农村地区（　　　）h。

答案：24，45，90，2，3、4.

9．供电设施计划检修停电，提前通知用户或进行（　　　）。临时检修停电，提前通知（　　　）。故障停电，及时发布信息。当电力供应不足，不能保证连续供电时，严格按照政府批准的（　　　）方案实施错避峰、停限电。

答案：公告，重要用户，有序用电

10．通过供电营业场所、"95598"电话（网站）、网上国网App（微信公众号）等渠道，提供咨询、办电、交费、报修、节能、电动汽车、新能源并网等服务，实现线上（　　　）、线下（　　　）服务。

答案：一网通办，一站式

11．低压客户平均接电时间：居民客户（　　　）个工作日，非居民客户（　　　）个工作日。高压客户供电方案答复期限：单电源供电（　　　）个工作日，双电源供电（　　　）个工作日。高压客户装表接电期限：受电工程检验合格并办结相关手续后（　　　）个工作日。

答案：5，15，15，30，5

12．受理客户计费电能表校验申请后，（　　　）个工作日内出具检测结果。客户提出电表数据异常后，（　　　）个工作日内核实并答复。

答案：5，5

13．通过（　　　）、线上渠道（　　　）等方式，告知客户电费发生及余额变化情况，提醒客户及时交费；通过邮箱订阅、线上渠道下载等方式，为客户提供（　　　）、（　　　），推进客户电费交纳"一次都不跑"。

答案：短信，信息推送，电子发票，电子账单

14．"95598"电话（网站）、网上国网App（微信公众号）等渠道受理客户投诉后，（　　　）h内联系客户，（　　　）个工作日内答复处理意见。

答案：24，5

15．《国家电网有限公司员工服务"十个不准"规定》：不准（　　　）、无故拖延（　　　）和（　　　）。

答案：违规停电，检修抢修，延迟送电

16.《国家电网有限公司员工服务"十个不准"规定》：不准违反政府部门批准的（　　　）和（　　　）向客户收费。

答案：收费项目，标准

17.《国家电网有限公司员工服务"十个不准"规定》：不准为客户指定（　　　）单位。

答案：设计、施工、供货

18.《国家电网有限公司员工服务"十个不准"规定》：不准无故拒绝或拖延客户（　　　）、增加办理条件和环节。

答案：用电申请

19.《国家电网有限公司员工服务"十个不准"规定》：不准漠视客户合理用电诉求、（　　　）客户。

答案：推诿搪塞怠慢

20.《国家电网有限公司员工服务"十个不准"规定》：不准擅自变更客户用电信息、对外泄露客户（　　　）及（　　　）。

答案：个人信息，商业秘密

21.《国家电网有限公司员工服务"十个不准"规定》：不准营业窗口（　　　）或做与（　　　）无关的事。

答案：擅自离岗，工作

22.《国家电网有限公司员工服务"十个不准"规定》：不准接受客户吃请和收受客户（　　　）等。

答案：礼品、礼金、有价证券

23.《国家电网有限公司员工服务"十个不准"规定》：不准利用岗位与工作便利侵害客户利益、为个人及亲友谋取（　　　）。

答案：不正当利益

24.《国家电网有限公司员工服务"十个不准"规定》：不准阻塞客户（　　　）渠道。

答案：投诉举报

二、判断题

1. 严格执行《国家电网公司电力调度机构工作人员"五不准"规定》和《国家电网公司电力交易机构服务准则》，聘请"三公"调度交易监督员，各级调度交易应设立投诉电话，公布投诉电子邮箱。（　　　）

答案：×

正确答案：省级及以上调度交易设立投诉电话。

2.《国家电网有限公司供电服务"十项承诺"》规定，低压客户平均接电时间：居民客户 5 个工作日，非居民客户 15 个工作日。高压客户供电方案答复期限：单电源供电 15 个工作日，双电源供电 30 个工作日。高压客户装表接电期限：受电工程检验合格并办结相关手续后 5 个工作日。

答案：√

3.《国家电网有限公司供电服务"十项承诺"》规定，客户提出电表数据异常后，5 个工作日内核实并答复。受理客户计费电能表校验申请后，5 个工作日内出具检测结果。

答案：√

4.《国家电网有限公司员工服务"十个不准"规定》规定，不准漠视客户用电需求，推诿搪塞怠慢客户。

答案：×

正确答案：不准漠视客户合理用电需求，推诿搪塞怠慢客户。

5.《国家电网有限公司供电服务"十项承诺"》规定：城市电网平均供电可靠率达到 99.9%，居民客户端平均电压合格率达到 98.5%；农村电网平均供电可靠率达到99.8%，居民客户端平均电压合格率达到 97.5%；特殊边远地区电网平均供电可靠率和居民客户端平均电压合格率符合国家有关监管要求。（　　　）

答案：√

6.《国家电网有限公司供电服务"十项承诺"》规定：提供 24h 电力故障报修服务，供电抢修人员到达现场的平均时间一般为：城区范围 45min，农村地区 90min，特殊边远地区 3h。到达现场后恢复供电平均时间一般为：城区范围 3h，农村地区 4h。（　　　）

答案：×

正确答案：特殊边远地区 2h。

7.《国家电网有限公司供电服务"十项承诺"》规定：严格执行价格主管部门制定的电价和收费政策，及时在供电营业场所、网上国网 App（微信公众号）、"95598"网站等公开电价、收费标准和投诉电话。（　　　）

答案：×

正确答案：严格执行价格主管部门制定的电价和收费政策，及时在供电营业场所、网上国网 App（微信公众号）、"95598"网站等公开电价、收费标准和服务程序。

8.《国家电网有限公司供电服务"十项承诺"》规定：高压客户供电方案答复期限：单电源供电 15 个工作日，双电源供电 30 个工作日。高压客户装表接电期限 5 个工作日。

答案：×

正确答案：《国家电网有限公司供电服务"十项承诺"》规定：高压客户供电方案

答复期限：单电源供电 15 个工作日，双电源供电 30 个工作日。高压客户装表接电期限：受电工程检验合格并办结相关手续后 5 个工作日。

9.《国家电网有限公司供电服务"十项承诺"》规定：受理客户计费电能表校验申请后，5 个工作日内出具检测结果。客户提出电表数据异常后，7 个工作日内核实并答复。

答案：×

正确答案：受理客户计费电能表校验申请后，5 个工作日内出具检测结果。客户提出电表数据异常后，5 个工作日内核实并答复。

10.《国家电网有限公司供电服务"十项承诺"》规定：当电力供应不足，不能保证连续供电时，严格按照政府批准的有序用电方案实施错避峰、停限电。（　　　）

答案：√

11.《国家电网有限公司供电服务"十项承诺"》规定：受理客户投诉后，1 个工作日内联系客户，5 个工作日内答复处理意见。

答案：×

正确答案：受理客户投诉后，24 小时内联系客户，5 个工作日内答复处理意见。

三、简答题

1. 国家电网有限公司供电服务"十项承诺"的内容是什么？

答：第一条　电力供应安全可靠。城市电网平均供电可靠率达到 99.9%，居民客户端平均电压合格率达到 98.5%；农村电网平均供电可靠率达到 99.8%，居民客户端平均电压合格率达到 97.5%；特殊边远地区电网平均供电可靠率和居民客户端平均电压合格率符合国家有关监管要求。

第二条　停电限电及时告知。供电设施计划检修停电，提前通知用户或进行公告。临时检修停电，提前通知重要用户。故障停电，及时发布信息。当电力供应不足，不能保证连续供电时，严格按照政府批准的有序用电方案实施错避峰、停限电。

第三条　快速抢修及时复电。提供 24h 电力故障报修服务，供电抢修人员到达现场的平均时间一般为：城区范围 45min，农村地区 90min，特殊边远地区 2h。到达现场后恢复供电平均时间一般为：城区范围 3h，农村地区 4h。

第四条　价费政策公开透明。严格执行价格主管部门制定的电价和收费政策，及时在供电营业场所、网上国网 App（微信公众号）、"95598"网站等渠道公开电价、收费标准和服务程序。

第五条　渠道服务丰富便捷。通过供电营业场所、"95598"电话（网站）、网上国网 App（微信公众号）等渠道，提供咨询、办电、交费、报修、节能、电动汽车、新能源并网等服务，实现线上一网通办、线下一站式服务。

第六条 获得电力快捷高效。低压客户平均接电时间：居民客户 5 个工作日，非居民客户 15 个工作日。高压客户供电方案答复期限：单电源供电 15 个工作日，双电源供电 30 个工作日。高压客户装表接电期限：受电工程检验合格并办结相关手续后 5 个工作日。

第七条 电表异常快速响应。受理客户计费电能表校验申请后，5 个工作日内出具检测结果。客户提出电表数据异常后，5 个工作日内核实并答复。

第八条 电费服务温馨便利。通过短信、线上渠道信息推送等方式，告知客户电费发生及余额变化情况，提醒客户及时交费；通过邮箱订阅、线上渠道下载等方式，为客户提供电子发票、电子账单，推进客户电费交纳"一次都不跑"。

第九条 服务投诉快速处理。"95598"电话（网站）、网上国网 App（微信公众号）等渠道受理客户投诉后，24h 内联系客户，5 个工作日内答复处理意见。

第十条 保底服务尽职履责。公开公平地向售电主体及其用户提供报装、计量、抄表、结算、维修等各类供电服务，并按约定履行保底供应商义务。

2．国家电网有限公司员工服务"十个不准"规定的内容是什么？

答：第一条 不准违规停电、无故拖延检修抢修和延迟送电。

第二条 不准违反政府部门批准的收费项目和标准向客户收费。

第三条 不准无故拒绝或拖延客户用电申请、增加办理条件和环节。

第四条 不准为客户工程指定设计、施工、供货单位。

第五条 不准擅自变更客户用电信息、对外泄露客户个人信息及商业秘密。

第六条 不准漠视客户合理用电诉求、推诿搪塞怠慢客户。

第七条 不准阻塞客户投诉举报渠道。

第八条 不准营业窗口擅自离岗或做与工作无关的事。

第九条 不准接受客户吃请和收受客户礼品、礼金、有价证券等。

第十条 不准利用岗位与工作便利侵害客户利益、为个人及亲友谋取不正当利益。

第四节　国家电网公司供电服务质量标准

一、填空题

1．《国家电网公司供电服务质量标准》于（　　）发布并实施。

答案：2014 年 12 月 15 日

2．客户指的是可能或已经与供电企业建立供用电关系的（　　）。

答案：组织或个人

3．供电服务包括（　　）和（　　）。

答案：供电产品提供，供电客户服务

4．（　　　）是指电力供应过程中，企业为满足客户获得和使用电力产品的各种相关需求的一系列活动的总称。

答案：供电客户服务

5．供电客户服务项目指供电企业针对明确的服务对象，由服务提供者通过具体的（　　　），在一定周期内按照规范的（　　　）提供的一系列服务活动，简称"服务项目"。

答案：服务渠道，服务流程和内容

6．在电力系统正常状况下，供电企业供到用户受电端的供电电压允许偏差为：35kV 及以上电压供电的，电压正、负偏差的绝对值之和不超过额定值的（　　　）；10kV 及以下三相供电的，为额定值的（　　　）；220V 单相供电的，为额定值的（　　　）。在电力系统非正常状况下，用户受电端的电压最大允许偏差不应超过额定值的（　　　）。

答案：10%，±7%，＋7%、－10%，±10%

7．《国家电网公司供电服务质量标准》中供电产品质量标准规定，电力系统公共连接点正常电压不平衡度允许值为（　　　），短时不得超过（　　　）。

答案：2%，4%

8．《国家电网公司供电服务质量标准》中供电产品质量标准规定，城市客户年平均停电时间不超过（　　　），对应供电可靠率（　　　）。

答案：37.5h，不低于 99.6%

9．供电设备计划检修时，对 35kV 及以上电压供电的用户，每年停电不应超过（　　　）次；对 10kV 供电的用户，每年停电不应超过（　　　）次。

答案：一，三

10．供电营业厅应准确公示（　　　）、（　　　）、（　　　）、（　　　）、（　　　）。

答案：服务承诺，服务项目，业务办理流程，投诉监督电话，电价和收费标准

11．居民客户收费办理时间一般每件不超过（　　　），用电业务办理时间一般每件不超过（　　　）。

答案：5min，20min

12．座席人员应在振铃（　　　）内接听，使用标准欢迎语；外呼时应（　　　）；一般情况下不得先于客户挂断电话，结束通话应使用（　　　）。

答案：3 声（12s），自我介绍，标准结束语

13．电子渠道应（　　　）受理客户需求，如需人工确认的，电子客服代表在（　　　）内与客户确认。

答案：24h，1 个工作日

14．进入客户现场时，服务人员应（　　　）、佩戴工号牌（工作牌），并主动（　　　）。

协作人员应统一着装。

答案：统一着装，表明身份、出示证件

15．受供电企业委托的银行及其他代办机构营业窗口应悬挂（　　　），并明确告知客户其（　　　）。

答案：委托代收电费标识，收费方式和时间

16．供电方案答复期限：居民客户不超过（　　　）个工作日，低压电力客户不超过（　　　）个工作日，高压单电源客户不超过（　　　）个工作日，高压双电源客户不超过（　　　）个工作日。

答案：3，7，15，30

17．对客户送审的受电工程设计文件和有关资料答复期限：自受理之日起，高压供电的不超过（　　　）工作日；低压供电的不超过（　　　）工作日。

答案：20个，8个

18．严禁为客户指定（　　　）、（　　　）、（　　　）单位。

答案：设计，施工，供货

19．对客户用电申请资料的（　　　）、受电工程设计文件的（　　　）、中间检查和竣工检验的整改意见，均应以书面形式（　　　），由双方签字确认并存档。

答案：缺件情况，审核意见，一次性完整告知

20．对客户（　　　）的缺件情况、受电工程（　　　）的审核意见、（　　　）的整改意见，均应以书面形式一次性完整告知，由双方签字确认并存档。

答案：用电申请资料，设计文件，中间检查和竣工检验

21．客户查询故障抢修情况时，应告知客户当前（　　　）或（　　　）。

答案：抢修进度，抢修结果

22．受理客户服务申请后，电器损坏核损业务（　　　）内到达现场。

答案：24h

23．受理客户服务申请后，电能表异常业务（　　　）内处理。

答案：5个工作日

24．受理客户服务申请后，抄表数据异常业务（　　　）内核实。

答案：7个工作日

25．受理客户服务申请后，其他服务申请类业务（　　　）内处理完毕。

答案：6个工作日

26．客户欠电费需依法采取停电措施的，提前（　　　）送达停电通知书，费用结清后24h内恢复供电。受理客户计费电能表校验申请后，应在（　　　）书面提供校验结果。

答案：7天，5个工作日内

27．因供电设施计划检修需要停电的，提前 7 天公告（　　　）、（　　　）、（　　　）。

答案：停电区域，停电线路，停电时间

28．客户缴费（　　　）、（　　　）、（　　　）发生变更时，应在至少在变更前 3 个工作日告知客户。

答案：日期，地点，银行账号

29．当（　　　）或因（　　　）不能保证连续供电的，应执行政府批准的有序用电方案。

答案：电力供应不足，电网原因

30．当电力供应不足或因电网原因不能保证连续供电的，应执行政府批准的（　　　）。

答案：有序用电方案

31．高压客户计量装置轮换应（　　　），并在约定时间内到达现场。轮换后，应请客户（　　　）并（　　　）。

答案：提前预约，核对表计底数，签字确认

32．对专线进行（　　　），应与客户进行协商，并按协商结果执行。

答案：计划停电

33．客户要求订阅电费信息的，应至少在交费截至日前（　　　）天提供。

答案：5

34．对客户受电工程启动中间检查的期限，自受理客户申请之日起，低压供电客户不超过（　　　）个工作日，高压供电客户不超过（　　　）个工作日。

答案：3，5

35．对客户受电工程启动竣工检验的期限，自受理客户受电装置竣工报告和检验申请之日起，低压供电客户不超过（　　　）个工作日，高压供电客户不超过（　　　）个工作日。

答案：5，7

36．居民用户更名、过户业务在正式受理且费用结清后，（　　　）个工作日内办理完毕。暂停、临时性减容（无工程的）业务在正式受理后，（　　　）个工作日内办理完毕。

答案：5，5

37．分布式电源项目受理并网验收及并网调试申请后，（　　　）个工作日内完成关口计量和发电量计量装置安装服务。

答案：10

38．供电设施计划检修停电时，应提前（　　　）通知重要客户；临时检修需要停电时，应提前（　　　）通知重要客户。

答案：7 天，24h

39．低压客户电能表换装前，应在小区和单元张贴（　　　），或在物业公司（村委会）备案；换装电能表前应对装在现场的原电能表进行（　　　），拆回的电能表应在表库至少存放（　　　）周期。

答案：告知书，底度拍照，1 个抄表周期或电费结算

40．分布式电源项目接入系统方案时限受理接入申请后，35kV 电压等级接入、年自发自用电量大于 50% 的分布式电源项目不超过（　　　）个工作日。

答案：60

二、选择题

1．供电服务指服务提供者遵循一定的标准和规范，以特定方式和手段，提供合格的电能产品和满意的服务来实现客户现实或者潜在的用电需求的活动过程。供电服务包括（　　　）。

A．电能产品和服务　　　　　　B．合格的电能产品

C．供电产品提供和供电客户服务　D．满意的服务

答案：C

2．在电力系统非正常状况下，电网装机容量在 300 万 kW 及以上的，供电频率的允许偏差为（　　　）Hz；电网装机容量在 300 万 kW 以下的，供电频率的允许偏差为（　　　）Hz。

A．±0.2，±0.5　　　　　　　B．±0.5，±0.2

C．±1.0，±0.2　　　　　　　D．±1.0，±1.0

答案：D

3．在电力系统正常状况下，电网装机容量为 200 万 kW 的，供电频率的允许偏差为（　　　）Hz。

A．±0.2　　　B．±0.5　　　C．±1.0　　　D．以上都不是

答案：B

4．在电力系统非正常状况下，供电企业供到用户受电端的供电电压允许偏差为：220V 单相供电的，为额定值的（　　　）。

A．10%　　　　　　　　　　B．±7%

C．+7%，−10%　　　　　　　D．±10%

答案：D

5．下列（　　　）不属于向高压客户提交拟签订的供用电合同文本。

A．电费结算协议　B．调度协议　　C．调控协议　　D．并网协议

答案：C

6. 向高压客户提交拟签订的供用电合同文本（包括电费结算协议、调度协议、并网协议）期限：自受电工程设计文件和有关资料审核通过后，不超过（　　）个工作日。

A. 3　　　　　　B. 5　　　　　　C. 7　　　　　　D. 15

答案：C

7. 城乡居民客户向供电企业申请用电，受电装置检验合格并办理相关手续后，（　　）个工作日内送电。非居民客户向供电企业申请用电，受电工程验收合格并办理相关手续后，（　　）个工作日内送电。

A. 3，5　　　　　B. 5，5　　　　　C. 5，7　　　　　D. 3，7

答案：A

8. 受理客户咨询时，对不能当即答复的，应说明原因，并在（　　）个工作日内回复。

A. 1　　　　　　B. 3　　　　　　C. 5　　　　　　D. 7

答案：C

9. 客户缴费日期、地点、银行账号发生变更时，应在至少在变更前（　　）个工作日告知客户。

A. 3　　　　　　B. 5　　　　　　C. 7　　　　　　D. 10

答案：A

三、判断题

1.《国家电网公司供电服务质量标准》明确了电网经营企业和供电企业在电力供应经营活动中，为客户提供供电服务时应达到的质量标准，以满足广大电力客户对供电服务的需求。（　　）

答案：√

2. 国家电网公司供电服务质量标准等同于电力企业向客户的承诺。（　　）

答案：×

正确答案：国家电网公司供电服务质量标准不等同于向客户的承诺。

3. 客户指的是已经与供电企业建立供用电关系的组织或个人。（　　）

答案：×

正确答案：客户指的是可能或已经与供电企业建立供用电关系的组织或个人。

4. 在电力系统非正常状况下，供电频率允许偏差不应超过±1.0Hz。（　　）

答案：√

5. 座席人员应在振铃4声（12s）内接听，使用标准欢迎语；外呼时应首先问候，自我介绍，确认客户身份；一般情况下不得先于客户挂断电话，结束通话应使用标准

结束语。（ ）

答案：×

正确答案：3 声。

6. 现场工作结束后应立即清理，不能遗留废弃物，做到设备、场地整洁。（ ）

答案：√

7. 高压业扩工程，送电后应由 95598 客服代表应 100%回访客户。（ ）

答案：√

8. 对客户用电申请资料的缺件情况、受电工程设计文件的审核意见应当面告知，对中间检查和竣工检验的整改意见应出具书面报告告知。（ ）

答案：×

正确答案：均应以书面形式一次性完整告知，由双方签字确认并存档。

9. 受理客户投诉后，1 个工作日联系客户，7 个工作日内答复客户，举报应在 10 个工作日内答复。（ ）

答案：√

10. 受理客户计费电能表校验申请后，应在 7 个工作日内书面提供校验结果。

答案：×

正确答案：5 个工作日内。

11. 分布式电源项目接入系统方案时限：受理接入申请后，10kV 及以下电压等级接入、且单个并网点总装机容量不超过 6MW 的分布式电源项目不超过 40 个工作日。（ ）

答案：√

四、简答题

1. 供电营业厅服务渠道的质量标准有哪些？

答：（1）供电营业厅应准确公示服务承诺、服务项目、业务办理流程、投诉监督电话、电价和收费标准。

（2）居民客户收费办理时间一般每件不超过 5min，用电业务办理时间一般每件不超过 20min。

2. 95598 供电服务热线及网上营业厅服务渠道的质量标准有哪些？

答：（1）95598 服务热线应 24h 保持畅通。

（2）座席人员应在振铃 3 声（12s）内接听，使用标准欢迎语；外呼时应首先问候，自我介绍，确认客户身份；一般情况下不得先于客户挂断电话，结束通话应使用标准结束语。

（3）电子渠道应 24h 受理客户需求，如需人工确认的，电子客服代表在 1 个工作日内与客户确认。

3．服务渠道的质量标准中对于客户现场服务的标准有哪些？

答：（1）进入客户现场时，服务人员应统一着装、佩戴工号牌（工作牌），并主动表明身份、出示证件。协作人员应统一着装。

（2）现场工作结束后应立即清理，不能遗留废弃物，做到设备、场地整洁。

4．新装、增容及变更用电服务项目质量标准包含哪些内容？

答案：（1）供电方案答复期限：居民客户不超过 3 个工作日，其他低压电力客户不超过 7 个工作日，高压单电源客户不超过 15 个工作日，高压双电源客户不超过 30 个工作日。

（2）对客户送审的受电工程设计文件和有关资料答复期限：自受理之日起，高压供电的不超过 20 个工作日；低压供电的不超过 8 个工作日。

（3）向高压客户提交拟签订的供用电合同文本（包括电费结算协议、调度协议、并网协议）期限：自受电工程设计文件和有关资料审核通过后，不超过 7 个工作日。

（4）城乡居民客户向供电企业申请用电，受电装置检验合格并办理相关手续后，3 个工作日内送电。非居民客户向供电企业申请用电，受电工程验收合格并办理相关手续后，5 个工作日内送电。

（5）对高压业扩工程，送电后应由 95598 客服代表应 100%回访客户。

（6）严禁为客户指定设计、施工、供货单位。

（7）对客户用电申请资料的缺件情况、受电工程设计文件的审核意见、中间检查和竣工检验的整改意见，均应以书面形式一次性完整告知，由双方签字确认并存档。

第三章

营销业务知识

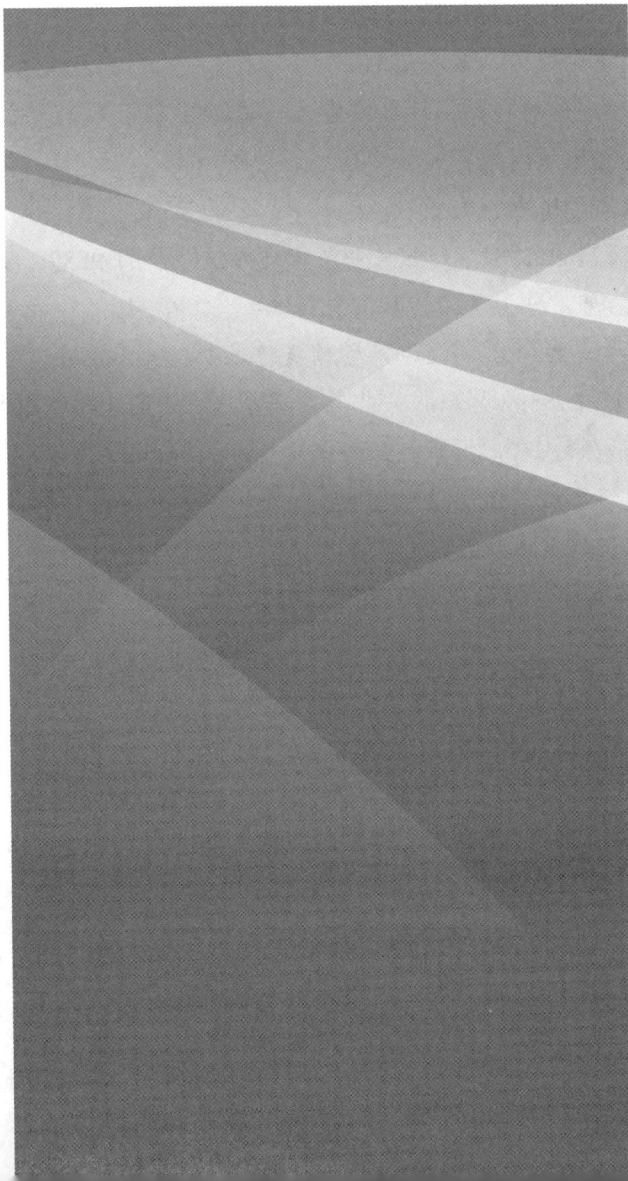

第一节 国家电网公司 95598 客户服务业务管理办法

一、填空题

1. 国家电网公司 95598 客户服务业务管理办法涉及的 95598 客户服务业务是指国网客服中心通过（　　）、（　　）等多种渠道受理的各类客户诉求业务。

答案：电话，网站

2. 95598 客户服务业务管理办法所涉及的 95598 业务支撑包括（　　）、95598 知识管理和（　　）。

答案：95598 停送电信息报送管理，95598 信息支持

3. 生产类停送电信息包括：计划停电、临时停电、电网故障停限电和（　　）停限电等；营销类停送电信息包括：客户窃电、违约用电、欠费、（　　）等。

答案：超电网供电能力，有序用电

4. 生产类停送电信息包括：计划停电、临时停电、（　　）和超电网供电能力停限电等；营销类停送电信息包括：客户窃电、违约用电、（　　）、有序用电等。

答案：电网故障停限电，欠费

5. 国家电网公司 95598 客户服务业务管理办法涉及的 95598 停送电信息指影响（　　）的停送电信息，分为（　　）信息和（　　）信息。

答案：客户供电，生产类停送电，营销类停送电

6. 国家电网公司 95598 客户服务业务管理办法所指的 95598 知识是为支撑 95598 客服代表规范、高效解决客户诉求，从有关（　　）、政策文件、业务流程、（　　）中归纳、演绎、提炼形成的服务信息集成。

答案：法律法规，技术规范

7. 95598 业务支撑应遵循"统一管理、分级负责、（　　）、及时发布"的原则。

答案：真实准确

8. 国网客服中心受理客户诉求后，应落实（　　），可立即办结的业务应（　　）并（　　）；不能立即办结的业务，派发至（　　）处理，各单位处理完毕后将工单反馈至（　　），由（　　）回复（回访）客户。

答案："首问负责制"，直接答复客户，办结工单，责任单位，国网客服中心，国网客服中心

9. 国网客服中心受理客户故障报修诉求后，根据报修客户重要程度、停电影响范围、故障危害程度等，按照紧急、一般确定故障报修等级，（　　）内派发工单。

答案：2min

10．国网客服中心受理客户投诉诉求后，根据投诉客户重要程度及可能造成的影响等，按照（　　）确定事件的投诉等级，（　　）内派发工单。

答案：特殊、重大、重要、一般，20min

11．省公司，地市、县供电企业相关业务部门应在国网客服中心受理客户诉求后（　　）个工作日内联系客户（保密工单除外），（　　）个工作日内处理、答复客户并审核、反馈处理意见，国网客服中心应在接到回复工单后（　　）个工作日内回访客户。

答案：1，6，1

12．投诉按照调查情况和责任归属分为（　　）和（　　）两类。

答案："属实投诉"，"不属实投诉"

13．客户针对同一事件重复投诉参照（　　）处置原则处理。

答案：投诉升级

14．国网客服中心受理客户举报、建议、意见业务诉求后，20min 内派发工单。省公司，地市、县供电企业应在国网客服中心受理客户诉求后（　　）个工作日内处理、答复客户并审核、反馈处理意见，举报工单国网客服中心应在接到回复工单后（　　）个工作日内回访客户，建议、意见工单国网客服中心应在接到回复工单后（　　）个工作日内回复客户。

答案：9，1，1

15．95598 欠费复电登记业务（　　）内现场恢复送电，（　　）内回复工单。

答案：24h，1个工作日

16．电器损坏业务（　　）内到达故障现场核查，业务处理完毕后（　　）内回复工单。

答案：24h，1个工作日

17．高速公路快充网络充电预约业务，客户预约时间小于 45min 的，应在客户挂机后（　　）内到达现场；客户预约时间大于 45min 的，应在（　　）到达现场，客户充电完毕后 2h 内回复工单。

答案：45min，客户预约时间前

18．国家电网公司 95598 客户服务业务管理办法工单传递要求：国网客服中心应按照规定的流程及时限要求派发工单，对于（　　）事件、（　　）事件即时报告国网营销部并通知责任单位。对于除上述事件以外的紧急服务事件需（　　）处理。

答案：重大服务，重大及以上投诉，即时

19．省公司，地市、县供电企业按照规定的流程和要求传递、处理工单，跟踪处理进度并将督办、审核确认后的处理意见反馈国网客服中心。对于（　　）事件，各单位可通过电话、短信方式传递信息，及时处置，最大限度降低（　　），事后应按照要求（　　）。

答案：重大服务事件、重大投诉，服务风险，完善相关流程

20．国家电网公司95598客户服务业务管理办法工单合并：除（　　）工单外其他工单不允许合并。

答案：故障报修

21．工单挂起必须履行审批手续，由地市、县供电企业发起，省客服中心和国网客服中心分别在（　　）内完成逐级审核后，由国网客服中心办理挂起手续。同一张工单只允许挂起（　　）次。（　　）工单不允许申请工单挂起。

答案：1个工作日，1，报修

22．工单挂起原则上不超过（　　）个工作日，涉及电网建设改造的工单原则上不超过（　　）个工作日。

答案：10，60

23．国网客服中心与省公司或地市、县供电企业在工单受理派发环节对同一张工单退单不得超过（　　）次，若双方对工单信息、分类选择等有不同意见时，由（　　）接单，工单处理完毕后提出（　　）。

答案：1，业务流程下游单位，申诉

24．国网客服中心受理客户催办诉求后应（　　）工单，10min内派发至省客服中心，省客服中心在接到工单后（　　）内派单至地市、县供电企业。

答案：关联被催办，10min

25．已生成工单（包括抢修类工单及非抢修类工单）的业务诉求，客户再次来电要求补充相关资料等业务诉求的，需将补充内容详细记录并生成（　　）工单下派。

答案：催办

26．投诉、举报、意见、建议、表扬、咨询、服务申请类催办业务，在途未超时限（　　）的工单由国网客服中心向客户解释；办理周期过半的工单由国网客服中心向各省客服中心派发催办工单。同一事件催办次数原则上不超过（　　）次。

答案：且办理周期未过半，2

27．（　　）、（　　）或（　　）情况的，办理周期未过半的工单或已催办2次的工单，可由国网客服中心向各省客服中心派发催办工单，规避服务风险，避免引发舆情事件。

答案：客户表示强烈不满，诉求有升级隐患，可能引发服务投诉事件等特殊

28．客户回复（回访）本着"谁受理，谁回复（回访）"的原则，各单位不得（　　）（回访）客户。除（　　）工单外，其他派发的工单应实现百分百回复（回访）。

答案：层层回复、表扬

29．国网客服中心在接到各省公司回复确认的工单后，除客户明确要求不需回复

（回访）和（　　　）的工单外，应按规定及时完成客户回复（回访）工作，并如实记录客户意见和满意度评价情况。原则上（　　　）期间不得开展客户回复（回访）工作。

答案：约时回复（回访），每日 21:00 至次日 8:00

30．由于客户原因导致回复（回访）不成功的，国网客服中心应安排不少于（　　　）回复（回访），每次回复（回访）时间间隔不小于（　　　）。如果确因客户原因回复（回访）不成功的，应在"回复（回访）内容"中写明原因，并办结工单。

答案：3 次，2h

31．涉及（　　　）、（　　　）、（　　　）的工单，地市、县供电企业已按相关规定答复处理，但客户提出的诉求不符合国家有关规定的，可通过"最终答复"的方式办结。

答案：青苗赔偿、家电赔偿、人身伤亡赔偿

32．95598 业务申诉分为（　　　）和（　　　）。

答案：初次申诉，最终申诉

33．申诉工单，一张工单对（　　　）的申诉只允许提交 1 次，不同业务类型的申诉应（　　　）申请。

答案：一个业务类型，单独发起

34．涉及省直属单位和 35kV 及以上的 95598 工单，由各省客服中心接单，通过电话、工单、邮件、短信、传真等方式转相关部门处理。其中 330kV 及以上工单转（　　　）办理，220kV 及以下工单转（　　　）部门办理，各部门办理完毕后，由各省客服中心归单办结

答案：省运检部门、地市运检

35．计划停电、临时停电、电网故障停限电、超电网供电能力停限电信息报送内容包括停电类型、所属供电单位、（　　　）、（　　　）、停送电时间和（　　　）等。

答案：停电范围，停电区域（设备），停电原因

36．配电自动化系统覆盖的设备跳闸停电后，营配信息融合完成的单位，地市、县供电企业调控中心应在（　　　）内向国网客服中心报送停电信息。

答案：15min

37．超电网供电能力需停电时原则上应提前报送（　　　）及（　　　），无法预判的停电拉路应在执行后（　　　）内报送停限电范围及停送电时间。现场送电后，应在 10min 内填写送电时间。

答案：停限电范围、停送电时间、15min

38．停送电信息内容发生变化后（　　　）内更新系统信息，并记录（　　　）、变更说明、变更停送电时间等，以便及时答复客户。

答案：10min，变更类型

39．省公司按照省级政府电力运行主管部门的指令启动有序用电方案，提前

（　　　）向有关用户发送有序用电指令。

答案：1天

40．对客户因窃电、违约用电、欠费等原因实施的停电，地市、县供电企业营销部门应及时在营销业务应用系统中维护（　　　）。

答案：停电标志

41．国网客服中心及各省客服中心应按照知识管理的有关规定，做好知识的（　　）、（　　）、提交。

答案：采集，审核

42．《国家电网公司 95598 客户服务业务管理办法》规定：重大服务事件应坚持（　　）原则。

答案：即时上报

43．95598 服务涉及的语音呼叫平台、基础支撑平台、业务支持系统、电子渠道、营销业务应用系统等相关系统故障影响客户感知的服务事件属于（　　　）服务事件。

答案：重大

44．国网客服中心对受理的重大服务事件实行（　　）制度，即时通过电话、短信、传真、邮件等形式报告国网营销部，并通知到责任单位，同时实时跟踪事件处理进度，并报告国网营销部。

答案：报告通知

45．在 95598 业务支持系统或相关系统故障发生后（　　）内，各责任单位应通过电话或短信形式向国网营销部报告故障原因、现象及影响范围，并将有关情况通报相关单位。在故障排除后（　　）内以书面形式向国网营销部报告故障调查情况及下一步应对措施。

答案：1h，2个工作日

46．当 95598 业务量、话务量发生异常波动时，国网客服中心、各省公司应及时关注，并在数据异常波动后（　　）内向国网营销部报送分析报告，各省公司报送时应同步抄报国网客服中心。遇特殊情况，分析报告报送要求及时限以上级要求为准。

答案：48h

47．95598 业务量、话务量波动值以月、季度、年报表统计周期为单位统计，当数据环比波动值超过（　　）时视为异常波动，应开展数据分析，报送分析报告。

答案：20%

48．供电服务投诉是指公司经营区域内（含控股、代管营业区）的电力客户，在（　　）、（　　）、（　　）、供电质量、电网建设等方面，对由于（　　）责任导致其权益受损表达不满，要求维护其权益而提出的（　　）业务。

答案：供电服务，营业业务，停送电，供电企业，诉求

49．客户投诉包括（　　　　）、营业投诉、停送电投诉、（　　　　）、电网建设投诉五类。

答案：服务投诉，供电质量投诉

50．（　　　　）投诉指供电企业员工服务行为不规范，公司服务渠道不畅通、不便捷等引发的客户投诉，主要包括员工服务态度、服务行为规范（不含抢修、施工行为）、窗口营业时间、服务项目、服务设施、公司网站管理等方面。

答案：服务

51．（　　　　）投诉指供电企业在处理具体营业业务过程中存在工作超时限、疏忽、差错等引发的客户投诉，主要包括（　　　）、（　　　）、抄表催费、电费电价、（　　　）、业务收费等方面。

答案：营业，业扩报装，用电变更，电能计量

52．停送电投诉指供电企业在（　　　）、（　　　）等过程中发生服务差错引发的客户投诉，主要包括停送电信息公告、停电计划执行、抢修质量（含抢修行为）、增值服务等方面。

答案：停送电管理，现场抢修服务

53．供电质量投诉指供电企业向客户输送的电能长期存在电压偏差、频率偏差、电压不平衡、电压波动或闪变等供电质量问题，影响客户正常生产生活秩序引发的客户投诉，主要包括（　　　）、（　　　）、供电可靠性等方面。

答案：电压质量，供电频率

54．按照客户投诉受理渠道，可将客户投诉分为（　　　）、（　　　）。

答案：95598 客户投诉，非 95598 客户投诉。

55．根据客户投诉的重要程度及可能造成的影响，将客户投诉分为（　　　）、（　　　）、（　　　）、（　　　）四个等级。

答案：特殊，重大，重要，一般

56．按照不同级别对客户投诉实施分级处理。特殊投诉由（　　　）有关部门按业务管理范围归口处理，重大投诉由（　　　）有关部门按业务管理范围归口处理，重要投诉由（　　　）有关部门按业务管理范围归口处理，一般投诉由所属（　　　）有关部门按业务管理范围归口处理。

答案：公司总部，省公司本部，地市供电企业本部，地市，县供电企业

57．对于重要投诉工单，国网客服中心在派发工单后（　　　）内通过电话、邮件、短信等方式告知所属单位省客服中心，并跟踪各省公司的处理进度。

答案：30min

58．各省客服中心，地市、县供电企业营销部接收客户投诉工单后，应分别在（　　　）内完成接单转派或退单，如可直接处理，按照业务处理时限要求完成工单回复

工作。

答案：2个工作小时

59．除客户明确提出不需回访的工单外，国网客服中心应在接收到工单处理反馈结果后（　　）内完成回访工作（除保密工单外），并如实记录客户意见和满意度评价情况。

答案：1个工作日

60．国网客服中心受理客户催办诉求后应关联被催办工单，（　　）内派发工单。

答案：10min

61．（　　）类投诉，客户针对同一事件在首次投诉办结后，连续6个月内投诉3次及以上且属实的，由上一级单位介入调查处理。

答案：供电质量和电网建设

62．投诉证据包括（　　）、（　　）、（　　）、（　　）等，原则上每件投诉证据材料合计存储容量不超过（　　）。

答案：书面证据，视听资料，媒体公告，短信，5M

63．（　　）指与95598客户投诉相关的以文字、符号、图形所记载或表示的材料。如：信函、合同、申请单、通知单、整改通知书、相关文件等。

答案：书面证据

64．95598客户投诉处理承办部门在投诉处理全过程中应注重取证及证据的收集与保存，特别要注重（　　）的证据收集工作。

答案：第一时间

65．重要、一般投诉证据保存年限为（　　），特殊、重大投诉证据保存年限为（　　），超过保存年限的投诉证据按照（　　）销毁要求执行。

答案：3年，5年，保密材料

66．故障报修业务是指国网客服中心通过95598电话、网站等渠道受理的（　　）、（　　）或（　　）的电力设施故障诉求业务。

答案：故障停电，电能质量，存在安全隐患须紧急处理

67．故障报修类型分为（　　）、（　　）、（　　）、（　　）、（　　）、（　　）六类。

答案：高压故障，低压故障，电能质量故障，客户内部故障，非电力故障，计量故障

68．根据客户报修故障的重要程度、停电影响范围、危害程度等将故障报修业务分为（　　）、（　　）两个等级。

答案：紧急，一般

69．客户挂断电话后（　　）内，客服代表应准确选择处理单位，派发至下一级

接收单位。对回退的工单，派发单位应在回退后（　　　）内重新核对受理信息并再次派发。

答案：2min，3min

70．具备远程终端或手持终端的单位采用最终模式，抢修人员到达故障现场后（　　　）内将到达现场时间录入系统，抢修完毕后（　　　）内抢修人员填单向本单位调控中心反馈结果，调控中心（　　　）内完成工单审核、回复工作。

答案：5min，5min，30min

71．业务处理部门在国网客服中心受理客户一般诉求后，应在如下时限内按照相关要求开展调查处理，并完成工单反馈。咨询工单（　　　）个工作日，举报、建议、意见工单（　　　）个工作日。

答案：4，9

72．95598业务申诉本着"（　　　）"的原则。

答案：逐级申诉，逐级负责

73．对已办结的业务可以提出申诉，通过系统流转完成申诉工作，申诉结果以每月（　　　）前的认定结果为准。

答案：25日

74．停送电信息主要分为（　　　）和（　　　）。

答案：生产类停送电信息，营销类停送电信息

75．生产类停送电信息包括：计划停电、临时停电、电网故障停限电、（　　　）等。

答案：超电网供电能力停限电

76．生产类停送电信息和营销类有序用电信息通过营销业务应用系统（SG186）（　　　）功能报送。

答案："停送电信息管理"

77．各省公司在接到或发起知识采集任务后（　　　）内在知识库系统中完成知识编辑、审核工作。紧急知识采集按照知识采集发起单位要求办理。

答案：4个工作日

78．当知识不适用时，经专业管理部门审核后，由知识采集单位及时发起知识下线流程，（　　　）内完成知识下线流程。

答案：1个工作日

79．受理后的工单派发及时数占受理后工单派发总数的比例，称为（　　　）。

答案：95598工单受理派发及时率

80．统计时段内客户对各省公司处理工单服务评价满意的数量占接受调查数量的比例，称为（　　　）。

答案：95598业务处理满意率

二、选择题

1. 下列不属于生产类停送电信息的是（　　　）。

A．电网故障停限电　　　　　　　　　B．有序用电

C．超电网供电能力停限电　　　　　　D．临时停电

答案：B

2. 下列（　　）不属于营销类停送电信息。

A．欠费停电　　　　B．有序用电　　　　C．临时停电　　　　D．违约用电

答案：C

3. 负责定期向省公司营销部报送本省故障抢修信息及生产类停送电信息报送情况，并提出改进建议，这是省（自治区、直辖市）电力公司（　　）部门的职责。

A．运维检修部　　　　　　　　　　　B．电力调度控制中心

C．客户服务中心

答案：C

4. 负责做好本专业管理范围内故障抢修信息及生产类停送电信息编译工作，汇总报送本单位故障抢修信息及生产类停送电信息，这是地市（区、州）、县（市、区）供电公司（　　）部门的职责。

A．运维检修部　　　　　　　　　　　B．电力调度控制中心

C．营销部（客户服务中心）

答案：B

5. 负责对本单位配网故障抢修指挥及生产类停送电信息报送的监督、检查和考核，这是地市（区、州）、县（市、区）供电公司（　　）部门的职责。

A．运维检修部　　　　　　　　　　　B．电力调度控制中心

C．营销部（客户服务中心）

答案：B

6. 95598业务包括信息查询、业务咨询、故障报修、投诉、举报、建议、意见、表扬、服务申请等，除（　　）业务外，各项业务流程实行闭环管理。

A．业务咨询　　　　B．信息查询　　　　C．意见　　　　D．表扬

答案：D

7. 国网客服中心受理客户咨询诉求后，未办结业务（　　）派发工单，省公司、地市、县供电企业应在国网客服中心受理客户诉求后（　　）工作日内进行业务处理、审核并反馈结果，国网客服中心应在接到回复工单后（　　）工作日内回复客户。

A．20min内，4个，1个　　　　　　　B．15min内，3个，1个

C．10min内，4个，0.5个　　　　　　D．5min内，4个，1个

答案：A

8. 投诉与举报业务由国网客服中心受理派发后，各省公司，地市、县供电企业应分别在国网客服中心受理客户诉求后在（ ）个工作日内处理。

A. 6、9 B. 6、10 C. 7、9 D. 7、10

答案：A

9. 电能表异常业务、抄表数据异常业务应分别在（ ）个工作日内处理或核实并回复工单。

A. 5、7 B. 4、6 C. 7、5 D. 4、7

答案：B

10. 95598受理的其他服务申请业务，（ ）个工作日内向客户答复供电方案并回复工单。

A. 1 B. 3 C. 5 D. 7

答案：C

11. 供电设施计划检修停电应提前（ ），临时性日前停电应提前（ ），其他临时停电应提前（ ）完成停送电信息报送工作。

A. 7天，24h，1h B. 8天，24h，1h

C. 7天，24h，2h D. 8天，12h，1h

答案：B

12. 知识采集工作，各省公司在接到或发起知识采集任务后（ ）内在知识库系统中完成知识编辑、审核工作。

A. 3个工作日 B. 4个工作日 C. 5个工作日 D. 7个工作日

答案：B

13. 各省公司营销部每（ ）组织一次对知识库的全面审核，确保内容完整、准确、适用，满足客户化需求。

A. 3年 B. 半年 C. 1年 D. 2年

答案：D

14. 客户反映窗口营业时间与公示时间不符的投诉属于（ ）投诉。

A. 服务 B. 营业 C. 停送电 D. 供电质量

E. 电网建设

答案：A

15. 公司服务渠道不畅通引发的客户投诉属于（ ）投诉。

A. 服务 B. 营业 C. 停送电 D. 供电质量

E. 电网建设

答案：A

16．业扩报装、业务收费等方面的投诉属于（　　　）投诉。

A．服务　　　　　B．营业　　　　　C．停送电　　　　　D．供电质量

E．电网建设

答案：B

17．抢修质量等方面的投诉属于（　　　）投诉。

A．服务　　　　　B．营业　　　　　C．停送电　　　　　D．供电质量

E．电网建设

答案：C

18．不属于供电质量投诉的有（　　　）。

A．电压质量　　　B．供电频率　　　C．供电可靠性　　　D．供电能力

答案：D

19．电力施工行为引发的客户投诉属于（　　　）投诉。

A．服务　　　　　B．营业　　　　　C．停送电　　　　　D．供电质量

E．电网建设

答案：E

20．公司网站管理方面的投诉属于（　　　）投诉。

A．服务　　　　　B．营业　　　　　C．停送电　　　　　D．供电质量

E．电网建设

答案：A

21．省级及以上政府部门或社会团体督办的客户投诉事件属于（　　　）投诉。

A．特殊　　　　　B．重大　　　　　C．重要　　　　　D．一般

答案：A

22．属于《国家电网公司质量事件调查处理暂行办法》规定的质量事件中五级质量事件的投诉，按照投诉分级原则，该投诉属于（　　　）投诉。

A．特殊　　　　　B．重大　　　　　C．重要　　　　　D．一般

答案：A

23．某省会城市发生停电事故影响了客户正常用电，客户拨打了投诉电话，同时引起了当地电视台的持续跟踪报道，并有记者拨打95598了解有关情况，按照投诉分级原则，该投诉属于（　　　）投诉。

A．特殊　　　　　B．重大　　　　　C．重要　　　　　D．一般

答案：B

24．省级或副省级媒体关注或介入的客户投诉事件属于（　　　）投诉。

A．特殊　　　　　B．重大　　　　　C．重要　　　　　D．一般

答案：B

25. 客户表示将向政府部门、电力管理部门、新闻媒体、消费者权益保护协会等反映，可能造成不良影响的客户投诉事件属于（   ）投诉。

A．特殊   B．重大   C．重要   D．一般

答案：C

26. 投诉工单被各省公司退回的工单，国网客服中心重新核对受理信息，（   ）内重新处理或派发。

A．10min   B．5min   C．60min   D．20min

答案：C

27. 各省客服中心接收投诉工单后，应分别在（   ）h 内完成接单转派或退单。

A．1 个   B．2 个   C．0.5 个   D．0.1 个

答案：B

28. 重大、重要投诉，承办部门按照优先处理的原则开展调查、落实，每（   ）向上级主管部门汇报一次工作进度。

A．日   B．周   C．小时   D．0.5 日

答案：A

29. 除客户明确提出不需回访的工单外，国网客服中心应在接收到工单处理反馈结果后（   ）内完成回访工作（除保密工单外），并如实记录客户意见和满意度评价情况。

A．1 个工作日   B．一天   C．2 个工作日   D．3 个工作日

答案：A

30. 对于特殊、重大投诉，由于客户原因导致回访不成功的，国网客服中心回访工作应满足：不少于（   ），每天不少于（   ），每次回访时间间隔不小于（   ）。

A．3 天、3 次、2h   B．3 天、5 次、2h

C．5 天、3 次、1h   D．5 天、3 次、2h

答案：D

31. 投诉升级处置，供电质量和电网建设类投诉，客户针对同一事件在首次投诉办结后，连续（   ）月内投诉（   ）及以上且属实的，由上一级单位介入调查处理。

A．2 个、3 次   B．6 个、3 次   C．3 个、3 次   D．6 个、5 次

答案：B

32. 省客服中心应在国网客服中心下派的抢修工单后（   ）min 内完成接单或退单，对故障报修工单进行故障研判和抢修派单。

A．20   B．3   C．2   D．10

答案：C

33．地市、县供电企业调控中心应在国网客服中心或省客服中心下派故障报修工单后（　　）min 内完成接单或退单，对故障报修工单进行故障研判和抢修派单。

A．20　　　　　　B．3　　　　　　C．2　　　　　　D．10

答案：B

34．抢修时间超过 4h 的，每（　　）向本单位调控中心报告故障处理进展情况。

A．2h　　　　　B．30min　　　　C．半天　　　　D．1h

答案：A

35．停电原因消除送电后，地市、县供电企业调控中心应在（　　）min 内向国网客服中心报送现场送电时间。

A．15　　　　　　B．30　　　　　C．10　　　　　D．30

答案：C

36．故障停送电信息发布（　　）min 内派发的报修工单，可进行工单合并，但不可回退至工单派发单位。

A．2　　　　　　B．10　　　　　C．30　　　　　D．5

答案：B

37．对各省客服中心回退的一般诉求工单，国网客服中心应重新核对受理信息，（　　）min 内重新处理或派发。

A．10　　　　　　B．20　　　　　C．30　　　　　D．60

答案：C

38．申诉流程一般不超过（　　）工作日，已办结工单超过（　　）日历月未提出申诉的，视为放弃申诉。

A．7个，1个　　B．6个，3个　　C．3个，1个　　D．7个，3个

答案：A

39．某客户针对电力工程施工人员服务态度的投诉按照投诉二级分类属于（　　）投诉。

A．服务渠道类　　B．供电设施类　　C．电力施工类　　D．服务行为类

答案：C

40．某客户针对电力抢修人员服务态度的投诉按照投诉二级分类属于（　　）投诉。

A．停电问题类　　B．供电设施类　　C．抢修服务类　　D．服务行为类

答案：C

41．某客户致电 95598 反映某公司某 110kV 建设青苗赔偿不到位，该业务应派（　　）工单。

A．投诉　　　　　B．意见　　　　　C．举报　　　　　D．咨询

答案：B

42．某客户致电 95598 反映某供电公司家电赔偿不及时，该业务应派（　　）工单。

A．投诉　　　　　B．意见　　　　　C．举报　　　　　D．咨询

答案：B

43．某客户致电 95598 反映某供电公司工作人员错将邻居催费通知单给他，并催促其交纳电费，该业务应派（　　）工单。

A．投诉　　　　　B．意见　　　　　C．举报　　　　　D．咨询

答案：A

44．某客户致电 95598 反映某供电公司设备出现噪声，多次反映但未得到有效解决，该业务应派（　　）工单。

A．投诉　　　　　B．意见　　　　　C．举报　　　　　D．咨询

答案：B

45．某客户致电 95598 反映某电费代收网点工作人员服务态度差，该业务应派（　　）工单。

A．投诉　　　　　B．意见　　　　　C．举报　　　　　D．咨询

答案：B

46．某客户致电 95598 反映某供电公司换表未提前通知，该业务应派（　　）工单。

A．投诉　　　　　B．意见　　　　　C．举报　　　　　D．咨询

答案：A

47．某客户致电 95598 反映某供电公司施工后未及时清理施工现场，该业务应派（　　）工单。

A．投诉　　　　　B．意见　　　　　C．举报　　　　　D．咨询

答案：A

48．某客户致电 95598 反映其半年未缴纳电费，也无人向其催缴，该业务应派（　　）工单。

A．投诉　　　　　B．意见　　　　　C．举报　　　　　D．咨询

答案：B

49．某客户致电 95598 反映电费发票当月抄表底数是 2700，而现场实际底数是 2580，抄收人员要求客户先缴纳电费，待客户用电示数超过 2700 其再去抄表，该业务应派（　　）工单。

A．投诉　　　　　B．意见　　　　　C．举报　　　　　D．咨询

答案：A

50. 某客户致电 95598 反映所住住宅附近经常停电，虽多次反映但一直未得到解决，该业务应派（　　）工单。

A. 投诉　　　　　　B. 意见　　　　　　C. 举报　　　　　　D. 咨询

答案：A

51. 某客户致电 95598 反映 4 天前反映的投诉工单一直没有人员给其答复，该业务应派（　　）工单。

A. 投诉　　　　　　B. 意见　　　　　　C. 举报　　　　　　D. 催办

答案：D

52. 某客户致电 95598 反映某营业厅互联网电脑无法使用，该业务应派（　　）工单。

A. 投诉　　　　　　B. 意见　　　　　　C. 举报　　　　　　D. 催办

答案：B

53. 客户在网站、App 等人工电子渠道通过填写工单表达诉求时，但是 1 个工作日内无工作人员与其联系或答复期限超时，该业务应派（　　）工单。

A. 投诉　　　　　　B. 意见　　　　　　C. 举报　　　　　　D. 催办

答案：A

54. 客户反映正常用电，连续 2 个及以上抄表周期无电量产生，该业务应派（　　）工单。

A. 投诉　　　　　　B. 意见　　　　　　C. 举报　　　　　　D. 催办

答案：A

55. 客户反映配置电能表时未按照相关规范执行，影响安全用电或计量准确性，该业务应派（　　）工单。

A. 投诉　　　　　　B. 意见　　　　　　C. 举报　　　　　　D. 催办

答案：A

56. 电费短信或催费通知单发送错误导致客户交错费，该业务应派（　　）工单。

A. 投诉　　　　　　B. 意见　　　　　　C. 举报　　　　　　D. 催办

答案：A

57. 客户反映电力短信发送错误的情况，该业务应派（　　）工单。

A. 投诉　　　　　　B. 意见　　　　　　C. 举报　　　　　　D. 催办

答案：B

58. 有客户 A，其计量装置因各种原因损坏需要更换，但供电公司未提前告知客户，造成客户在不知情的情况下被更换表计，该业务应派（　　）工单。

A. 投诉　　　　　　B. 意见　　　　　　C. 举报　　　　　　D. 催办

答案：A

59. 客户反映表计存在产权纠纷的情况，该业务应派（　　）工单。

A．投诉　　　　B．意见　　　　C．举报　　　　D．催办

答案：B

60. 客户反映供电公司受理其校验电表申请后，未在 5 个工作日内出具检测报告，答复校验结果，应归为此类（　　）。

A．投诉　　　　B．意见　　　　C．举报　　　　D．建议

答案：A

61. 客户对表计校验结果不认可的情况，该业务应派（　　）工单。

A．投诉　　　　B．意见　　　　C．举报　　　　D．建议

答案：B

62. 客户反映供电公司轮换表计未提前告知客户，造成客户在不知情的情况下被更换表计，该业务应派（　　）工单。

A．投诉　　　　B．意见　　　　C．举报　　　　D．建议

答案：A

63. 客户对户表改造时间、费用、质量、设备归属等方面存有异议，对表箱、空开、表前线等表计以外的配套设施改造存有异议，该业务应派（　　）工单。

A．投诉　　　　B．意见　　　　C．举报　　　　D．建议

答案：B

64. 出现潜动、表快、死机、报警、不走字、显示异常、怀疑接错线等，要求处理的业务诉求．该业务应派（　　）工单。

A．投诉　　　　B．意见　　　　C．服务申请　　　　D．建议

答案：C

三、判断题

1. 国家电网公司 95598 客户服务业务管理办法涉及的 95598 客户服务业务是指国网客服中心通过电话渠道受理的各类客户诉求业务。（　　）

答案：×

正确答案：国家电网公司 95598 客户服务业务管理办法涉及的 95598 客户服务业务是指国网客服中心通过电话、网站等多种渠道受理的各类客户诉求业务。

2. 客户窃电、违约用电属于营销类停送电信息，有序用电属于生产类停送电信息。（　　）

答案：×

正确答案：客户窃电、违约用电属于营销类停送电信息，有序用电也属于营销类停送电信息。

3. 超电网供电能力停限电和有序用电都属于生产类停送电信息。（　　）

答案：×

正确答案：有序用电属于营销类停送电信息。

4. 临时停电不属于生产类停送电信息。（　　）

答案：×

正确答案：临时停电属于生产类停送电信息。

5. 各级单位提供 24h 电力故障抢修服务，抢修到达现场时间应满足公司对外的承诺要求。（　　）

答案：√

6. 重大投诉业务处理意见需经本单位相关部门审核后反馈国网营销部和国网客服中心。（　　）

答案：×

正确答案：重大投诉业务处理意见需经省公司相关部门审核后反馈国网营销部和国网客服中心。

7. 行风类及其他非营销类业务由各单位营销部及时转交相关管理部门办理，承办部门要按照对外服务的承诺时限要求，处理完毕后回复工单。（　　）

答案：×

正确答案：行风类及其他非营销类业务由各单位营销部及时转交相关管理部门办理，承办部门要按照对外服务的承诺时限要求，提前 1 个工作日反馈本单位营销部，由营销部回复工单。

8. 国网客服中心应按照规定的流程及时限要求派发工单，对于重大服务事件、重大及以上投诉事件即时报告国网营销部并通知责任单位。对于重大服务事件、重大及以上投诉事件以外的紧急服务事件需即时处理。（　　）

答案：√

9. 合并后的95598工单处理完毕后，仅需回复（回访）主工单。（　　）

答案：×

正确答案：合并后的工单处理完毕后，需回复（回访）所有工单。

10. 根据管理办法，任何类型95598业务工单经过审核后均可以申请"工单挂起"。（　　）

答案：×

正确答案：报修工单不允许申请工单挂起。

11. 省公司，地市、县供电企业对派发区域、客户联系方式等信息错误、缺失或无客户有效信息的工单，分类选择错误的工单，填写退单原因后将工单回退至国网客服中心。（　　）

答案：√

12．投诉、举报、意见、建议、表扬、咨询、服务申请类催办业务，在途未超时限且办理周期过半的工单由国网客服中心向客户解释；办理周期未过半的工单由国网客服中心向各省客服中心派发催办工单。（　　）

答案：×

正确答案：在途未超时限且办理周期未过半的工单由国网客服中心向客户解释；办理周期过半的工单由国网客服中心向各省客服中心派发催办工单。

13．客户催办时除客户提出新的诉求外，不应派发新的工单。（　　）

答案：√

14．在进行客户回复（回访）工作时，原则上每日22:00至次日8:00期间不得开展客户回复（回访）工作。（　　）

答案：×

正确答案：应为每日21:00至次日8:00。

15．客服代表在回访客户前应熟悉工单的回复内容，将核心业务内容回访客户，并可通过阅读基层单位工单"回复内容"的方式回访客户。（　　）

答案：×

正确答案：不得通过阅读基层单位工单"回复内容"的方式回访客户。

16．最终答复"工单实行逐级审核，由地市公司、省公司有关责任部门分管主任及以上领导审核签字后，可提交国网客服中心。（　　）

答案：×

正确答案：最终答复"工单实行逐级审核，由地市公司、省公司有关责任部门分管主任及以上领导审核签字、分别加盖部门（单位）公章后，方可提交国网客服中心。

17．申诉工单应包括工单编号、业务类型、申诉原因及目的、申诉依据和申诉人等信息。

答案：√

18．针对各级客服代表的投诉工单，要流转至各单位95598管理考评部门处理，不得由所在部门处理。（　　）

答案：√

19．涉及国网直属单位的95598工单，由国网客服中心南、北分中心接单，通过电话、工单、邮件、短信、传真等方式转相关部门处理，各部门办理完毕后，由国网客服中心南、北分中心归单办结。

答案：√

20．营配信息融合未完成的单位，各部门按照专业管理职责10min内编译停电信息报地市、县供电企业调控中心，调控中心应在收到各部门报送的停电信息后10min

内汇总报国网客服中心。

答案：√

21．《国家电网公司 95598 客户服务业务管理办法》规定，知识管理工作内容主要包括：知识发布、知识下线、分析与完善等工作。（　　　）

答案：×

正确答案：还有知识采集。

22．各省营业厅网点信息均应录入知识库系统。（　　　）

答案：√

23．省公司，地市、县供电企业在重大服务事件发生后 24h 内将事件发生的时间、地点和初步原因、可能造成的影响及时上报。（　　　）

答案：×

正确答案：第一时间将事件发生的时间、地点和初步原因、可能造成的影响及时上报。

24．电网建设投诉指供电企业在电网建设（含施工行为）过程中存在供电设施改造不彻底、电力施工不规范等问题引发的客户投诉，主要包括输配电供电设施安全、电力施工行为、供电能力、农网改造、施工人员服务态度及规范等方面。（　　　）

答案：√

25．服务设施方面的投诉属于营业投诉。（　　　）

答案：×

正确答案：服务设施方面的属于服务投诉。

26．特殊投诉由省公司本部有关部门按业务管理范围归口处理。（　　　）

答案：×

正确答案：特殊投诉由公司总部有关部门按业务管理范围归口处理。

27．国网客服中心受理客户投诉时，应初步了解客户投诉的原因，尽量缓和、化解矛盾，安抚客户，做好解释工作。若客户明确表示其权益受到损害，要详细记录客户所属区域、投诉人姓名、联系电话、投诉时间、客户投诉内容、是否要求回访等信息，根据客户反映的内容判断投诉级别，并尊重和满足投诉人保密要求。（　　　）

答案：√

28．国网客服中心应在客户挂断电话后 20min 内完成工单填写、审核、派单。被各单位退回的工单，国网客服中心重新核对受理信息，60min 内重新处理或派发。（　　　）

答案：√

29．对于同一客户、同一通电话涉及多个业务诉求的，如属于不同供电单位处理的，需按供电单位的处理部门分别派发工单。（　　　）

答案：√

30．客户有投诉意愿，且客户描述问题属于投诉分类细则所列投诉项的，派发投诉工单。（　　）

答案：√

31．客户无投诉意愿，但客户反映问题符合投诉分类细则所列投诉项的，可以不派发投诉工单。（　　）

答案：×

正确答案：客户无投诉意愿，但客户反映问题符合投诉分类细则所列投诉项的，派发投诉工单。

32．客户主动提出"匿名投诉"时，客服代表应告知客户匿名投诉将可能造成其诉求无法得到有效处理；若客户仍坚持"匿名投诉"，客服代表应如实记录客户诉求，工单中点选"匿名投诉转派意见"标记并派发意见工单。在系统改造前，匿名投诉仍然按照投诉工单派发。（　　）

答案：√

33．承办部门从国网客服中心受理客户投诉（客户挂断电话）后1个工作日内联系客户（除保密、匿名投诉工单外），7个工作日内按照有关法律法规、公司相关要求进行调查、处理，答复客户，并反馈国网客服中心。（　　）

答案：×

正确答案：应为6个工作日内按照有关法律法规、公司相关要求进行调查、处理，答复客户。

34．客户催办时除客户提出新的诉求外，不应派发新的工单。（　　）

答案：√

35．在认定投诉属实性时，回访客户是否满意、是否撤诉不作为判定依据。（　　）

答案：√

36．服务类、营业类、停送电类投诉，客户针对同一事件在首次投诉办结后，连续2个月内投诉3次及以上且属实的，由上一级单位介入调查处理。（　　）

答案：√

37．客户撤诉，该投诉工单应归为"不属实"投诉。（　　）

答案：×

正确答案：在认定投诉属实性时，回访客户是否满意、是否撤诉不作为判定依据。

38．视听资料指利用录音、录像等技术手段反映的声音、图像以及电子计算机储存的数据等资料，包括电话录音、现场录音、录像、照片等。（　　）

答：√

39．抢修人员在到达故障现场确认故障点后20min内，向本单位调控中心报告预

计修复送电时间。影响客户用电的故障未修复的工单不得回单。（　　）

答案：×

正确答案：除客户产权外。

40. 同一故障点引起的客户报修可以进行工单合并。（　　）

答案：√

41. 计量装置类故障（窃电、违约用电等除外），抢修人员到达现场后应及时通知营销人员进行换表复电工作。（　　）

答案：×

正确答案：由抢修人员先行换表复电，营销人员事后进行计量加封及电费追补等后续工作。

42. 客服代表受理客户故障报修诉求后，应详细询问故障情况，若能判断是客户内部故障，建议客户联系产权单位、物业或有资质的施工单位处理。（　　）

答案：√

43. 由于电力运行事故导致家用电器损坏的，抢修人员抵达现场后在做好客户解释情况下，直接转其他部门处理。（　　）

答案：×

正确答案：抢修人员到达现场后，发现由于电力运行事故导致客户家用电器损坏的，抢修人员应做好相关证据的收集及存档工作，并及时转相关部门处理。

44. 因地震、洪灾、台风等不可抗力造成的电力设施故障，按照公司应急预案执行。（　　）

答案：√

45. 一般诉求业务是指：国网客服中心通过电话、网站等多种渠道受理的客户业务咨询、举报、建议、意见、表扬、服务申请等诉求业务。（　　）

答案：√

46. 一般诉求业务办理应遵循"答复规范、处理及时、限期办结、优质高效"的原则，实现业务工单的全过程管理。（　　）

答案：√

47. 咨询、建议工单均应在4个工作日内办结。（　　）

答案：×

正确答案：咨询工单4个工作日，举报、建议、意见工单9个工作日。

48. 对于政府相关部门、12398、新闻媒体等渠道反映的咨询、举报、建议、意见工单由于客户原因导致回复（回访）不成功的，国网客服中心回访工作应满足：不少于3天，每天不少于3次回复（回访），每次回复（回访）时间间隔不小于2h。（　　）

答案：√

49．申诉工单办结后，由系统自动对原始数据进行备注修正，不得人工干预。（　　　）

答案：√

50．同一张工单对同一类型的申诉只允许提交 1 次，不同类型的申诉应单独发起申诉工单。（　　　）

答案：√

51．停送电信息报送管理应遵循全面完整、真实准确、规范及时、分级负责的原则。（　　　）

答案：√

52．省客服中心按照停送电信息报送要求对停送电信息进行审核，审核无误后报送至国网客服中心。（　　　）

答案：×

正确答案：应对计划停送电信息进行审核。

53．生产类停送电信息由地市、县供电企业调控中心编译报送。（　　　）

答案：×

正确答案：地市、县供电企业调控中心、运检部、营销部按照专业管理职责，开展生产类停送电信息编译工作。

54．95598 知识管理遵循"统一管理、分级负责、及时更新、持续改善"的原则，主要内容包括：知识采集发布、知识下线、分析与完善等。（　　　）

答案：√

55．某客户致电 95598 要求供电公司打开表箱，配合其电力设施检修，该业务应派"服务申请"工单。（　　　）

答案：√

56．接到客户要求撤销之前反映的诉求时，可以直接下派办结。（　　　）

答案：×

正确答案：仅保修、服务申请撤销业务可以下派，其他业务工单不得下派直接办结。

57．故障报修在规定时限内到达现场的抢修工单占下派的抢修工单总数的比例称为故障报修兑现承诺率。（　　　）

答案：√

四、简答题

1．《国家电网公司 95598 客户服务业务管理办法》中涉及的 95598 停送电信息分别有哪几类？具体包括哪些内容？

答：《国家电网公司 95598 客户服务业务管理办法》涉及的 95598 停送电信息指影

响客户供电的停送电信息，分为生产类停送电信息和营销类停送电信息。生产类停送电信息包括：计划停电、临时停电、电网故障停限电和超电网供电能力停限电等；营销类停送电信息包括：客户窃电、违约用电、欠费、有序用电等。

2．《国家电网公司 95598 客户服务业务管理办法》对工单合并有什么要求？

答：（1）除故障报修工单外，其他工单不允许合并。

（2）工单流转各环节均可以对工单进行合并，在对工单进行合并操作时，要经过核实，不得随意合并。

（3）合并后的工单处理完毕后，需回复（回访）所有工单。

3．以"最终答复"方式办结的工单，客户再次来电反映同一诉求时，国网客服中心应如何处理？

答：以"最终答复"方式办结的工单，客户再次来电反映同一诉求时，国网客服中心应做好解释并以咨询工单办结，不再派发新工单。

4．《国家电网公司 95598 客户服务业务管理办法》中所指的重大服务事件包括哪些事件？

答：（1）电网大面积停电造成的客户停电事件。

（2）涉及高危、重要电力客户的停电事件。

（3）新闻媒体曝光并产生重大影响的停电事件或供电服务事件。

（4）其他需要报告的重大服务事件。

（5）95598 服务涉及的语音呼叫平台、基础支撑平台、业务支持系统、电子渠道、营销业务应用系统等相关系统故障影响客户感知的服务事件。

5．国家电网公司供电服务投诉处理规范中客户投诉包括哪几类？

答：客户投诉包括服务投诉、营业投诉、停送电投诉、供电质量投诉、电网建设投诉五类。

6．供电服务投诉处理规范中什么样的客户投诉，界定为特殊投诉？

答：符合下列情形之一的客户投诉，界定为特殊投诉：

（1）国家党政机关、电力管理部门转办的集体客户投诉事件。

（2）省级及以上政府部门或社会团体督办的客户投诉事件。

（3）中央或全国性媒体关注或介入的客户投诉事件。

（4）公司规定的质量事件中的五级质量事件。

7．供电服务投诉处理规范中什么样的客户投诉，界定为重大投诉？

答：符合下列情形之一的客户投诉，界定为重大投诉：

（1）国家党政机关、电力管理部门、省级政府部门转办的客户投诉事件。

（2）地市级政府部门或社会团体督办的客户投诉事件。

（3）省级或副省级媒体关注或介入的客户投诉事件。

（4）公司规定的质量事件中的六级质量事件。

8. 供电服务投诉处理规范中什么样的客户投诉，界定为重要投诉？

答：符合下列情形之一的客户投诉，界定为重要投诉：

（1）县级政府部门或社会团体督办的客户投诉事件。

（2）省会城市、副省级城市外的地市媒体关注或介入的客户投诉事件。

（3）客户表示将向政府部门、电力管理部门、新闻媒体、消费者权益保护协会等反映，可能造成不良影响的客户投诉事件。

（4）公司规定的质量事件中的七级和八级质量事件。

9. 客户有投诉意愿，但客户反映问题不属于投诉分类细则所列投诉项的，应如何处理？

答：客户有投诉意愿，但客户反映问题不属于投诉分类细则所列投诉项的，应依据国家有关法律、文件、政策、规定、公司有关对外服务承诺和知识库中内容做好客户的解释工作，并按照95598业务分类原则派发相应工单。

10.《国家电网公司供电服务投诉处理规范》中规定，符合哪些条件的，工单接收单位应将工单回退至派发单位，重新派发？

答：（1）非本单位供电区域内的。

（2）国网客服中心记录的客户信息有误或核心内容缺失，接单部门无法处理的。

（3）对于投诉工单一、二、三级分类错误的。

（4）同一客户、同一诉求在业务办理时限内，国网客服中心再次派发的投诉工单。

11. 国网客户服务中心进行投诉工单回复审核时发现工单回复内容存在哪些问题时，应将工单回退？

答：（1）回复工单中未对客户投诉的问题进行答复或答复不全面的。

（2）除保密、匿名工单外，未向客户反馈调查结果的。

（3）应提供而未提供相关95598客户投诉处理依据的。

（4）承办部门回复内容明显违背公司相关规定或表述不清、逻辑混乱的。

（5）其他经审核应回退的。

12. 回访时存在哪些问题，应将工单进行回退？

答：（1）客户表述内容与承办部门回复内容不一致，且未提供支撑说明的。

（2）承办部门对95598客户投诉属实性认定错误或强迫客户撤诉的。

13. 投诉属实性有哪些判定条件？

答：根据是否供电企业责任，95598客户投诉分为属实投诉和不属实投诉两类。

下列情形之一为不属实投诉：

（1）供电企业已按相关政策法规、制度、标准及服务承诺执行的。

（2）客户反映问题无相关政策法规规定的。

（3）客户反映问题与实际情况不符的。

（4）客户提供的线索不全，无法进行追溯或调查核实的。

（5）明显存在歪曲、捏造事实的。

除不属实投诉外均为属实投诉。在认定投诉属实性时，回访客户是否满意、是否撤诉不作为判定依据。

14. 故障报修工单合并有哪些要求？

答：（1）故障报修工单流转的各个环节均可以进行工单合并，合并后形成主、副工单。

（2）同一故障点引起的客户报修可以进行工单合并。

（3）在各单位实现营配信息融合，建立准确的"站—线—变—户"拓扑关系的情况下，客服代表可对因同一故障点影响的不同客户故障报修工单进行合并。

（4）各单位在对故障报修工单进行合并操作时，要经过核实、查证，不得随意合并工单。对不同语种工单不得进行合并操作。

（5）合并后的故障报修工单处理完毕后，主、副工单均需回访。

15. 请简述95598停送电信息报送要求。

答：（1）停送电信息报送管理应遵循全面完整、真实准确、规范及时、分级负责的原则。

（2）生产类停送电信息和营销类有序用电信息通过营销业务应用系统（SG186）"停送电信息管理"功能报送。

（3）其他营销类停送电信息通过修改营销业务应用系统（SG186）中的停电标志状态传递信息。

（4）对未及时报送停送电信息的单位，国网客服中心可形成工单发送至相关省客服中心进行催报，由省客服中心及有关地市、县供电企业核实后，及时报送。

16. 请简述故障停送电信息报送流程及要求。

答案：配电自动化系统覆盖的设备跳闸停电后，营配信息融合完成的单位，调控中心应在15min内向国网客服中心报送停电信息；营配信息融合未完成的单位，各部门按照专业管理职责10min内编译停电信息报调控中心，调控中心应在收到各部门报送的停电信息后10min内汇总报国网客服中心。配电自动化系统未覆盖的设备跳闸停电后，应在抢修人员到达现场确认故障点后，各部门按照专业管理职责10min内编译停电信息报调控中心，调控中心应在收到各部门报送的停电信息后10min内汇总报国网客服中心。故障停电处理完毕送电后，应在10min内填写送电时间。

17. 最终答复使用于哪几种情况？

答：（1）因青苗赔偿（含占地赔偿、线下树苗砍伐）、家电赔偿引发经济纠纷，供电企业确已按相关规定处理，但客户诉求仍超出国家有关规定的。

（2）因触电、电力施工、电力设施安全隐患等引发的伤残或死亡事件，供电企业确已按相关规定答复处理，但客户诉求仍超出国家有关规定的。

（3）因醉酒、精神异常、限制民事行为能力的人提出无理要求，供电企业确已按相关规定答复处理，但客户诉求仍超出国家有关规定的。

18．使用"最终答复"时，必须同时满足哪几个条件？

答：使用"最终答复"时，必须同时满足以下条件：

（1）符合正常工单填写规范和回复要求。

（2）客户诉求超出政策法规和优质服务的范畴。

（3）已向客户耐心解释，但客户仍不满意、不接受或坚持提出不合理诉求。

（4）经省公司责任部门分管副主任或以上领导签字确认、加盖部门（单位）公章。

（5）提供处理录音（录像）、相关文件和产权分界证明材料等必要的证据。

第二节 国家电网公司业扩供电方案编制导则

一、填空题

1．《国家电网公司业扩供电方案编制导则》规定了业扩供电方案的（   ）和主要内容，明确了电力客户的（   ）和分级原则，确定了（   ）、计量方式、计费计价方式、自备应急电源配置、无功补偿、继电保护等主要技术原则。

答案：编制原则，界定，供电方式

2．《国家电网公司业扩供电方案编制导则》适用于国家电网公司所属各区域电网公司、省（自治区、直辖市）电力公司及供电企业对（   ）供电的各类客户业扩供电方案的确定。

答案：220kV 及以下

3．供电方案指由（   ）提出，经（   ）确定，满足客户用电需求的电力供应具体实施计划。供电方案可作为客户受电工程规划立项以及设计、（   ）的依据。

答案：供电企业，供用双方协商后，施工建设

4．主供电源指能够（   ）且连续为（   ）用电负荷提供电力的电源。

答案：正常有效，全部

5．备用电源指根据客户在安全、（   ）和生产上对供电可靠性的实际需求，在主供电源发生故障或断电时，能够有效且连续为（   ）负荷提供电力的电源。

答案：业务，全部或部分

6．自备应急电源指由客户自行配备的，在正常供电电源全部发生中断的情况下，能够至少满足对客户（   ）不间断供电的独立电源。

答案：保安负荷

7．双电源指由两个（　　）向同一个用电负荷实施的供电。这两条供电线路是由（　　）供电，即由来自两个不同方向的变电站或来自具有两回及以上进线的同一变电站内（　　）分别提供的电源。

答案：独立的供电线路，两个电源，两段不同母线

8．双回路指为同一用电负荷供电的（　　）。

答案：两回供电线路

9．电能质量通常以电压允许偏差、电压允许波动和闪变、（　　）、（　　）、频率允许偏差等指标来衡量。

答案：电压正弦波形畸变率，三相电压不平衡度

10．确定供电方案时，对有受电工程的，应按照（　　）的原则，确定双方（　　）。

答案：产权分界划分，工程建设出资界面

11．重要电力客户认定一般由（　　）提出，经（　　）批准。

答案：各级供电企业或电力客户，当地政府有关部门

12．根据对供电可靠性的要求以及中断供电危害程度，重要电力客户可以分为（　　）、一级、二级重要电力客户和（　　）重要电力客户。

答案：特级，临时性

13．《国家电网公司业扩供电方案编制导则》规定，中断供电将可能造成较大环境污染的，属于（　　）重要电力客户。

答案：二级

14．《国家电网公司业扩供电方案编制导则》规定，中断供电将可能造成一定范围社会公共秩序严重混乱的，属于（　　）重要电力客户。

答案：二级

15．具有（　　）、（　　）、（　　）的客户，宜采用由系统变电所新建线路或提高电压等级供电的供电方式。

答案：冲击负荷，波动负荷，非对称负荷

16．客户单相用电设备总容量在（　　）时可采用低压 220V 供电，在经济发达地区用电设备容量可扩大到（　　）。

答案：10kW 及以下，16kW

17．客户用电设备总容量在（　　）或受电变压器容量在（　　）者，可采用低压 380V 供电。在用电负荷密度较高的地区，经过技术经济比较，采用低压供电的（　　）明显优于高压供电时，低压供电的容量可适当提高。

答案：100kW 及以下，50kVA 及以下，技术经济性

18．农村地区低压供电容量，应根据当地农村电网综合配电（　　）的配置特点

确定。

答案：小容量、多布点

19．电动汽车充换电设施总额定输出功率在 100kW 及以下的，可采用低压供电，其中 50～100kW（含 50kW），采用（　　　）供电，10～50kW（含 10kW），采用（　　　）线路供电；10kW 以下的，采用（　　　）供电。

答案：0.4kV 专用线路，0.4kV 公用，0.22kV

20．客户受电变压器总容量在（　　　）时，宜采用 10kV 供电。无 35kV 电压等级的地区，10kV 电压等级的供电容量可扩大到（　　　）。

答案：50～10MVA，15MVA

21．客户受电变压器总容量在（　　　）时，宜采用 35kV 供电。

答案：5～40MVA

22．有 66kV 电压等级的电网，客户受电变压器总容量在（　　　）时，宜采用 66kV 供电。

答案：15～40MVA

23．客户受电变压器总容量在（　　　）时，宜采用 110kV 及以上电压等级供电。

答案：20～100MVA

24．客户受电变压器总容量在（　　　），宜采用 220kV 及以上电压等级供电。

答案：100MVA 及以上

25．10kV 及以上电压等级供电的客户，当单回路电源线路容量不满足负荷需求且附近无上一级电压等级供电时，可合理增加供电回路数，采用（　　　）供电。

答案：多回路

26．电动汽车充换电设施总额定输出功率在（　　　）的，宜采用高压供电，优先选择（　　　）侧计量。

答案：100kW 以上，高压

27．居住区住宅以及公共服务设施用电容量的确定应综合考虑所在城市的性质、社会经济、气候、民族、习俗及家庭能源使用的种类，同时满足（　　　）和（　　　）要求。

答案：应急照明，消防设施

28．对于居住区住宅用电容量配置，建筑面积在 $50m^2$ 及以下的住宅用电每户容量宜（　　　）；大于 $50m^2$ 的住宅用电每户容量宜（　　　）。

答案：不小于 4kW，不小于 8kW

29．对于居住区住宅用电容量配置，建筑面积在（　　　）的住宅用电每户容量宜不小于 4kW。

答案：$50m^2$ 及以下

30.《国家电网公司业扩供电方案编制导则》规定，特级重要电力客户应具备（　　）电源供电条件。

答案：三路及以上

31.《国家电网公司业扩供电方案编制导则》规定，一级重要电力客户应采用（　　）供电，二级重要电力客户应采用（　　）供电。

答案：双电源，双电源或双回路

32．临时性重要电力客户按照用电负荷重要性，在条件允许情况下，可以通过临时架线等方式满足（　　）或（　　）供电要求。

答案：双电源，多电源

33．对普通电力客户可采用（　　）供电。

答案：单电源

34．双电源、多电源供电时宜采用（　　）电源供电，供电电源的切换时间和切换方式要满足重要电力客户（　　）的要求。

答案：同一电压等级，允许中断供电时间

35．重要电力客户应配备（　　）及（　　），满足保安负荷应急供电需要。

答案：自备应急电源，非电性质的保安措施

36．自备应急电源配置容量应至少满足（　　）正常供电的需要。有条件的可设置（　　）。

答案：全部保安负荷，专用应急母线

37．自备应急电源与电网电源之间应装设可靠的（　　），防止（　　）。

答案：电气或机械闭锁装置，倒送电

38．《国家电网公司业扩供电方案编制导则》规定，电气主接线的主要型式包括：（　　）、单母线、单母线分段、双母线、（　　）。

答案：桥形接线，线路变压器组

39．电动汽车充换电设施用电计量宜实施（　　），单个用户安装多个充电桩的应设置（　　）个计量点，安装智能电能表，计量点原则上设置在产权分界点处；计量装置配置应符合 DL/T 448《电能计量装置技术管理规程》，具备三相电流不平衡监测及双向计量功能，并实现（　　）、（　　）、电压、电流、有功功率、无功功率等信息实时采集和数据上传。

答案："一桩一表"，一，开关状态，电量

40．电能计量点电能计量点原则上应设置在供电设施与受电设施的（　　）。

答案：产权分界处

41．高压供电的客户，宜在高压侧计量；但对 10kV 供电且容量在（　　）、35kV 供电且容量在（　　）的，高压侧计量确有困难时，可在低压侧计量，即采用高供低计方式。

答案：315kVA 及以下，500kVA 及以下

42．有两条及以上线路分别来自不同电源点或（　　　）的客户，应分别装设电能计量装置。

答案：有多个受电点

43．电能计量装置的接线方式，接入中性点绝缘系统的电能计量装置，宜采用（　　　）接线方式；接入中性点非绝缘系统的电能计量装置，应采用（　　　）接线方式。

答案：三相三线，三相四线

44．非线性负荷设备接入电网，客户应委托有资质的专业机构出具（　　　）评估报告。

答案：非线性负荷设备接入电网的电能质量

45．按照（　　　）、"同步设计、同步施工、同步投运、同步达标"的原则，在供电方案中，明确客户治理电能质量污染的责任及技术方案要求。

答案："谁污染、谁治理"

46．《国家电网公司业扩供电方案编制导则》规定，无功电力应（　　　）。客户应在提高自然功率因数的基础上，按有关标准设计并安装无功补偿设备。为提高客户电容器的投运率，并防止无功倒送，宜采用（　　　）投切方式。

答案：分层分区、就地平衡，自动

47．当不具备设计计算条件时，电容器安装容量的确定应符合下列规定：35kV 及以上变电站可按变压器容量的（　　　）确定；10kV 变电站可按变压器容量的（　　　）确定。

答案：10%～30%，20%～30%

48．备用电源自动投入装置，应具有（　　　）的功能。

答案：保护动作闭锁

二、选择题

（一）单选题

1．（　　　）可作为客户受电工程规划立项以及设计、施工建设的依据。

A．设计图纸　　　　B．供电方案　　　　C．供电合同　　　　D．工程预算

答案：B

2．在正常供电电源全部发生中断的情况下，能够至少满足对客户保安负荷不间断供电的独立电源叫（　　　）。

A．主供电源　　　　B．备用电源　　　　C．自备应急电源　　　D．保安电源

答案：C

3．以下（　　）不属于谐波源。

A．电动汽车 B．电弧炉 C．整流器 D．弧焊机

E．气体放电灯

答案：A

4．特级重要电力客户是指中断供电将（　　）的客户。

A．造成人身伤亡 B．较大环境污染

C．可能危害国家安全 D．较大经济损失

答案：C

5．中断供电将可能造成较大范围社会公共秩序严重混乱的，属于（　　）重要电力客户。

A．特级 B．一级 C．二级

答案：B

6．《国家电网公司业扩供电方案编制导则》规定，中断供电将可能造成一定范围社会公共秩序严重混乱的，属于（　　）重要电力客户。

A．特级 B．一级 C．二级

答案：C

7．《国家电网公司业扩供电方案编制导则》规定，一般客户的计算负荷宜等于变压器额定容量的（　　）。

A．65%～70% B．70%～75% C．75%～80% D．75%～90%

答案：B

8．低压供电客户的用电容量根据客户（　　）确定。

A．主要用电设备额定容量 B．最大用电设备额定容量

C．全部用电设备额定容量之总和

答案：A

9．无35kV电压等级的地区，10kV电压等级的供电容量可扩大到（　　）MVA。

A．5 B．10 C．15 D．16

答案：C

10．客户受电变压器总容量在50kVA～10MVA时（含10MVA），宜采用（　　）kV供电。

A．0.4 B．10 C．20 D．35

答案：B

11．电动汽车充换电设施总额定输出功率为80kW，可采用（　　）供电。

A．0.4kV公用线路 B．0.4kV专用线路

C．0.22kV供电

答案：B

12. 电动汽车充换电设施总额定输出功率为 30kW，可采用（　　）供电。

A. 0.4kV 公用线路　　　　　　　　　B. 0.4kV 专用线路

C. 0.22kV 供电

答案：A

13. 电动汽车充换电设施总额定输出功率为 5kW，可采用（　　）供电。

A. 0.4kV 公用线路　　　　　　　　　B. 0.4kV 专用线路

C. 0.22kV 供电

答案：C

14. 低压供电的客户，负荷电流为（　　）时，电能计量装置接线宜采用直接接入式。

A. 20A 及以下　　　B. 40A 及以下　　　C. 50A 及以下　　　D. 60A 及以下

答案：D

15. 100kVA 及以上高压供电的电力客户在高峰负荷时的功率因数不宜低于（　　）。

A. 0.80　　　　　B. 0.85　　　　　C. 0.90　　　　　D. 0.95

答案：D

16. 受电电压等级在（　　）kV 及以上的专线供电客户，需实行电力调度管理。

A. 10　　　　　　B. 20　　　　　　C. 35　　　　　　D. 110

答案：A

（二）多选题

1. 客户（　　）应与受电工程同步设计、同步建设、同步验收、同步投运。

A. 自备应急电源配置　　　　　　　　B. 非电性质保安措施的配置

C. 谐波负序治理的措施　　　　　　　D. 环境保护工程

答案：ABC

2. 确定用电容量应综合考虑客户（　　）因素。

A. 申请容量　　　　　　　　　　　　B. 用电设备总容量

C. 主要用电设备同时率　　　　　　　D. 主要用电设备同时系数

答案：ABCD

3. 对于用电季节性较强、负荷分散性大的客户，可通过（　　）来提高运行的灵活性，解决淡季和低谷负荷期间因变压器轻负载导致损耗过大的问题。

A. 增加受电变压器台数　　　　　　　B. 减少受电变压器台数

C. 降低单台容量　　　　　　　　　　D. 调整用电时间

答案：AC

4. 某高压用户受电变压器总容量为 8MVA，无特殊需要，则其可采用的供电电压等级是（　　　）。

A．10kV　　　　　B．35kV　　　　　C．66kV　　　　　D．110kV

答案：AB

5．某客户受电变压器总容量为8MVA，可采用（　　）kV供电。

A．10　　　　　B．35　　　　　C．66　　　　　D．110

答案：AB

6．某客户受电变压器总容量为20MVA，可采用（　　）kV供电。

A．10　　　　　B．35　　　　　C．66　　　　　D．110

答案：BCD

7．临时供电具体供电电压等级取决于（　　　）。

A．用电性质　　　　　　　　　　B．用电容量

C．当地的供电条件　　　　　　　D．用户需求

答案：BC

8．继电保护自动装置应满足（　　　）的要求。

A．速动性　　　　B．选择性　　　　C．灵敏性　　　　D．可靠性

答案：ABCD

三、判断题

1．电弧炉、电阻炉均属于谐波源。（　　　）

答案：×

正确答案：电阻炉不是谐波源。

2．除重要电力客户以外的其他客户，统称为普通电力客户。（　　　）

答案：√

3．供电企业应依据客户分级、用电性质、用电容量、生产特性以及当地供电条件等因素，经过技术经济比较后确定供电电源。（　　　）

答案：×

正确答案：供电电源应依据客户分级、用电性质、用电容量、生产特性以及当地供电条件等因素，经过技术经济比较、与客户协商后确定。

4．特级重要电力客户应具备三路及以上电源供电条件，其中的两路电源应来自同一变电站的不同母线，当任何两路电源发生故障时，第三路电源能保证独立正常供电。（　　　）

答案：×

正确答案：特级重要电力客户应具备三路及以上电源供电条件，其中的两路电源应来自两个不同的变电站，当任何两路电源发生故障时，第三路电源能保证独立正常

供电。

5．一级重要电力客户应采用双回路供电。（　　　）

答案：×

正确答案：一级重要电力客户应采用双电源供电。

6．所有电能计量点均应安装用电信息采集终端。（　　　）

答案：√

7．电容器的安装容量，应根据客户实用功率因数计算确定。（　　　）

答案：×

正确答案：电容器的安装容量，应根据客户的自然功率因数计算后确定。

8．有自备电厂的客户需要实行电力调度管理。（　　　）

答案：×

正确答案：有自备电厂并网的客户需要实行电力调度管理。

四、简答题

1．什么叫供电方案？

答：供电方案指由供电企业提出，经供用双方协商后确定，满足客户用电需求的电力供应具体实施计划。供电方案可作为客户受电工程规划立项以及设计、施工建设的依据。

2．什么是保安负荷？

答：保安负荷指用于保障用电场所人身与财产安全所需的电力负荷。一般认为，断电后会造成下列后果之一的，为保安负荷：①直接引发人身伤亡的；②使有毒、有害物溢出，造成环境大面积污染的；③将引起爆炸或火灾的；④将引起重大生产设备损坏的；⑤将引起较大范围社会秩序混乱或在政治上产生严重影响的。

3．什么叫谐波源？常见的谐波源有哪些（答出导则中规定的 5 种以上即给满分）？

答：谐波源指向公共电网注入谐波电流或在公共电网中产生谐波电压的电气设备。如：电气机车、电弧炉、整流器、逆变器、变频器、相控的调速和调压装置、弧焊机、感应加热设备、气体放电灯以及有磁饱和现象的机电设备。

4．什么叫大容量非线性负荷？

答：大容量非线性负荷指接入 110kV 及以上电压等级电力系统的电弧炉、轧钢设备、地铁、电气化铁路牵引机车，以及单台 4000kVA 及以上整流设备等具有波动性、冲击性、不对称性的负荷。

5．简述确定供电方案的基本原则。

答：（1）应能满足供用电安全、可靠、经济、运行灵活、管理方便的要求，并留有发展余度。

（2）符合电网建设、改造和发展规划要求；满足客户近期、远期对电力的需求，具有最佳的综合经济效益。

（3）具有满足客户需求的供电可靠性及合格的电能质量。

（4）符合相关国家标准、电力行业技术标准和规程，以及技术装备先进要求，并应对多种供电方案进行技术经济比较，确定最佳方案。

6. 重要电力客户如何界定？

答：重要电力客户是指在国家或者一个地区（城市）的社会、政治、经济生活中占有重要地位，对其中断供电将可能造成人身伤亡、较大环境污染、较大政治影响、较大经济损失、社会公共秩序严重混乱的用电单位或对供电可靠性有特殊求的用电场所。

重要电力客户认定一般由各级供电企业或电力客户提出，经当地政府有关部门批准。

7. 什么是特级重要电力客户？

答：特级重要电力客户是指在管理国家事务中具有特别重要作用，中断供电将可能危害国家安全的电力客户。

8. 什么是一级重要电力客户？

答：一级重要电力客户，是指中断供电将可能产生下列后果之一的电力客户：

（1）直接引发人身伤亡的。

（2）造成严重环境污染的。

（3）发生中毒、爆炸或火灾的。

（4）造成重大政治影响的。

（5）造成重大经济损失的。

（6）造成较大范围社会公共秩序严重混乱的。

9. 什么是二级重要电力客户？

答：二级重要客户，是指中断供电将可能产生下列后果之一的电力客户：

①造成较大环境污染的；②造成较大政治影响的；③造成较大经济损失的；④造成一定范围社会公共秩序严重混乱的。

10. 高压供电客户用电容量应如何确定？

答：（1）在满足近期生产需要的前提下，客户受电变压器应保留合理的备用容量，为发展生产留有余地。

（2）在保证受电变压器不超载和安全运行的前提下，应同时考虑减少电网的无功损耗。一般客户的计算负荷宜等于变压器额定容量的70%～75%。

（3）对于用电季节性较强、负荷分散性大的客户，可通过增加受电变压器台数、降低单台容量来提高运行的灵活性，解决淡季和低谷负荷期间因变压器轻负载导致损耗过大的问题。

11. 哪些情况可采用低压 220V 供电？

答：客户单相用电设备总容量在 10kW 及以下时可采用低压 220V 供电，在经济发达地区用电设备容量可扩大到 16kW。电动汽车充换电设施总额定输出功率在 10kW 以下的，采用 0.22kV 供电。

12. 哪些情况可采用低压 380V 供电？

答：客户用电设备总容量在 100kW 及以下或受电变压器容量在 50kVA 及以下者，可采用低压 380V 供电。在用电负荷密度较高的地区，经过技术经济比较，采用低压供电的技术经济性明显优于高压供电时，低压供电的容量可适当提高。电动汽车充换电设施总额定输出功率在 100kW 及以下的，可采用低压供电，其中 50～100kW（含 50kW），采用 0.4kV 专用线路供电，10～50kW（含 10kW），采用 0.4kV 公用线路供电。

13. 电动汽车充换电设施供电电压等级如何选择？

答：电动汽车充换电设施总额定输出功率在 100kW 及以下的，可采用低压供电，其中 50～100kW（含 50kW），采用 0.4kV 专用线路供电，10～50kW（含 10kW），采用 0.4kV 公用线路供电；10kW 以下的，采用 0.22kV 供电。

电动汽车充换电设施总额定输出功率在 100kW 以上的，宜采用高压供电。

14. 哪些情况可采用低压 10kV 供电？

答：客户受电变压器总容量在 50kVA～10MVA 时，宜采用 10kV 供电。无 35kV 电压等级的地区，10kV 电压等级的供电容量可扩大到 15MVA。

15. 供电电源点确定的一般原则是什么？

答：（1）电源点应具备足够的供电能力，能提供合格的电能质量，满足客户的用电需求，保证接电后电网安全运行和客户用电安全。

（2）对多个可选的电源点，应进行技术经济比较后确定。

（3）根据客户分级和用电需求，确定电源点的回路数和种类。

（4）根据城市地形、地貌和城市道路规划要求，就近选择电源点。路径应短捷顺直，减少与道路交叉，避免近电远供、迂回供电。

16. 确定电气主接线的一般原则是什么？

答：（1）根据进出线回路数、设备特点及负荷性质等条件确定。

（2）满足供电可靠、运行灵活、操作检修方便、节约投资和便于扩建等要求。

（3）在满足可靠性要求的条件下，宜减少电压等级和简化接线等。

17. 《国家电网公司业扩供电方案编制导则》对重要客户运行方式有何要求？

答：（1）特级重要客户可采用两路运行、一路热备用运行方式。

（2）一级客户可采用以下运行方式：两回及以上进线同时运行互为备用；一回进线主供、另一回路热备用。

（3）二级客户可采用以下运行方式：两回及以上进线同时运行；一回进线主供、另一回路冷备用。

（4）不允许出现高压侧合环运行的方式。

18．电动汽车充换电设施计量点及计量方式有何规定？

答：电动汽车充换电设施用电计量宜实施"一桩一表"，单个用户安装多个充电桩的应设置一个计量点，安装智能电能表，计量点原则上设置在产权分界点处；计量装置配置应符合DL/T 448《电能计量装置技术管理规程》，具备三相电流不平衡监测及双向计量功能，并实现开关状态、电量、电压、电流、有功功率、无功功率等信息实时采集和数据上传。

19．确定供电方案时，用电信息采集终端的配置是怎么要求的？

答：所有电能计量点均应安装用电信息采集终端。根据应用场所的不同选配用电信息采集终端。对高压供电的客户配置专变采集终端，对低压供电的客户配置集中抄表终端，对有需要接入公共电网分布式能源系统的客户配置分布式能源监控终端。

20．非线性负荷设备的主要种类有哪些？

答：（1）换流和整流装置，包括电气化铁路、电车整流装置、动力蓄电池用的充电设备等。

（2）冶金部门的轧钢机、感应炉和电弧炉。

（3）电解槽和电解化工设备。

（4）大容量电弧焊机。

（5）大容量、高密度变频装置。

（6）其他大容量冲击设备的非线性负荷。

21．用户功率因数应达到什么水平？

答：100kVA及以上高压供电的电力客户，在高峰负荷时的功率因数不宜低于0.95。

其他电力客户和大、中型电力排灌站、趸购转售电企业，功率因数不宜低于0.90。农业用电功率因数不宜低于0.85。

22．《国家电网公司业扩供电方案编制导则》中，哪些客户需要实行电力调度管理？

答：（1）受电电压在10kV及以上的专线供电客户。

（2）有多电源供电、受电装置的容量较大且内部接线复杂的客户。

（3）有两回路及以上线路供电，并有并路倒闸操作的客户。

（4）有自备电厂并网的客户。

（5）重要电力客户或对供电质量有特殊要求的客户等。

第三节 水利电力部关于颁发《电、热价格》的通知

一、填空题

1. 凡以电为原动力，或以电冶炼、溶焊、电解、电化的实验和非工业生产，其容量在（ ）者，应执行非工业电价。

答案：3kW 及以上

2. 某市自来水厂拥有 400kV 变压器一台，则其属于（ ）产业，应实行（ ）电价，功率因数执行标准为（ ）。

答案：第二，大工业，0.90

3. 某军区第二修理工厂用电容量为 500kVA，则其应执行（ ）电价；功率因数执行标准为（ ）。

答案：大工业，0.90

4. 大工业电价包括（ ）、（ ）和（ ）三部分。

答案：基本电价，电度电价，力率调整电费

5. 电度电价是指按用户（ ）计算的电价，基本电价是指根据用户（ ）计算的电价，力率调整电费是根据用户（ ）的电费。

答案：用电度数，用电容量，力率水平的高低减收或增收

6. 基本电费可按（ ）计算，也可按（ ）计算。

答案：变压器容量，最大需量

7. 最大需量以（ ），（ ）为准，超过核准数的部分，（ ）收费。

答案：用户申请，电业部门核准数，加倍

8. 用户申请最大需量，包括不通过变压器接用的高压电动机容量，正常情况下最大需量不低于变压器容量和高压电动机容量总和的（ ）。

答案：40%

9. 对有两路及以上进线的用户，各路进线应（ ）计算最大需量。

答案：分别

10. 省（市、自治区）电网间有供电或供电关系的应执行（ ）。

答案：互供电价

二、选择题

（一）单选题

1. 铁道及航运指示灯用电，执行电价是（ ）。

A．照明电价　　　　B．非工业电价　　　C．普通工业电价

答案：A

2．理发用的电吹风、电烫发、电剪等用电器电费计价的种类属于（　　　）。

A．普通工业电价　　B．非工业电价　　　C．照明电价

答案：C

3．总容量不足 3kW 的晒图机、医疗用 X 光机、无影灯、消毒等用电执行（　　　）。

A．普通工业电价　　B．非工业电价　　　C．照明电价

答案：C

4．总容量为 3kW 的晒图机、医疗用 X 光机、无影灯、消毒等用电执行（　　　）。

A．普通工业电价　　B．非工业电价　　　C．照明电价

答案：B

5．对市政部门管理的公共道路、桥梁、码头、公共厕所等场所的路灯用电，应按（　　　）计收电费。

A．普通工业电价　　B．非工业电价　　　C．照明电价

答案：C

6．公安部门交通指挥灯、公安指示灯、警厅用电等用电，应按（　　　）计收电费。

A．普通工业电价　　B．非工业电价　　　C．照明电价

答案：C

7．地下防空设施的照明用电，应执行（　　　）。

A．照明电价　　　　B．普通工业电价　　C．非工业电价

答案：C

8．医院的冷藏用电，其容量为 315kVA，应执行（　　　）。

A．普通工业电价　　B．非工业电价　　　C．大工业电价

答案：B

9．315kVA 及以上的学术研究单位其用于电解、电化的用电应执行（　　　）电价。

A．普通工业　　　　B．非工业　　　　　C．大工业

答案：B

10．用电容量为 400kVA 的学术研究单位，其用于电解、电化的用电应执行（　　　）电价。

A．普通工业　　　　B．非工业　　　　　C．大工业

答案：B

11．总容量在 3kW 及以上的地下防空设施的通风、照明、抽水用电应执行（　　　）电价。

A．普通工业　　　B．非工业　　　C．照明

答案：B

12．用电变压器容量不足 315kVA 的自来水厂的电费电价种类属于（　　）。

A．大工业电价　　B．普通工业电价　　C．非工业电价

答案：B

13．某学校的附属工厂，受电变压器为 200kVA 且对外承受生产任务的生产用电应执行（　　）。

A．大工业电价　　B．非工业电价　　C．普通工业电价

答案：C

14．凡以电为原动力，或以电冶炼、烘熔、熔焊、电解、电化的一切工业生产，受电变压器总容量在（　　）kVA 及以上者执行大工业电价。

A．250　　　　　B．320　　　　　C．400　　　　　D．500

答案：B

15．最大需量应以指示（　　）min 内平均最大需量表为标准。

A．5　　　　　B．10　　　　　C．15　　　　　D．30

答案：C

16．15min 最大需量表计量的是（　　）。

A．计量期内最大的 1 个 15min 的平均功率

B．计量期内最大的 1 个 15min 的功率瞬时值

C．计量期内最大 15min 的平均功率的平均值

D．计量期内最大 15min 的功率瞬时值

答案：A

17．大工业用户的生产照明（系指井下、车间、厂房内照明）执行（　　）电价。

A．大工业　　　B．照明　　　C．非工业　　　D．普通工业

答案：A

18．防汛临时照明执行（　　）电价。

A．普通工业　　　　　　B．照明

C．非工业　　　　　　D．农业生产

答案：D

19．农村照明用电，按照（　　）电价计收电费。

A．普通工业　　　　　　B．照明

C．非工业　　　　　　D．农业生产电价

答案：B

（二）多选题

1．下列（　　）用电且容量在 3kW 及以上者应执行非工业电价。

A．电影制片厂摄影棚水银灯用电

B．地下防空设施的通风、照明、抽水用电

C．基建工地施工用电（包括施工照明）

D．有线广播站电力用电（不分设备容量大小）

答案：ABCD

2．（　　）是两部制电价的构成电价。

A．电度电价　　　　　　　　　　　B．基本电价

C．力率调整电费　　　　　　　　　D．峰谷分时电价

答案：ABC

三、判断题

1．以电动机带动发电机或整流器整流供给照明之用电执行非工业电价。（　　）

答案：×

正确答案：应为照明电价。

2．各种非工业用的电力、电热，其用电设备总容量不足 2kW，而又无其他非工业用电者应执行照明电价。（　　）

答案：×

正确答案：应为不足 3kW。

3．工业用单相电动机，其容量不足 1kW，或工业用单相电热，其容量不足 3kW，而又无其他工业用电者应执行照明电价。（　　）

答案：×

正确答案：应为工业用单相电热，其容量不足 2kW，而又无其他工业用电者应执行照明电价。

4．铁道、地下铁道、管道输油、航运、电车、电讯、广播、仓库、码头、飞机场及其他处所的加油站等电力用电应执行非工业电价。（　　）

答案：×

正确答案：其容量还应在 3kW 及以上。

5．设备容量为 80kVA 的专门对外营业的电影院、剧院应执行普通工业电价。（　　）

答案：×

正确答案：应执行非工业电价。

6. 总容量为 315kVA 的基建工地施工用电应执行非工业电价，但不包括施工照明。（ ）

答案：×

正确答案：包括施工照明。

7. 不分设备容量大小的有线广播站电力用电应执行非工业电价。（ ）

答案：√

8. 总容量在 3kW 及以上的铁道、地下铁道、航运等场所的下水道用电应执行非工业电价，但受电变压器容量为 200kVA 的铁道、地下铁道、航运等单位所属的修理工厂的生产用电应执行普通工业电价。（ ）

答案：√

9. 以变压器容量计收基本电费的用户，不通过专用变压器接用的高压电动机，不计算基本电费。（ ）

答案：×

正确答案：计算基本电费。

10. 按最大需量计算基本电费的用户，凡有不通过专用变压器接用的高压电动机，其最大需量不应包括该高压电动机的容量。（ ）

答案：×

正确答案：应包括该高压电动机的容量。

11. 用户申请按最大需量计算电费时，其申请最大需量值任何情况下不得低于变压器容量和高压电动机容量总和的 40%。（ ）

答案：×

正确答案：由于电网负荷紧张，电业部门限制用户的最大需量低于容量的 40% 时，可以按低于 40% 数核定最大需量。

12. 大工业用户车间、厂房内的生产照明也应执行大工业电价，并参与力率调整电费的计算。（ ）

答案：√

13. 对有两路及以上进线的用户，各路进线应分别计算最大需量。在分别计算最大需量时，如因电业部门有计划的检修或其他原因而造成用户倒用线路而增大的最大需量，其增大部分在计算用户当月最大需量不扣除。（ ）

答案：×

正确答案：其增大部分可在计算用户当月最大需量时合理扣除。

14. 农村小型化肥厂生产氨水等氨肥的电价，参照国家规定本地区的普通工业价格水平确定。（ ）

答案：×

正确答案：农村小型化肥厂生产氨水等氮肥的电价，参照国家规定本地区的大工业合成氨价格（包括基本电价和电度电价）水平确定。

15．电业部门一般不发展趸售，在特殊情况下必须采取趸售方式的，只趸售到县一级，不得层层趸售。（　　　）

答案：√

16．转售单位的转售电价，应当执行国家规定的本地区直供电价，不得以任何方式层层加码。（　　　）

答案：√

17．趸售范围内的大用户或重要客户，应作为电业部门的直供用户，不实行趸售。（　　　）

答案：√

18．对 20、22、23、33kV 受电的用户，按 35kV 电价计算电费；对个别 11、13.2、13.8kV 受电的用户，按 10kV 电价计算电费。（　　　）

答案：√

19．对 20、22、23、33kV 受电的用户，按 35kV 电价计算电费。（　　　）

答案：√

四、简答题

1．大工业电价的应用范围是如何规定的？

答案：凡以电为原动力，或以电冶炼、烘熔、熔焊、电解、电化的一切工业生产，受电变压器总容量在 320kVA 及以上者，以及符合上述容量规定的下列用电：

（1）机关、部队、学校及学术研究、试验等单位的附属工厂（凡以学生参加劳动实习为主的校办工厂除外），有产品生产并纳入国家计划，或对外承受生产及维修业务的用电。

（2）铁道（包括地下铁道）、航运、电车、电讯、下水道、建筑部门及部队等单位所属修理工厂的用电。

（3）自来水用电。

（4）工业试验用电。

（5）照相制版工业水银灯用电。

2．大工业电价由哪几部分构成？并分别解释。

答案：大工业电价包括基本电价、电度电价和力率调整电费三部分。

电度电价是指按用户用电度数计算的电价。

基本电价是指根据用户用电容量计算的电价。

力率调整电费是根据用户力率水平的高低减收或增收的电费。

第四节 功率因数调整电费办法

一、填空题

1. 装有带负荷调整电压装置的高压供电电力用户功率因数标准执行（　　），160kVA 的高压供电工业用户功率因数标准执行（　　），未大工业用户划由电业直接管理的趸售用户功率因数标准执行（　　）。

答案：0.90，0.85，0.85

2. 凡装有无功补偿设备且有可能向电网（　　）无功电量的用户，应随其负荷和电压变动及时（　　）部分无功补偿设备，电业部门并应在计费计量点加装带有防倒装置的反向无功电度表，按倒送的无功电量与实用的无功电量两者的（　　），计算月平均功率因数。

答案：倒送，投入或切除，绝对值之和

3. 某普通工业用户用电容量为 160kVA，其用电设备有功功率为 100kW，本月有功电量为 4 万 kWh，无功电量为 3 万 kvarh。则该用户本月的功率因数为（　　），应调整电费比例为（　　）。

答案：0.80，2.5%

4. 某 10kV 工业电力用户使用 1000kVA 变压器 1 台，高压计量，电流互感器变比为 60/5 用最大需量收取其基本电费，核定最大需量值为 600kVA。3 月，最大需量表示数为 0.4，则该用户 3 月基本电费为（　　）元（按最大需量计算基本电费为 38 元/kVA）。

答案：22800

5. 根据《功率因数调整电费办法》，某普通工业用户用电容量为 160kVA，其用电设备有功功率为 100kW，本月有功电量为 4 万 kWh，无功电量为 3 万 kvarh。则该用户本月的功率因数为（　　），应调整电费比例为（　　）。

答案：0.80，2.5%

二、选择题

（一）单选题

1. 装有带负荷调整电压装置的高压供电电力用户，其变压器容量为 100kVA，则该用户的功率因数应执行（　　）标准。

A. 0.90　　　　　　B. 0.85　　　　　　C. 0.80

答案：A

2. 某居民住宅楼工地有 200kVA 变压器 1 台，用于基建工地施工（包括施工照明）

用电，其功率因数考核标准应执行（　　　）。

A．0.90　　　　　　　B．0.85　　　　　　　C．0.80

答案：B

3．根据电网需要，对大用户可以实行（　　　）功率因数考核。

A．尖峰　　　　　　　B．高峰　　　　　　　C．平均　　　　　　　D．低谷

答案：B

4．某工业用户，10kV 供电，有载调压变压器容量为 160kV·A，装有有功电能表和双向无功电能表各 1 块。已知某月该户有功电能表抄见电量为 40000kW·h，无功电能表抄见电量为正向 25000kvar·h，反向 5000kvar·h。则该用户当月功率因数调整电费为（　　　）元。[假设工业用电电价为 0.25 元/（kW·h）。]

A．500　　　　　　　B．50　　　　　　　C．250　　　　　　　D．−40

答案：A

（二）多选题

1．用户用电功率因数的高低，对（　　　）有着重要的影响。

A．发电设备的充分利用　　　　　　　B．供用电设备的充分利用

C．改善电压质量　　　　　　　　　　D．节约电能

答案：ABCD

2．以下（　　　）用户执行功率因数 0.90 标准。

A．100kVA 且装有带负荷调整电压装置的高压供电电力用户

B．160kVA 的高压供电工业用户（包括社队工业用户）

C．大工业用户

D．320kVA 及以上的高压供电电力排灌站

答案：AC

3．以下（　　　）用户执行功率因数 0.85 标准。

A．100kVA（kW）及以上、160kVA 及以下的工业用户（包括社队工业用户）

B．315kVA（kW）的基建用电客户

C．80kVA（kW）的非工业客户

D．320kVA 的高压供电电力排灌站

答案：ABD

4．《功率因数调整电费办法》中规定的功率因数标准值有（　　　）。

A．0.95　　　　　　　B．0.90　　　　　　　C．0.85　　　　　　　D．0.80

答案：BCD

5．功率因数标准为 0.90 适用范围是（　　　）。

A．160kVA 以上的高压供电工业用户

B．3200kVA 及以上的高压供电电力排灌站

C．大工业用户未划由电业直接管理的趸售用户

D．装有带负荷调整电压装置的高压供电电力用户

答案：ABD

6．功率因数标准为 0.85 适用范围是（　　）。

A．100kVA 及以上的其他工业用户

B．100kVA 及以上的非工业用户

C．100kVA 及以上的电力排灌站

D．大工业用户未划由电业直接管理的趸售用户

答案：ABCD

7．功率因数标准为 0.80 适用范围是（　　）。

A．100kVA 及以上的农业用户

B．100kVA 及以上的电力排灌站

C．100kVA 及以上的非工业用户

D．趸售用户

答案：AD

8．根据电网的具体情况，对（　　）用户可以降低功率因数标准值或不实行功率因数调整电费办法。

A．不需增设补偿，用电功率因数就能达到规定标准的用户

B．离电源点较近、电压质量较好、勿需进一步提高用电功率因数的用户

C．100kVA 及以上的农业用户

D．趸售用户

答案：AB

三、判断题

1．160kVA 及以上的高压供电工业用户（包括社队工业用户），其功率因数标准应为 0.90。（　　）

答案：×

正确答案：应为 160kVA 以上。

2．100kVA（kW）以下的非工业用户应执行功率因数标准 0.85。（　　）

答案：×

正确答案：应为 100kVA（kW）及以上。

3．凡实行功率因数调整电费的用户，应装设带有防倒装置的无功电能表，按用户每月抄见有功电量和无功电量，计算月平均功率因数。（　　）

答案：×

正确答案：应为每月实用有功电量和无功电量。

4．根据计算的功率因数，高于或低于规定标准时，在按照规定的电价计算出其当月电费后，再按照"功率因数调整电费表"所规定的百分数增加电费。（　　　）

答案：×

正确答案：应为增减电费。

5．电业部门可根据电网具体情况自行降低对用户功率因数执行标准值或不实行功率因数调整电费办法。（　　　）

答案：×

正确答案：不可自行降低，须经省、市、自治区电力局批准，并报电网管理局备案。

6．0.90 为标准值的功率因数调整电费表中，功率因数自 0.64 以下，每降低 0.01，电费增加 2%。（　　　）

答案：×

正确答案：0.90 为标准值的功率因数调整电费表中，功率因数自 0.64 及以下，每降低 0.01，电费增加 2%。

7．某大工业用户执行功率因数考核标准为 0.90，3 月其实际功率因数值为 0.98，则其当月电费应减收 0.75%。（　　　）

答案：√

四、简答题

1．功率因数的标准值及其适用范围是什么？

答：（1）功率因数标准 0.90，适用于 160kVA 以上的高压供电工业用户（包括社队工业用户）、装有带负荷调整电压装置的高压供电电力用户和 3200kVA 及以上的高压供电电力排灌站。

（2）功率因数标准 0.85，适用于 100kVA（kW）及以上的其他工业用户（包括社队工业用户）、100kVA（kW）及以上的非工业用户和 100kVA（kW）及以上的电力排灌站。

（3）功率因数标准 0.80，适用于 100kVA（kW）及以上的农业用户和趸售用户，但大工业用户未划由电业直接管理的趸售用户，功率因数标准应为 0.85。

第五节　国家电网公司有序用电管理办法

一、填空题

1．有序用电，是指在可预知（　　　）的情况下，通过行政措施、经济手段、技术方法，依法控制（　　），维护供用电秩序平稳的管理工作。

答案：电力供需紧张，部分用电需求

2．已出台（　　）、（　　）等经济激励政策的地区，各级供电企业可与符合政策要求的电力用户协商签订协议，执行相应电价。

答案：可中断负荷电价，高可靠性电价

3．省公司应依托负荷管理技术支持系统，实现用户用电负荷远程监测和控制，可监测负荷不低于本地区最大用电负荷的（　　）。

答案：70%

4．省公司应依托负荷管理技术支持系统，实现用户用电负荷远程监测和控制，可控制负荷不低于本地区最大用电负荷的（　　）。

答案：10%

5．《国家电网公司有序用电管理办法》要求，推广应用（　　）新技术，实现电力供需双向互动，不断提高（　　）响应速度。

答案：智能用电，电力需方

6．编制有序用电方案原则上应按照（　　）的顺序安排限电措施。

答案：先错峰、后避峰、再限电、最后拉路

7．省公司组织相关部门及所属单位以省级电力运行主管部门批准的（　　）有序用电方案为基础，指导相关电力用户编制（　　）。

答案：年度，负荷控制方案

8．因（　　）造成电力供应不足，且（　　）内无法恢复正常供电能力时，需及时启动有序用电方案。

答案：突发事件，48h

9．因用电负荷增加，（　　）出现电力缺口时，需及时启动有序用电方案。

答案：全网或局部电网

10．在对客户实施、变更、取消有序用电措施前，应提前履行（　　），并保留（　　）。

答案：告知义务，工作痕迹

二、选择题

（一）单选题

1．下列哪种不属于有序用电所采用的方法或手段。（　　）

A．行政措施　　　　B．经济手段　　　　C．法律手段　　　　D．技术方法

答案：C

2．公司应积极配合各级政府电力运行主管部门开展有序用电管理工作，认真落

实并履行有序用电管理重要（　　）职责，指导电力用户实施有序用电措施。

A．责任主体　　　　B．参与主体　　　　C．实施主体　　　　D．计划主体

答案：C

3．省公司应依托负荷管理技术支持系统，实现用户用电负荷远程监测和控制，可控制负荷不低于（　　）的 10%。

A．本地区最大负荷　　　　　　　　　B．上年度最大负荷

C．上月最大负荷　　　　　　　　　　D．本地区最大用电负荷

答案：D

4．省级常规有序用电方案中Ⅰ级指标：最大限电负荷指标不小于预计最大用电负荷的（　　），且不小于预测最大电力缺口。

A．30%　　　　　　B．20%　　　　　　C．10%　　　　　　D．5%

答案：A

5．省级常规有序用电方案中Ⅱ级指标：最大限电负荷指标不小于预计最大负荷的（　　）。

A．30%　　　　　　B．20%　　　　　　C．10%　　　　　　D．5%

答案：B

6．省级常规有序用电方案中Ⅲ级指标：最大限电负荷指标不小于预计最大负荷的（　　）。

A．30%　　　　　　B．20%　　　　　　C．10%　　　　　　D．5%

答案：C

7．省级常规有序用电方案中Ⅳ级指标：最大限电负荷指标不小于预计最大负荷的（　　）。

A．30%　　　　　　B．20%　　　　　　C．10%　　　　　　D．5%

答案：D

8．当电力或电量缺口占当期最大用电需求比例的 20%时，有序用电预警信号为（　　）。

A．红色　　　　　　B．橙色　　　　　　C．黄色　　　　　　D．蓝色

答案：A

9．当有序用电预警信号为橙色时，电力或电量缺口占当期最大用电需求比例的（　　）。

A．20%以上　　　　B．10%~20%　　　C．5%~10%　　　　D．5%以下

答案：B

10．当有序用电预警信号为黄色时，电力或电量缺口占当期最大用电需求比例的（　　）。

A．20%以上　　　　B．10%～20%　　　　C．5%～10%　　　　D．5%以下

答案：C

11．当电力或电量缺口占当期最大用电需求比例的 5%以下时，有序用电预警信号为（　　）。

A．红色　　　　　　B．橙色　　　　　　C．黄色　　　　　　D．蓝色

答案：D

12．当电力或电量缺口占当期最大用电需求比例的 5%时，有序用电预警信号为（　　）。

A．红色　　　　　　B．橙色　　　　　　C．黄色　　　　　　D．蓝色

答案：C

（二）多选题

1．下列哪些属于有序用电方案编制中优先保障的用电需求？（　　）

A．广播、电视、电信用户　　　　　　B．供水、供热、供能等基础设施用户

C．社会活动场所　　　　　　　　　　D．排灌等农业生产用电

答案：ABD

2．下列（　　）属于有序用电方案编制中重点限制的用电需求。

A．景观照明、亮化工程　　　　　　　B．违规建成或在建项目

C．产业结构调整目录中限制类企业　　D．小型民营企业

答案：ABC

3．各级供电企业应密切跟踪电力供需变化，出现（　　）情形，需及时启动有序用电方案。

A．因用电负荷增加，全网出现电力缺口时

B．因用电负荷增加，局部电网出现电力缺口时

C．因突发事件造成电力供应不足时

D．因突发事件造成电力供应不足，且 48h 内无法恢复正常供电能力

答案：ABD

三、判断题

1．各省公司是有序用电工作的组织实施单位，各地市、县供电企业是有序用电工作的具体实施单位。（　　）

答案：√

2．省公司应全面掌握本地区电网负荷特性及用电结构，加强全行业用电负荷特性研究分析，不断提高负荷预测准确性。（　　）

答案：×

正确答案：应为加强主要行业用电负荷特性研究分析。

3．省公司每年 11 月底前完成本地区有序用电能力排查，摸清客户可参与实施有序用电的用电基本情况，掌握本地区有序用电可调控能力，并将本地区有序用电调控能力筛查情况报送国网营销部。（　　）

答案：√

4．各级供电企业应积极指导地方政府电力运行主管部门编制年度有序用电方案。（　　）

答案：×

正确答案：各级供电企业应在地方政府电力运行主管部门指导下编制年度有序用电方案。

5．有序用电方案包括应对全网电力供需紧张的各种措施。（　　）

答案：×

正确答案：还有局部地区电力供需紧张。

6．产业结构调整目录中淘汰类、限制类企业属于有序用电方案编制中重点限制的用电需求，其他高耗能、高排放企业不属于有序用电方案编制中重点限制的用电需求。（　　）

答案：×

正确答案：都属于有序用电方案编制中重点限制的用电需求。

7．有序用电局部方案中的限电负荷指标应不小于预测的区域内最大电力缺口。（　　）

答案：√

8．每年 4 月底前，各地市供电企业配合当地电力运行主管部门完成本地区有序用电方案编制印发工作。5 月底前，省公司配合省级电力运行主管部门汇总各地市印发的有序用电方案，并报送公司备案。（　　）

答案：√

9．各省公司应建立电力供需预警机制，在预测到将出现电力供需缺口时，及时向省公司有序用电工作领导小组汇报，经批准后报送省级电力运行主管部门及国网营销部、国调中心，并向所属各级供电企业发布内部预警信号。（　　）

答案：√

10．当电力或电量缺口不小于当期最大用电需求比例的 20% 时，有序用电预警信号为红色（　　）。

答案：√

11．当有序用电预警信号为橙色时，电力或电量缺口占当期最大用电需求比例的 5%～10%。（　　）

答案：×

正确答案：应为 10%～20%

12．省公司营销部应积极配合省级政府电力运行主管部门，通过会议、电视、报纸、广播、网络等渠道，开展有序用电预警外部信息发布工作。（　　）

答案：×

正确答案：应为省公司营销部应会同本单位外联部门，积极配合省级政府电力运行主管部门。

13．各级供电企业有序用电工作领导小组应及时向本级政府电力运行主管部门提出启动有序用电方案建议，并配合本级政府电力运行主管部门发布有序用电启动公告。（　　）

答案：√

14．突发事故状态下，电网调度部门应依据国家相关条例和规章制度进行处理，当预计 24h 内仍无法恢复正常供电时，调度部门应会同营销部门及时报告有序用电领导小组启动有序用电方案。（　　）

答案：×

正确答案：应为 48h。

15．各级供电企业应对有序用电措施的实施效果进行监测，发现用户限电措施落实不到位时，应及时督促用户落实有序用电方案要求。（　　）

答案：×

正确答案：应及时向地方政府电力运行主管部门汇报，促请政府协调用户落实有序用电方案要求。

16．各级供电企业应做好有序用电的宣传解释工作，研究分析外部舆情，积极引导媒体舆论，争取社会各界的理解和支持。（　　）

答案：√

17．电力供需形势缓和后，各省公司有序用电工作领导小组应及时向公司总部提出终止执行有序用电方案的建议，配合各级政府电力运行主管部门发布信息，加强新闻宣传，并有序释放限电负荷。（　　）

答案：×

正确答案：应及时向省级电力运行主管部门提出终止执行有序用电方案的建议。

18．各级供电企业应建议政府组建有序用电督察队伍，对用户落实有序用电方案情况进行督察。（　　）

答案：√

19．错峰是指将高峰时段的用电负荷转移到其他时段，通常不减少电能使用。（　　）

答案：√

20．避峰是指在用电高峰时段，组织用户削减或中断用电负荷，减少一天中的用电高峰需求，通常不减少电能使用。（　　　）

答案：×

正确答案：一般会减少电能使用。

21．限电是指在特定时段限制某些用户的部分或全部用电需求，根据限电时段及程度不同，可分为临时限电、轮停限电、停产限电，一般会减少电能使用。（　　　）

答案：√

22．临时限电是指在有序用电期间出现持续 48h 及以上的临时性较大负荷缺口时，通过组织用户临时减产、停产等，减少用电需求的限电措施。（　　　）

答案：×

正确答案：应为 24h 及以上。

23．轮停限电是指在有序用电期间，以一周或其他时段为周期，组织用户在周期内特定时间段减产、停产等，减少用电负荷需求的限电措施。（　　　）

答案：√

24．停产限电是指在有序用电期间，组织用户采取 15 天以上持续性的停产，减少用电需求的限电措施。（　　　）

答案：×

正确答案：应为 7 天以上。

25．拉路是指各级调度机构发布调度命令，切除部分线路用电负荷的限电措施，其中包含因机组非计划停运或电网紧急状态下，调度机构为保证电网安全而采取的紧急切除线路措施。（　　　）

答案：×

正确答案：应为不包含。

26．电量缺口是指某一时间段内，所有用户采取避峰、限电、拉路措施减少负荷之和。（　　　）

答案：×

正确答案：应为减少用电量之和。

27．负控限电负荷是指利用负荷管理技术手段进行错峰、避锋、限电等操作所控制负荷之和。（　　　）

答案：√

四、简答题

1．何为有序用电？

答：有序用电，是指在可预知电力供需紧张的情况下，通过行政措施、经济手段、技术方法，依法控制部分用电需求，维护供用电秩序平稳的管理工作。

2. 编制有序用电方案应优先保障哪些用电需求？

答：（1）应急指挥和处置部门，主要党政军机关，广播、电视、电信、交通、监狱等关系国家安全和社会秩序的用户。

（2）危险化学品生产、矿井等停电将导致重大人身伤害或设备严重损坏企业的保安负荷。

（3）重大社会活动场所、医院、金融机构、学校等关系群众生命财产安全的用户。

（4）供水、供热、供能等基础设施用户。

（5）居民生活，排灌、化肥生产等农业生产用电。

（6）国家重点工程、军工企业。

3. 编制有序用电方案应重点限制哪些用电需求？

答：（1）违规建成或在建项目。

（2）产业结构调整目录中淘汰类、限制类企业。

（3）单位产品能耗高于国家或地方强制性能耗限额标准的企业。

（4）景观照明、亮化工程。

（5）其他高耗能、高排放企业。

第六节　国家电网公司关于进一步精简业扩手续、提高办电效率的工作意见

一、填空题

1. 健全跨部门（　　　），深化（　　　）应用，实现（　　　）、（　　　）和"一口对外、内转外不转"。

答案：协同机制，系统集成，流程融合，信息共享

2. 拓展（　　　）渠道，基于客户（　　　）提供可选择"套餐服务"。

答案：互动服务，分群

3. 推广低压居民客户申请（　　　），实现同一地区（　　　）受理办电申请。

答案：免填单，可跨营业厅

4. 积极拓展（　　　）、手机客户端、95598电话、（　　　）等渠道，实现电子资料传递、信息通知、（　　　）、咨询沟通、（　　　）等业务的线上办理及信息共享。对于有特殊需求的客户群体，提供办电预约上门服务。

答案：95598网站，移动作业终端，业务交费，预约服务

5. 实行营业厅（　　　），在收到客户（　　　）并签署"承诺书"后，正式受理用

电申请，现场勘查时收资。提供网上、电话受理服务，根据预约时间完成现场勘查并收资。已有客户资料或资质证件尚在有效期内，则无需客户再次提供。

答案："一证受理"，用电主体资格证明

6. 优化（   ），实行（   ）和（   ），提高（   ）。

答案：现场勘查模式，合并作业，联合勘查，现场勘查效率

7.《国家电网公司关于进一步精简业扩手续、提高办电效率的工作意见》要求提高方案编审效率，取消供电方案（   ），实行（   ）、（   ）或（   ），缩短方案答复周期。

答案：分级审批，直接开放，网上会签，集中会审

8.《国家电网公司关于进一步精简业扩手续、提高办电效率的工作意见》要求深化方案编制要求，在满足接入条件的前提下，按照"（   ）、（   ）、（   ）"的原则，确定客户接入的（   ）。

答案：符合规划，安全经济，就近接入，公共连接点

9.《国家电网公司关于进一步精简业扩手续、提高办电效率的工作意见》要求，推行方案自动比选和辅助制定，实现（   ）、（   ）、（   ）和（   ）。

答案：供电方案模块化设定，代码化编制，菜单化选择，自动化生成

10.《国家电网公司关于进一步精简业扩手续、提高办电效率的工作意见》要求（   ），取消普通客户（   ）和（   ），实行设计单位资质、施工图纸与竣工资料（   ）。

答案：简化客户工程查验，设计审查，中间检查，合并报验

11.《国家电网公司关于进一步精简业扩手续、提高办电效率的工作意见》要求（   ），取消客户内部（   ）、（   ）、（   ）等竣工检验内容，优化客户报验资料，实行设计、竣工报验资料（   ）提交。

答案：简化竣工检验内容，非涉网设备施工质量，运行规章制度，安全措施，一次性

12. 按照《国家电网公司关于进一步精简业扩手续、提高办电效率的工作意见》要求，竣工检验分为（   ）和（   ），其中资料审验主要审查设计、施工、试验单位资质，（   ）、保护定值调试报告和（   ）。

答案：资料审验，现场查验，设备试验报告，接地电阻测试报告

13. 按照《国家电网公司关于进一步精简业扩手续、提高办电效率的工作意见》要求，优化（   ）安排，完善业扩项目停（送）电计划（   ）、（   ）、（   ）机制。35kV 及以上业扩项目实行（   ）计划，10kV 及以下业扩项目推广试行（   ）计划管理。

答案：停（送）电计划，制订，告知，执行，月度，周

14. 电网资源信息包括（   ）信息，（   ），（   ）信息，电网规划信息和

（　　）信息。

答案：变电站、线路负荷受限，变电站（开闭所、环网柜）可利用间隔，电缆管沟，在建配套工程

15．业务进程信息包括各环节业务办理时限，（　　）环节及经办人员信息，（　　）进度，以及（　　）安排。

答案：当前业务办理，电网配套工程建设，业扩项目停（送）电计划

16．各级运监中心负责对业扩报装专业协同进行全过程监督，定期发布（　　），专业协同监测重点包括（　　），（　　），停（送）电计划编制，（　　），（　　）等部门协同情况。

答案：监测报告，供电方案确定，电网资源受限及整改进度，电网配套工程建设，业务办理进程

二、选择题

（一）单选题

1．精简申请资料，优化现场勘查模式，简化竣工检验内容，最大限度减少（　　）。

A．客户临柜次数　　　　　　　　B．客户报装资料

C．客户诉求　　　　　　　　　　D．客户抱怨

答案：A

2．低压客户实行勘查装表"一岗制"作业，具备直接装表条件的，勘查确定供电方案后（　　）装表接电。

A．合并　　　　　　　　　　　　B．2个工作日

C．次日　　　　　　　　　　　　D．当场

答案：D

3．（　　）负责统一答复客户供电方案。

A．供电服务指挥中心　　　　　　B．95598客服

C．客户经理　　　　　　　　　　D．营销部（客户服务中心）

答案：D

4．提高供电方案编制深度要求：细化（　　）、继电保护装置、计量装置配置，电能质量治理以及客户竣工报验资料要求等内容，基本达到初步设计要求，并明确供用电双方的责任和义务。

A．供电电源　　　B．供电电压　　　C．供电线路　　　D．供电方案

答案：A

5．电网规划信息由（　　）负责。

A．发展部　　　　B．运检部　　　　C．基建部　　　　D．调控中心

E．营销部（客户服务中心）

答案：A

6．变电站、线路负荷受限信息，变电站（开闭所、环网柜）可利用间隔，电缆管沟信息由（　　）负责。

A．发展部　　　　B．运检部　　　　C．基建部　　　　D．调控中心

E．营销部（客户服务中心）

答案：B

7．停（送）电计划由（　　）负责。

A．发展部　　　　B．运检部　　　　C．基建部　　　　D．调控中心

E．营销部（客户服务中心）

答案：D

8．业务进程信息由（　　）负责发布。

A．发展部　　　　B．运检部　　　　C．基建部　　　　D．调控中心

E．营销部（客户服务中心）

答案：E

（二）多选题

1．积极拓展（　　）、手机客户端、95598 电话、（　　）等渠道，实现电子资料传递、信息通知、（　　）、咨询沟通、（　　）等业务的线上办理及信息共享。对于有特殊需求的客户群体，提供办电预约上门服务。

A．95598 网站　　B．移动作业终端　C．业务交费　　　D．预约服务

答案：ABCD

2．按照《国家电网公司关于进一步精简业扩手续、提高办电效率的工作意见》要求，建立（　　）信息的内部资源共享和外部信息公开机制，形成跨专业、跨部门的信息协同。

A．跨部门信息　　B．电网资源　　　C．业务进程　　　D．收费标准

答案：BCD

3．在建电网配套工程信息由（　　）负责。

A．发展部　　　　B．运检部　　　　C．基建部　　　　D．调控中心

E．营销部（客户服务中心）

答案：BC

4．营销部（客户服务中心）在受理客户竣工报验申请时，负责与客户洽谈意向接电时间，并将意向接电时间安排送（　　）部门。

A．发展部　　　　B．调控　　　　　C．生产部门　　　D．运检

答案：BD

三、判断题

1．明确所有环节办理时限和质量要求，健全服务质量监测评价体系，实行全过程信息公示，主动接受上级部门监管和社会监督。（　　　）

答案：×

正确答案：明确所有环节办理时限和质量要求，健全服务质量监测评价体系，实行全过程信息公示，主动接受政府监管和社会监督。

2．对于任何客户群体，都提供办电预约上门服务。（　　　）

答案：×

正确答案：对于有特殊需求的客户群体，提供办电预约上门服务。

3．已有客户资料或资质证件尚在有效期内，则无需客户再次提供。（　　　）

答案：√

4．《国家电网公司关于进一步精简业扩手续、提高办电效率的工作意见》要求对于重要电力客户，明确应急措施配置要求。（　　　）

答案：√

5．《国家电网公司关于进一步精简业扩手续、提高办电效率的工作意见》要求对于有特殊负荷的客户，提出电能质量治理要求。（　　　）

答案：√

6．《国家电网公司关于进一步精简业扩手续、提高办电效率的工作意见》要求简化客户工程查验，取消大工业客户设计审查和中间检查，实行设计单位资质、施工图纸与竣工资料合并报验。（　　　）

答案：×

正确答案：取消普通客户设计审查和中间检查，实行设计单位资质、施工图纸与竣工资料合并报验。

7．电网资源信息发布必须符合公司保密要求。（　　　）

答案：√

8．按照《国家电网公司关于进一步精简业扩手续、提高办电效率的工作意见》要求，国网营销部根据监测结果提出考核意见，并纳入业绩考核。（　　　）

答案：×

正确答案：国网营销部、运监中心根据监测结果提出考核意见，并纳入业绩考核。

四、简答题

1．《国家电网公司关于进一步精简业扩手续、提高办电效率的工作意见》的指导思想是什么？

答：全面深化党的群众路线教育实践活动，贯彻落实公司"两个转变"和"五位一体"建设要求，坚持"你用电、我用心"，构建以客户需求为导向，方便、快捷、高效的业扩报装服务新模式，提高客户满意度。

2. 《国家电网公司关于进一步精简业扩手续、提高办电效率的工作意见》的工作原则是什么？

答：一次告知、手续最简、流程最优。精简申请资料，优化现场勘查模式，简化竣工检验内容，最大限度减少客户临柜次数。协同运作、一口对外。健全跨部门协同机制，深化系统集成应用，实现流程融合、信息共享和"一口对外、内转外不转"。全环节量化、全过程管控。明确所有环节办理时限和质量要求，健全服务质量监测评价体系，实行全过程信息公示，主动接受政府监管和社会监督。互动化、差异化服务。拓展互动服务渠道，基于客户分群提供可选择"套餐服务"。

3. 《国家电网公司关于进一步精简业扩手续、提高办电效率的工作意见》要求优化现场勘查模式，不具备直接装表条件时应怎么做？

答：不具备直接装表条件的，现场勘查时答复供电方案，由勘查人员同步提供设计简图和施工要求，根据与客户约定时间或电网配套工程竣工当日装表接电。高压客户实行"联合勘查、一次办结"制，营销部（客户服务中心）负责组织相关专业人员共同完成现场勘查。

4. 对 10kV 及以下项目的编审流程如何规定？

答：原则上直接开放，由营销部（客户服务中心）编制供电方案，并经系统推送至发展、运检、调控部门备案；对于确因负荷受限无法接入的，应纳入配电网改造计划，改造完成时限由各省公司自行确定并公布。

5. 对 35kV 项目的编审流程如何规定？

答：由营销部（客户服务中心）委托经研院（所）编制供电方案，营销部（客户服务中心）组织相关部门进行网上会签或集中会审。

6. 对 110kV 及以上项目的编审流程如何规定？

答：由客户委托具备资质的单位开展接入系统设计，发展部委托经研院（所）根据客户提交的接入系统设计编制供电方案，由发展部组织进行网上会签或集中会审。

7. 按照《国家电网公司关于进一步精简业扩手续、提高办电效率的工作意见》要求，如何简化客户工程查验？

答：取消普通客户设计审查和中间检查，实行设计单位资质、施工图纸与竣工资料合并报验。简化重要或有特殊负荷客户的设计审查和中间检查内容，客户内部土建工程、非涉网设备等不作为审查内容，对于重要电力客户，重点查验供电电源配置、自备应急电源及非电性质保安措施、涉网自动化装置、多电源闭锁装置、电能计量装置等内容；对于有特殊负荷的客户，重点查验电能质量治理装置、涉网自动化装置配置等内容。

8. 按照《国家电网公司关于进一步精简业扩手续、提高办电效率的工作意见》要求，如何优化低压业扩电网配套工程建设？

答：按照抢修领料模式管理，年初由运检、营销部门预测全年低压业扩电网配套工程量，统筹列支电网配套工程建设资金。

9. 按照《国家电网公司关于进一步精简业扩手续、提高办电效率的工作意见》要求，如何优化10kV业扩电网配套工程建设？

答：由各省设立"业扩配套电网技改项目"和"业扩配套电网基建项目"两个项目包，纳入各省生产技改和电网基建年度计划，实行打捆管理，年初由省公司编入年度招标采购计划，所需物资纳入协议库存管理。对于项目包资金范围内的业扩电网配套工程，由市、县公司按照"分级审批，随报随批"的原则，在 ERP 系统直接审批，并通过省公司协议库存供应物资；对于超出项目包资金范围，但未超出 10kV 总投资规模的业扩电网配套工程，可先行组织实施，年底由各单位提出综合计划及预算调整建议并逐级上报。

10. 按照《国家电网公司关于进一步精简业扩手续、提高办电效率的工作意见》要求，现场查验的重点是哪些？

答：现场查验重点检查是否符合供电方案要求，以及影响电网安全运行的设备，包括与电网相连接的设备、自动化装置、电能计量装置、谐波治理装置和多电源闭锁装置等，重要电力客户还应检查自备应急电源配置情况，收集检查相关图影资料并归档。

11. 按照《国家电网公司关于进一步精简业扩手续、提高办电效率的工作意见》要求，优化停（送）电计划安排，各部门的工作职责分别是什么？

答：运检部门负责确定是否具备不停电作业条件并制订实施方案；调控中心负责组织相关部门协商确定停（送）电时间，并由营销部（客户服务中心）正式答复客户最终接电时间。

12. 按照《国家电网公司关于进一步精简业扩手续、提高办电效率的工作意见》要求，优化停（送）电计划安排，对于已确定停（送）电时间，因客户原因未实施停（送）电的项目，应该怎么办理？

答：对于已确定停（送）电时间，因客户原因未实施停（送）电的项目，营销部（客户服务中心）负责与客户确定接电时间调整安排，调控中心组织重新制订停（送）电计划；因天气等不可抗因素未按计划实施的项目，若电网运行方式没有重大调整，可按原计划顺延执行。

13. 按照《国家电网公司关于进一步精简业扩手续、提高办电效率的工作意见》要求，怎样做好信息公开？

答：建立电网资源、业务进程、收费标准信息的内部资源共享和外部信息公开机制，形成跨专业、跨部门的信息协同。通过公司网站、办公自动化平台、电子文件系统实现电网资源信息内部共享和跨专业协同；与客户开展互动服务，提供营业厅、95598网站、手机 App、短信平台等查询渠道，并根据客户订制自动推送所需信息，实现业务进程及收费标准信息的对外公开。

14. 收费标准信息都包括哪些内容？由哪个部门负责发布？

答：包括高可靠性供电费、临时接电费及其他物价部门出台的业务收费标准和依据。各单位不得私设收费项目或调整收费标准。由营销部（客户服务中心）负责发布。

15. 国网客服中心在过程管控中的职责是什么？

答：国网客服中心负责分别在受理和送电环节开展回访，核查各环节实际完成时间、"三指定"及收费情况，调查客户满意度，开展业扩报装服务质量评价。

第七节　国家电网公司关于做好分布式电源并网相关意见和规范（修订版）的通知

一、填空题

1.《国家电网公司关于做好分布式电源并网服务工作的意见》适用于两种类型的分布式电源，第一类：（　　）及以下电压等级接入，且单个并网点总装机容量不超过（　　）的分布式电源。第二类：（　　）电压等级接入，年自发自用电量大于 50% 的分布式电源；或 10kV 电压等级接入且单个并网点总装机容量超过 6MW，年自发自用电量大于（　　）的分布式电源。

答案：10kV，6MW，35kV，50%

2. 公司积极为分布式电源项目接入电网提供便利条件，为（　　）开辟绿色通道。分布式电源接入系统工程由（　　）投资建设，由其接入引起的公共电网改造部分由（　　）投资建设（西部地区接入系统工程仍执行国家现行规定）。

答案：接入配套电网工程建设，项目业主，公司

3. 分布式电源项目工程设计和施工建设应符合国家相关规定，（　　）和并网点的（　　）应满足国家和行业相关标准。

答案：并网性能，电能质量

4. 分布式电源发电量可以（　　）或自发自用剩余电量上网，由（　　）选择，用户不足电量由（　　）提供；上、下网电量分开结算，电价执行国家相关政策；公司免费提供关口计量表和发电量计量用电能表。

答案：全部自用，用户自行，电网

5．（ ）、（ ）项目不收取系统备用费；（ ）不收取随电价征收的各类基金和附加。

答案：分布式光伏发电，分布式风电，分布式光伏发电系统自用电量

6．公司为自然人分布式光伏发电项目提供（ ）服务。

答案：项目备案

7．对于自然人利用自有住宅及其住宅区域内建设的分布式光伏发电项目，公司收到接入系统方案项目业主确认单后，（ ）向当地能源主管部门进行项目备案。

答案：按月集中

8．公司为列入国家可再生能源补助目录的分布式电源项目提供（ ）和（ ）服务。

答案：补助电量计量，补助资金结算

9．公司为分布式电源项目业主提供接入系统方案制订和咨询服务。接入申请受理后第一类分布式光伏发电单点并网项目（ ）个工作日内，公司负责将接入项目的接入系统方案确认单等告知项目业主。

答案：20

10．公司为分布式电源项目业主提供接入系统方案制订和咨询服务。接入申请受理后对于 35kV 电压等级接入，年自发自用电量大于 50%的分布式电源（ ）个工作日内，公司负责将接入项目的接入系统方案确认单等告知项目业主。

答案：60

11．以 35kV、10kV 接入的分布式电源，项目业主在项目核准（或备案）后、在（ ）前，将接入系统工程设计相关资料提交客户服务中心，客户服务中心收到资料后（ ）个工作日内出具答复意见并告知项目业主，项目业主根据答复意见开展（ ）等后续工作。

答案：接入系统工程施工，10，工程建设

12．《国家电网公司关于做好分布式电源并网服务工作的意见（修订版）》规定，公司在受理并网验收及并网调试申请，并完成关口计量和发电量计量装置安装后，与 35kV、10kV 接入的项目业主（或电力用户）同步签署（ ）和（ ）。

答案：购售电合同，并网调度协议

13．公司在电能计量装置安装、合同和协议签署完毕后，10 个工作日内组织并网验收及（ ），向项目业主出具并网验收意见，并网调试通过后直接转入（ ）。

答案：并网调试，并网运行

14．公司在并网申请受理、项目备案、接入系统方案制订、接入系统工程设计审查、电能表安装、合同和协议签署、并网验收和并网调试、补助电量计量和补助资金

结算服务中，（　　）任何服务费用；由用户出资建设的分布式电源项目及其接入系统工程，其设计单位、施工单位及设备材料供应单位由（　　）选择。

答案：不收取，用户自主

15．地市经研所负责研究制订接入系统方案。工作时限第一类项目为（　　）个[其中分布式光伏发电单点并网项目（　　）个工作日，多点并网项目（　　）个工作日，第二类项目为（　　）个工作日]。

答案：30，10，20，50

16．对于公司年度综合计划下达后新增的分布式电源接入系统工程，地市（县）公司负责分布式电源接入引起的公共电网改造工程，地市公司层面将分布式电源的接入用户侧，因接入引起的公共电网改造工程列为（　　）。项目业主确认接入系统方案后，运检部组织地市经研所（　　）个工作日内完成公共电网改造工程项目建议书，提出投资计划建议并送发展部，发展部安排投资计划并报省公司发展部、财务部备案。省公司发展部、财务部收到地市公司项目建议书和投资计划备案后，（　　）个工作日内完成 ERP 建项。

答案：技改项目，20，5

17．分布式电源涉网设备，应按照并网调度协议约定，纳入地市公司调控中心调度管理。分布式电源并网点开关（属用户资产）的倒闸操作，须经地市公司和项目方人员共同确认后，由地市公司相关部门许可。其中，35kV、10kV 接入项目，由地市公司（　　）确认和许可；380V 接入项目，由地市公司营销部（客户服务中心）确认和许可。

答案：调控中心

18．分布式电源项目可以（　　）或（　　）方式接入系统。

答案：专线，T 接

19．项目接入电网意见函可作为项目核准（或备案）支持性文件之一，文件有效期（　　）。

答案：1 年

20．（　　）、（　　）等设备，需取得国家授权的有资质的检测机构检测报告。

答案：光伏电池，逆变器

21．10kV 及以下接入分布式电源按接入电网形式分为（　　）和（　　）两类。

答案：逆变器，旋转电机

22．逆变器类型分布式电源功率因数应在（　　）（超前）～（　　）（滞后）范围内可调。

答案：0.95，0.95

23．感应电机类型分布式电源与公共电网连接处（如用户进线开关）功率因数应在超前（　　）～滞后（　　）之间。

答案：0.98，0.98

二、选择题

（一）单选题

1．公司收到财政部拨付补助资金后，根据项目补助电量和国家规定的电价补贴标准，按照（　　）支付项目业主。

A．月集中　　　　　B．季度集中　　　　C．电费结算周期　　D．年度统一

答案：C

2．公司为分布式电源项目业主提供接入系统方案制订和咨询服务。接入申请受理后对于10kV及以下电压等级接入且单个并网点总装机容量不超过6MW的分布式电源（　　）个工作日内，公司负责将接入项目的接入系统方案确认单等告知项目业主。

A．10　　　　　　B．30　　　　　　C．40　　　　　　D．60

答案：C

3．公司为分布式电源项目业主提供接入系统方案制订和咨询服务。接入申请受理后对于35kV电压等级接入，年自发自用电量大于50%的分布式电源（　　）个工作日内，公司负责将接入项目的接入系统方案确认单等告知项目业主。

A．10　　　　　　B．30　　　　　　C．40　　　　　　D．60

答案：D

4．公司在电能计量装置安装、合同和协议签署完毕后，10个工作日内组织并网验收及并网调试，向项目业主出具并网验收意见，并网调试通过后（　　）转入并网运行。

A．1个工作日内　　B．3个工作日内　　C．直接

答案：C

5．地市公司营销部（客户服务中心）负责将接入申请资料存档，报地市公司发展部。地市公司发展部通知地市经研所（直辖市公司为经研院）制订接入系统方案。工作时限为（　　）个工作日。

A．1　　　　　　　B．2　　　　　　　C．3　　　　　　　D．5

答案：B

6．地市公司营销部（客户服务中心）负责组织相关部门审定380V接入项目接入系统方案，出具评审意见。工作时限为（　　）个工作日。

A．1　　　　　　　B．2　　　　　　　C．3　　　　　　　D．5

答案：D

7．地市公司（　　）负责组织相关部门审定380V接入项目接入系统方案，出具

评审意见。

A．经研所 B．营销部（客户服务中心）

C．发展部 D．运检部

答案：B

8．电能计量装置安装、合同与协议签订完毕后，380V 接入项目，地市公司营销部（客户服务中心）负责组织相关部门开展项目并网验收及并网调试，若验收或调试不合格，提出整改方案。工作时限为（ ）个工作日。

A．1 B．3 C．5 D．10

答案：D

（二）多选题

1．分布式电源对（ ）具有重要意义。

A．优化能源结构 B．推动节能减排

C．减少雾霾 D．实现经济可持续发展

答案：ABD

2．下列属于分布式电源的是（ ）。

A．太阳能发电 B．天然气发电

C．风能发电 D．工业余压发电

E．燃料电池 F．转炉煤气发电

答案：ABCDEF

3．对分布式光伏发电自发自用电量免收（ ）等针对电量征收的政府性基金。

A．大中型水库移民后期扶持基金 B．农村低电压维护费

C．可再生能源电价附加 D．农网还贷资金

E．城市建设附加 F．国家重大水利工程建设基金

答案：ACDF

4．国家电网公司（ ）为分布式电源项目业主提供接入申请受理服务，协助项目业主填写接入申请表，接收相关支持性文件和资料。

A．省客户服务中心 B．地市客户服务中心

C．县级客户服务中心 D．供电所营业厅

答案：BC

5．国家电网公司为分布式电源项目并网提供客户服务中心、95598 服务热线、网上营业厅等多种咨询渠道，向项目业主提供（ ）等服务，接受项目业主投诉。

A．并网办理流程说明 B．相关政策规定解释

C．并网业务收费标准 D．并网工作进度查询

答案：ABD

6. 公司为公共电网改造工程建设开辟绿色通道内容包括（　　　）。

A. 优先安排项目计划

B. 简化项目管理流程

C. 地市公司分布式电源的接入用户侧，因接入引起的公共电网改造工程列为技改项目

D. 省公司财务部核算新增分布式电源接入项目资金需求，每年 10 月，优先纳入预算调整建议

答案：ABCD

7. 分布式电源项目应在并网点设置（　　　）的并网开断设备。

A. 易操作 　　　　　　　　　　　　B. 可闭锁

C. 动作可靠 　　　　　　　　　　　D. 具有明显断开点

答案：ABD

8. 逆变器和旋转电机类型分布式电源接入 10kV 配电网技术要求并网点应安装（　　　）的开断设备。

A. 易操作 　　　　　　　　　　　　B. 可闭锁

C. 具有明显开断点 　　　　　　　　D. 带接地功能

E. 可开断故障电流

答案：ABCDE

9. 逆变器和旋转电机类型分布式电源接入 220/380V 配电网技术要求并网点应安装（　　　）的开断设备。

A. 易操作 　　　　　　　　　　　　B. 可闭锁

C. 具有明显开断指示 　　　　　　　D. 带接地功能

E. 具备开断故障电流能力

答案：ACE

10. 下列渠道中，（　　　）可以提供并网咨询服务。

A. 95598 服务热线 　　　　　　　　B. 网上营业厅

C. 省公司营销部 　　　　　　　　　D. 地市公司营销部（客户服务中心）

E. 县公司营销部（客户服务中心）

答案：ABDE

三、判断题

1. 公司对分布式电源客户免费提供关口计量表和发电量计量用电能表。（　　　）

答案：√

2. 分布式光伏发电系统自用电量不收取随电量征收的各类基金和附加。（　　　）

答案：×

正确答案：分布式光伏发电系统自用电量不收取随电价征收的各类基金和附加。

3．公司各级客户服务中心及乡镇供电所为分布式电源项目业主提供接入申请受理服务，协助项目业主填写接入申请表并保证服务质量。（　　）

答案：×

正确答案：公司地市或县级客户服务中心为分布式电源项目业主提供接入申请受理服务，协助项目业主填写接入申请表，接收相关支持性文件和资料。

4．10kV 接入项目，接入系统方案等同于接入电网意见函。（　　）

答案：×

正确答案：380V 接入项目，接入系统方案等同于接入电网意见函。

5．380V 接入项目，接入系统方案确认单等同于接入电网意见函。（　　）

答案：×

正确答案：380V 接入项目，接入系统方案等同于接入电网意见函。

6．分布式电源并网电压等级选择时，若高低两级电压均具备接入条件，优先采用高电压等级接入。（　　）

答案：×

正确答案：分布式电源并网电压等级选择时，若高低两级电压均具备接入条件，优先采用低电压等级接入。

7．接有分布式电源的 10kV 配电台区，不得与其他台区建立高压联络，仅可以建立低压联络。（　　）

答案：×

正确答案：接有分布式电源的 10kV 配电台区，不得与其他台区建立低压联络。

8．逆变器类型分布式电源接入 35kV 电网功率因数应在 0.98（超前）～0.98（滞后）范围内可调。（　　）

答案：×

正确答案：逆变器类型分布式电源接入 10kV、220/380V 配电网功率因数应在 0.95（超前）～0.95（滞后）范围内可调。

9．感应电机类型分布式电源接入 35kV 电网与公共电网连接处（如用户进线开关）功率因数应在超前 0.95～滞后 0.95 之间。（　　）

答案：×

正确答案：感应电机类型分布式电源接入 10kV、220/380V 配电网与公共电网连接处（如用户进线开关）功率因数应在超前 0.98～滞后 0.98 之间。

10．对于新报装用户，分布式电源用户工程报装申请与分布式电源接入申请应同时受理，分布式电源接入系统方案制定应在用户接入系统审定后开展。（　　）

答案：×

正确答案：对于新报装用户，分布式电源用户工程报装申请与分布式电源接入申请分开受理，分布式电源接入系统方案制定应在用户接入系统审定后开展。

11．分布式电源并网接入系统中的接入点是指电源接入电网的连接处，该电网既可能是公共电网，也可能是用户电网。（　　　）

答案：√

四、简答题

1．什么是分布式电源？发展分布式电源有何意义？

答：分布式电源，是指在用户所在场地或附近建设安装、运行方式以用户侧自发自用为主、多余电量上网，且在配电网系统平衡调节为特征的发电设施或有电力输出的能量综合梯级利用多联供设施。包括太阳能、天然气、生物质能、风能、地热能、海洋能、资源综合利用发电（含煤矿瓦斯发电）等。

分布式电源对优化能源结构、推动节能减排、实现经济可持续发展具有重要意义。

2．分布式电源分为哪两种类型？

答：第一类：10kV 及以下电压等级接入且单个并网点总装机容量不超过 6MW 的分布式电源。

第二类：35kV 电压等级接入，年自发自用电量大于 50%的分布式电源；或 10kV 电压等级接入且单个并网点总装机容量超过 6MW，年自发自用电量大于 50%的分布式电源。

3．对分布式光伏发电自发自用电量免收哪些基金？

答：对分布式光伏发电自发自用电量免收可再生能源电价附加、国家重大水利工程建设基金、大中型水库移民后期扶持基金、农网还贷资金等 4 项针对电量征收的政府性基金。

4．分布式电源项目接入系统方案答复时限是如何规定的？

答：接入申请受理后第一类项目 40 个（其中分布式光伏发电单点并网项目 20 个工作日，多点并网项目 30 个）工作日、第二类项目 60 个工作日内，公司负责将 380V 接入项目的接入系统方案确认单，或 35kV、10kV 接入项目的接入系统方案确认单、接入电网意见函告知项目业主。

5．分布式电源接入系统的一般原则是什么（分布式电源并网电压等级如何选择）？

答：分布式电源并网电压等级可根据装机容量进行初步选择，参考标准如下：8kW 及以下可接入 220V；8～400kW 可接入 380V；400～6000kW 可接入 10kV；5000～30000kW 以上可接入 35kV。最终并网电压等级应根据电网条件，通过技术经济比选论证确定。若高低两级电压均具备接入条件，优先采用低电压等级接入。

6. 分布式电源调度自动化及电能量采集信息接入原则有哪些?

答: 380V 接入的分布式电源,或 10kV 接入的分布式光伏发电、风电、海洋能发电项目,暂只需上传电流、电压和发电量信息,条件具备时,预留上传并网点开关状态能力。10kV 及以上电压等级接入的分布式电源(除 10kV 接入的分布式光伏发电、风电、海洋能发电项目),上传并网设备状态、并网点电压、电流、有功功率、无功功率和发电量等实时运行信息。

7. 施工单位承揽分布式电源并网工程应具备哪些条件?

答: 承揽电气工程的施工单位应符合《承装(修、试)电力设施许可证管理办法》规定,具备政府有权部门颁发建筑业企业资质证书、安全生产许可证等,并依据审核通过的图纸进行施工。

8.《分布式电源接入配电网相关技术规范》对分布式电源接入电网的功率因数有何要求?

答: 逆变器类型分布式电源接入 10kV、220/380V 配电网功率因数应在 0.95(超前)～0.95(滞后)范围内可调。

感应电机类型分布式电源接入 10kV、220/380V 配电网与公共电网连接处(如用户进线开关)功率因数应在超前 0.98～滞后 0.98 之间。

第八节　国家电网公司分布式电源并网服务管理规则

一、填空题

1. 为促进分布式电源快速发展,规范分布式电源并网服务工作,提高分布式电源并网服务水平,践行公司"四个服务"宗旨及"(　　)、(　　)、(　　)"要求,按照公司《关于做好分布式电源并网服务工作的意见(修订版)》《关于促进分布式电源并网管理工作的意见(修订版)》(国家电网办〔2013〕1781 号)要求制定本规则。

答案: 欢迎,支持,服务

2.《国家电网公司分布式电源并网服务管理规则》适用于两种类型的分布式电源,第一类:(　　)及以下电压等级接入,且单个并网点总装机容量不超过(　　)的分布式电源。第二类:(　　)电压等级接入,年自发自用电量大于 50%的分布式电源;或 10kV 电压等级接入且单个并网点总装机容量超过 6MW,年自发自用电量大于(　　)的分布式电源。

答案: 10kV、6MW、35kV、50%

3.《国家电网公司分布式电源并网服务管理规则》适用于公司总(分)部、各单位及所属各级单位的分布式电源(　　)工作。

答案：并网服务管理

4．分布式电源发电量可以全部自用或自发自用余电上网，由用户自行选择，用户不足电量由电网提供；上、下网电量分开结算，各级供电公司均应按国家规定的电价标准（　　）保障性收购上网电量，为享受国家补贴的分布式电源提供补贴计量和（　　）服务。

答案：全额，结算

5．国网客户服务中心负责（　　）及（　　）有关分布式电源的宣传、咨询服务和回访工作。

答案：95598热线电话，网上营业厅

6．地市、县供电企业营销部（客户服务中心）负责受理分布式电源业主（或电力用户）并网申请。各级供电公司应提供营业厅等多种并网申请渠道，并做好（　　）和（　　）受理业务的支撑。

答案：95598热线电话，95598智能互动服务网站

7．地市/区县公司营销部（客户服务中心）受理客户并网申请时，应主动提供并网咨询服务，履行（　　）义务，接受、查验并网申请资料，协助客户填写并网申请表，并于受理（　　）录入营销业务应用系统。

答案："一次性告知"，当日

8．地市、县供电企业营销部（客户服务中心）负责将相关申请资料存档，并通知地市供电企业经研所（直辖市公司为经研院，下同）制订接入系统方案。工作时限：（　　）。

答案：2个工作日

9．地市、县供电企业营销部（客户服务中心）负责组织地市、县供电企业发展部、运检部（检修公司）、调控中心、经研所等部门（单位）开展现场勘查，并填写现场勘查工作单。工作时限：（　　）。

答案：2个工作日

10．地市供电企业经研所负责按照国家、行业、企业相关技术标准及规定，参考《分布式电源接入系统典型设计》制定接入系统方案。工作时限：第一类（　　）（其中分布式光伏发电单点并网项目（　　），多点并网项目（　　）；第二类（　　）。

答案：30个工作日，10个工作日，20个工作日，50个工作日

11．地市、县供电企业营销部（客户服务中心）负责组织相关部门审定多并网点380/220V分布式电源接入系统方案，并出具评审意见。工作时限：（　　）。

答案：5个工作日

12．地市供电企业发展部负责组织相关部门审定35kV、10kV接入项目（对于多点并网项目，按并网点最高电压等级确定）接入系统方案，出具评审意见、接入电网意见函并转至地市供电企业营销部（客户服务中心）。工作时限：（　　）。

答案：5个工作日

13．地市、县供电企业营销部（客户服务中心）负责将接入系统方案确认单，35kV、10kV项目接入电网意见函告知项目业主。工作时限：（　　　）。

答案：3个工作日

14．对于35kV、10kV接入项目，在（　　　）确认接入系统方案后，地市供电企业发展部负责将接入系统方案确认单、接入电网意见函，及时抄送地市供电企业财务部、运检部（检修公司）、营销部（客户服务中心）、调控中心、信通公司，并报省公司发展部备案。（　　　）根据接入电网意见函开展项目核准（或备案）和工程设计等工作。

答案：项目业主，项目业主

15．项目业主自行委托具备资质的设计单位，按照答复的（　　　）开展工程设计。

答案：接入系统方案

16．地市、县供电企业负责分布式电源接入引起的公共电网改造工程，包括随公共电网线路架设的通信光缆及相应公共电网变电站通信设备改造等建设。工作时限：（　　　）。

答案：20个工作日

17．在收到地市供电企业项目建议书和投资计划备案后，省公司发展部会同财务部完成ERP建项。工作时限：（　　　）。

答案：5个工作日

18．地市、县供电企业营销部（客户服务中心）负责受理项目业主并网验收与调试申请，协助项目业主填写申请表，接收、审验、存档相关材料，并报地市、县供电企业运检部（检修公司）、调控中心。工作时限：（　　　）。

答案：2个工作日

19．地市、县供电企业营销部（客户服务中心）负责参照公司发布的参考合同文本办理发用电合同签订工作。工作时限：（　　　）。

答案：8个工作日

20．地市、县供电企业营销部（客户服务中心）负责电能计量表计的安装工作。电能计量装置配置应符合DL/T 448《电能计量装置技术管理规程》的要求。分布式电源的发电出口以及与公用电网的连接点均应安装（　　　），原则上应通过一套（　　　）设备，实现对用户上、下网电量信息的自动采集。

答案：电能计量装置，用电信息采集

21．地市、县供电企业营销部（客户服务中心）负责电能计量表计的安装工作。工作时限：（　　　）。

答案：8个工作日

22．电能计量表安装完成、合同与协议签订完毕后，地市、县供电企业负责组织分布式电源并网验收、调试工作。工作时限：（　　　）。

答案：10 个工作日

二、选择题

（一）单选题

1. 对（　　）免收 4 项针对电量征收的政府性基金。

A. 分布式光伏发电项目　　　　　　　B. 分布式光伏发电自发自用电量

C. 分布式风电项目　　　　　　　　　D. 分布式风电自发自用电量

答案：B

（二）多选题

1. 按照（　　）的基本原则，由公司统一管理模式、统一技术标准、统一工作流程、统一服务规则；进一步整合服务资源，压缩管理层级，精简并网手续，并行业务环节，推广典型设计，开辟"绿色通道"，加快分布式电源并网速度；由营销部门牵头负责分布式电源并网服务相关工作，向分布式电源业主提供"一口对外"优质服务。

A. 四个统一　　　　B. 便捷高效　　　　C. 一口对外　　　　D. 办事公开

E. 三不指定

答案：ABC

2.（　　）项目不收取系统备用容量费。

A. 分布式光伏发电　　　　　　　　　B. 分布式生物质能发电

C. 分布式风电　　　　　　　　　　　D. 分布式资源综合利用发电

答案：AC

三、判断题

1. 接入点为公共连接点、发电量全部上网的发电项目，小水电，除第一、二类以外的分布式电源，本着简便高效原则做好并网服务，并参照《国家电网公司分布式电源并网服务管理规则》执行。（　　　　）

答案：×

正确答案：接入点为公共连接点、发电量全部上网的发电项目，小水电，除第一、二类以外的分布式电源，本着简便高效原则做好并网服务，执行国家电网公司常规电源相关管理规定。

2. 分布式电源发电量可以全部自用或自发自用余电上网，由供电企业根据用户自身条件确定，用户不足电量由电网提供。（　　　　）

答案：×

正确答案：分布式电源发电量可以全部自用或自发自用余电上网，由用户自行选择，用户不足电量由电网提供。

3．公司在并网申请受理、项目备案、接入系统方案制订、设计审查、电能表安装、合同和协议签署、并网验收与调试、补助电量计量和补助资金结算服务中，不收取任何服务费用。（　　　）

答案：√

4．因客户自身原因需要变更设计的，应将变更后的设计文件提交供电公司，审查通过后方可实施。（　　　）

答案：√

四、简答题

1．什么是分布式电源？

答：分布式电源是指在用户所在场地或附近建设安装，运行方式以用户侧自发自用为主、多余电量上网，且在配电网系统平衡调节为特征的发电设施或有电力输出的能量综合梯级利用多联供设施。包括太阳能、天然气、生物质能、风能、地热能、海洋能、资源综合利用发电（含煤矿瓦斯发电）等。

2．《国家电网公司分布式电源并网服务管理规则》适用于哪几类分布式电源类型？

答：《国家电网公司分布式电源并网服务管理规则》适用于以下两种类型分布式电源（不含小水电）：

第一类：10kV及以下电压等级接入且单个并网点总装机容量不超过6MW的分布式电源。

第二类：35kV电压等级接入，年自发自用电量大于50%的分布式电源；或10kV电压等级接入且单个并网点总装机容量超过6MW，年自发自用电量大于50%的分布式电源。

3．由用户出资建设的分布式电源及其接入系统工程，其设计、施工、设备材料供应单位选择有何规定？

答：由用户出资建设的分布式电源及其接入系统工程，其设计单位、施工单位及设备材料供应单位由用户自主选择。承揽接入工程的施工单位应具备政府主管部门颁发的承装（修、试）电力设施许可证。设备选型应符合国家与行业安全、节能、环保要求和标准。

第九节　国家电网公司关于分布式光伏发电
项目补助资金管理有关意见的通知

一、填空题

1．自然人分布式光伏发电项目业主直接向所在地电网企业（　　　）申请办理并网接入意见函，所在地电网企业负责向（　　　）申请项目建设备案，在完成并网验收后，电网企业（　　　）纳入（　　　）。

答案：营销部门（客户服务中心），能源主管部门，代办申请，分布式光伏发电补助目录

2．分布式光伏发电补助项目主要有（　　　）和（　　　）两种方式。

答案："自发自用，余电上网"，"全额上网"

3．符合小规模纳税人条件的分布式光伏发电项目须在所在地（　　　）部门开具（　　　）税率的增值税发票；一般纳税人分布式光伏发电项目须开具（　　　）税率的增值税发票。各单位应加强与地方税务部门沟通，尽快取得（　　　）资格。

答案：税务，3%，17%，代开普通发票

4．财务部门负责填写（　　　），逐级审核汇总，于每月第（　　　）个工作日之前上报国网财务部，国网财务部审核汇总后拨付可再生能源补助资金。同时，国网财务部按照（　　　）有关要求及时上报相关信息。

答案："分布式光伏发电项目补助资金统计表"，10，国家主管部门

二、单选题

1．非自然人分布式光伏发电项目单位，按有关规定取得（　　　）出具的项目建设备案意见、电网企业出具的接入意见函，在具备并网条件后，向电网企业申请并网验收，同时申请纳入分布式光伏发电补助目录。

A．价格管理部门　　　　　　　　B．所在地能源主管部门

C．工程设计部门　　　　　　　　D．所在地政府

答案：B

2．根据财政部和国税总局印发《关于暂免征收部分小微企业增值税和营业税的通知》（财税〔2013〕52号）和《关于进一步支持小微企业增值税和营业税政策的通知》（财税〔2014〕71号）规定，自（　　　）起，对月销售额不超过2万元（自2014年10月1日起至2015年12月31日，月销售额上限调整至3万元）的小规模纳税人免征增值税。月销售额计算应包括上网电费和补助资金，不含增值税。具体免税操作按照各地税务部门有关规定执行。

A．2013年8月1日　　　　　　　B．2013年1月1日

C．2013年6月1日　　　　　　　D．2013年12月31日

答案：A

3．各级电网企业应按《国家电网公司关于可再生能源电价附加补助资金管理有关意见的通知》（国家电网财〔2013〕2044号）和《国家电网公司关于分布式光伏发电项目补助资金管理有关意见的通知》（国家电网财〔2014〕1515号）有关规定做好分布式光伏发电项目（　　　）工作。

A. 信息公示　　　　B. 信息汇总　　　　C. 信息报送　　　　D. 流程推动

答案：C

4.《国家电网公司关于分布式光伏发电项目补助资金管理有关意见的通知》规定，营销部门负责向财务部门提供分布式光伏发电项目发电量、上网电量、（　　　）和补助资金等相关信息。

A. 上网电价　　　　B. 上网时间　　　　C. 上网电费　　　　D. 上网容量

答案：C

三、判断题

1. 若非自然人分布式光伏发电项目没有取得项目建设备案意见，也能申请纳入分布式光伏发电补助目录。（　　　）

答案：×

正确答案：若非自然人分布式光伏发电项目没有取得项目建设备案意见，不能申请纳入分布式光伏发电补助目录。

2. 根据国家能源局印发《关于进一步落实分布式光伏发电有关政策的通知》（国能新能〔2014〕406号）规定，分布式光伏发电项目由"全部自用"或"自发自用剩余电量上网"变更为"全额上网"消纳模式，需向所在地能源主管部门申请项目变更备案。（　　　）

答案：√

3. 符合免税条件的分布式光伏发电项目由上级电网企业营销部门（客户服务中心）代开普通发票。（　　　）

答案：×

正确答案：符合免税条件的分布式光伏发电项目由所在地电网企业营销部门（客户服务中心）代开普通发票。

4. 营销部门负责向财务部门提供分布式光伏发电项目发电量、上网电量、上网电价和补助资金等相关信息。（　　　）

答案：×

正确答案：营销部门负责向财务部门提供分布式光伏发电项目发电量、上网电量、上网电费和补助资金等相关信息。

5. 国网财务部按照《国家电网公司关于分布式光伏发电项目补助资金管理有关意见的通知》的有关要求及时上报相关信息。（　　　）

答案：√

四、简答题

1. 分布式光伏发电项目补助目录申请程序中电网企业内部流程是怎样的？

答：分布式光伏发电项目所在地电网企业营销部门（客户服务中心）负责填写《非自然人分布式光伏发电补助资金目录申报表》《自然人分布式光伏发电补助资金目录申报表》，并报送财务部门。经财务部门审核后，于每季度首月第 5 个工作日前，逐级汇总报送至省级电网公司财务部门。省级电网公司财务部门负责于每季度首月第 10 个工作日前，审核汇总公司范围内"非自然人补助目录表"和"自然人补助目录表"，报省级财政、价格、能源主管部门审核，获得书面审核意见后，于每季度首月月底前，报送国网财务部。国网财务部审核汇总公司系统内"非自然人补助目录表"和"自然人补助目录表"，以半年（自然年）为周期报财政部、国家发改委、国家能源局，申请公布分布式光伏发电项目补助目录。

2. 分布式光伏发电项目的补助标准是什么？

答："自发自用，余电上网"分布式光伏发电项目，实行全电量补贴政策，电价补贴标准为每千瓦时 0.42 元（含税，下同），通过可再生能源发展基金予以支付，由电网企业转付；分布式光伏发电系统自用有余上网的电量，由电网企业按照当地燃煤机组标杆上网电价（含脱硫脱硝除尘，含税，下同）收购。"全额上网"分布式光伏发电项目补助标准参照光伏电站相关政策规定执行。

3. 分布式光伏发电项目结算原则是什么？

答：符合申请补助目录的分布式光伏发电项目在完成并网后，各级电网企业可按照合同签订的结算周期（原则上不超过两个月）进行上网电费和补助资金预结算，待财政部公布分布式光伏发电补助目录后清算。符合申请消纳模式变更的分布式光伏发电项目在电网企业完成申请受理，即可重新签订购售电合同，按合同结算周期、上网电量和光伏电站标杆上网电价进行上网电费预结算，待财政部公布可再生能源补助目录后进行清算。

4. 项目所在地电网企业营销部门（客户服务中心）在分布式光伏发电项目结算中都负责哪些工作？

答：项目所在地电网企业营销部门（客户服务中心）负责按合同约定的结算周期抄录分布式光伏发电项目上网电量和发电量；计算应付上网电费和补助资金，与分布式光伏发电项目业主确认；收取增值税发票或代开普通发票后，及时将项目补助电量、上网电量、补助资金、上网电费和发票等信息报送给财务部门。

5. 财务部门在分布式光伏发电项目结算中负责哪些工作？

答：财务部门负责汇总审核项目收款人信息、发票金额，核对一致后，进行会计处理，并按照合同约定的收款单位账户信息（为方便在线支付，原则上同一市县公司应在同一银行开具分布式光伏发电项目结算账户）及时通过转账方式支付上网电费和补助资金，并将上网电费和补助资金支付情况及时反馈营销部门。

第四章

企业文化知识

一、填空题

1．习近平总书记在党的十九大上指出，文化是一个国家、一个民族的灵魂。文化兴则国运兴，文化强则民族强。没有高度的（　　），没有文化的繁荣兴盛，就没有中华民族伟大复兴。要坚持中国特色社会主义文化发展道路，激发全民族文化创新创造活力，建设社会主义文化强国。

答案：文化自信

2．习近平总书记反复强调，（　　）是党内政治生活的灵魂，对政治生态具有潜移默化的影响。

答案：党内政治文化

3．国家电网事业是（　　）的事业，坚持以人民为中心的发展思想，把满足人民美好生活需要作为公司工作的出发点和落脚点。

答案：党和人民

4．国家电网有限公司宗旨是（　　）。

答案：人民电业为人民

5．国家电网有限公司的企业精神是（　　）。

答案：努力超越、追求卓越

6．国家电网有限公司的使命是（　　）、保障国家能源安全、（　　）。

答案：构建能源互联网，服务人民美好生活

7．国家电网有限公司的企业核心价值观是（　　）。

答案：以客户为中心、专业专注、持续改善

8．国家电网有限公司的战略目标是建设具有（　　）（　　）的能源互联网企业。

答案：中国特色，国际领先

9．（　　）是激励全党全国各族人民奋勇前进的强大精神力量。

答案：中国特色社会主义文化

10．社会主义核心价值观中社会层面的价值取向是（　　）。

答案：自由、平等、公正、法治

11．国家电网有限公司成立于（　　）。

答案：2002 年

12．（　　）文化是企业经营作风、精神面貌、人际关系的动态体现，也是企业精神、企业价值观的折射。

答案：行为

13．国家电网有限公司在战略目标中，（　　）是根本；（　　）是追求；（　　）是方向。

答案：具有中国特色，国际领先，能源互联网

14. 坚持把（　　）的理念贯穿于公司生产经营全过程，以（　　）为导向，大力弘扬（　　）精神、（　　）精神，不断提升专业能力和水平。

答案：以客户为中心，市场需求，工匠，专业

15. 国家电网有限公司在战略目标中就实现"具有中国特色"提出，准确把握其核心内涵，即：明确以习近平新时代中国特色社会主义思想为指导；明确坚持党的全面领导；明确坚持以（　　）的发展思想；明确走符合（　　）的能源转型发展道路；明确走中国特色国有企业改革发展道路。

答案：人民为中心，中国国情

16. 国家电网有限公司在战略目标中就实现"国际领先"提出，要坚持硬实力和软实力建设并重，着力实现"六个领先"，分别是经营实力领先、核心技术领先、（　　）领先、（　　）领先、（　　）领先、（　　）领先。

答案：服务品质，企业治理，绿色能源，品牌价值

17. 国家电网有限公司在战略目标中就实现"能源互联网"提出，要顺应能源革命和数字革命相融并进大趋势，以坚强智能电网为基础平台，强化网络互联互通和先进信息、通信、控制技术应用，全面建设（　　）体系、（　　）体系、（　　）体系，构建具有绿色安全、泛在互联、高效互动、智能开放等特征的智慧能源系统。

答案：能源网架，信息支撑，价值创造

18. （　　）年至（　　）年，基本建成具有中国特色国际领先的能源互联网企业，公司部分领域、关键环节和主要指标达到国际领先，中国特色优势鲜明，电网智能化、数字化水平显著提升，能源互联网功能形态作用彰显。

答案：2020，2025

19. （　　）年至（　　）年，全面建成具有中国特色国际领先的能源互联网企业。

答案：2026，2035

20. 国家电网有限公司坚持"管住（　　）、放开（　　）"的体制架构，坚持电网统一规划、统一调度、统一管理的体制优势，推动构建全国统一电力市场体系，适应人民美好生活需要和电能占终端能源消费比重提高的趋势，着力解决电网发展不平衡不充分问题，提高安全供电和优质服务水平。

答案：中间，两头

二、选择题

（一）单选题

1. 中国特色社会主义最本质的特征是（　　）。

A."五位一体"整体布局　　　　　B.建设中国特色社会主义法治体系

C.人民利益为根本出发点　　　　　D.中国共产党领导

答案：D

2.（　　）是中国共产党人的初心和使命。

A．为中国人民谋幸福，为中华民族谋复兴

B．满怀信心、坚定前行

C．增强人民群众获得感、幸福感、安全感

D．保持我国经济增长

答案：A

3．公司的战略目标是（　　）思想在公司的落地实践。

A．国家方针　　　　　　　　　　B．邓小平理论

C．马列主义、毛泽东　　　　　　D．习近平新时代中国特色社会主义

答案：D

4．（　　）是中国特色社会主义的重要物质基础和政治基础，是我们党执政兴国的重要支柱和依靠力量。

A．民营企业　　　B．国有企业　　　C．外资企业　　　D．合资企业

答案：B

5．公司的战略目标彰显了公司党组强烈的责任意识和进取精神，彰显了把公司打造成（　　）、实现基业长青的坚定决心。

A．百年老店　　　B．国家支柱　　　C．航母巨舰　　　D．国际一流

答案：A

6．贯彻公司战略目标要抓好分层衔接，公司规划、计划、预算、考核等各方面工作，都要突出（　　）、强化战略引领，主动与公司战略目标对接，加强横向协同，逐级分解任务，层层抓好落实。

A．规划先行　　　B．战略导向　　　C．价值导向　　　D．目标先行

答案：B

7．习近平新时代中国特色社会主义思想的核心内容是（　　）。

A．"八个明确"和"十四个坚持"　　B．"六个明确"和"十四个坚持"

C．"八个明确"和"十五个坚持"　　D．"六个明确"和"十五个坚持"

答案：A

8．国家电网有限公司的企业精神内涵是：始终保持强烈的（　　），向着世界一流水平持续奋进，敢为人先、勇当排头，不断超越过去、超越他人、超越自我，坚持不懈地向更高质量发展、向更高目标迈进，精益求精、臻于至善。

A．责任感、使命感　　　　　　　B．事业心、责任感

C．事业心、责任心　　　　　　　D．责任感、紧迫感

答案：B

9. 企业文化具有凝聚功能是由于（　　　）。

A. 利益驱动　　　　　　　　　B. 感情融合

C. 个人与企业理想目标一致　　　D. 职业保障

答案：C

10. 国家电网有限公司宗旨的内涵是：国家电网事业是党和人民的事业，坚持以人民为中心的发展思想，把（　　　）作为公司工作的出发点和落脚点。

A. 人民群众满意　　　　　　　　B. 服务经济社会发展

C. 满足人民美好生活需要　　　　D. 支撑经济社会发展

答案：C

（二）多选题

1. 综合分析国际国内形势和我国发展条件，从 2020 年到本世纪中叶可以分两个阶段来安排。第二个阶段，从 2035 年到本世纪中叶，在基本实现现代化的基础上，再奋斗十五年，把我国建成富强（　　　）的社会主义现代化强国。

A. 民主　　　　　B. 文明　　　　　C. 和谐　　　　　D. 美丽

答案：ABCD

2. 发展是解决我国一切问题的基础和关键，发展必须是科学发展，必须坚定不移贯彻创新、（　　　）的发展理念。

A. 协调　　　　　B. 绿色　　　　　C. 开放　　　　　D. 共享

答案：ABCD

3. 党政军民学，东西南北中，党是领导一切的。必须增强（　　　），自觉维护党中央权威和集中统一领导，自觉在思想上政治上行动上同党中央保持高度一致。

A. 政治意识　　　B. 大局意识　　　C. 核心意识　　　D. 看齐意识

答案：ABCD

4. 全党要更加自觉地增强道路自信、（　　　），既不走封闭僵化的老路，也不走改旗易帜的邪路，保持政治定力，坚持实干兴邦，始终坚持和发展中国特色社会主义。

A. 理论自信　　　B. 制度自信　　　C. 文化自信　　　D. 思想自信

答案：ABC

5. 发展中国特色社会主义文化，就是以马克思主义为指导，坚守中华文化立场，立足当代中国现实，结合当今时代条件，发展面向现代化、面向世界、面向未来的，（　　　）社会主义文化，推动社会主义精神文明和物质文明协调发展。

A. 民族的　　　　B. 科学的　　　　C. 大众的　　　　D. 先进的

答案：ABC

6. 深入挖掘中华优秀传统文化蕴含的（　　　），结合时代要求继承创新，让中华文化展现出永久魅力和时代风采。

A．思想观念　　　　B．人文精神　　　　C．道德规范　　　　D．先进思想

答案：ABC

7．要以培养担当民族复兴大任的时代新人为着眼点，强化（　　），发挥社会主义核心价值观对国民教育、精神文明创建、精神文化产品创作生产传播的引领作用。

A．教育引导　　　　B．实践养成　　　　C．制度保障　　　　D．行为规范

答案：ABC

8．国家电网有限公司价值理念体系包括（　　）。

A．公司宗旨　　　　　　　　　　　B．公司使命

C．企业核心价值观　　　　　　　　D．企业精神

答案：ABCD

9．国家电网有限公司以投资建设运营电网为核心业务，承担着保障（　　）电力供应的基本使命。

A．安全　　　　　　B．经济　　　　　　C．清洁　　　　　　D．可持续

答案：ABCD

10．国家电网有限公司是关系（　　）的特大型国有重点骨干企业。

A．国家经济实力　　　　　　　　　B．国民经济命脉

C．国家能源战略　　　　　　　　　D．国家能源安全

答案：BD

11．强化精准投入方面，国家电网有限公司以科学规划为指导，突出安全、质量、效益、服务，全面履行（　　），着力补短板、强弱项，不断提升投入产出水平。

A．政治责任　　　　B．经济责任　　　　C．社会责任　　　　D．企业责任

答案：ABC

三、简答题

1．国家电网有限公司的战略目标是什么？请谈谈你对战略目标的具体理解。

答：国家电网有限公司的战略目标是建设具有中国特色国际领先的能源互联网企业。战略目标中，"具有中国特色"是根本，"国际领先"是追求，"能源互联网"是方向。战略目标是习近平新时代中国特色社会主义思想在公司的落地实践，是公司党组以实际行动同以习近平同志为核心的党中央保持高度一致的有力体现，彰显了公司党组强烈的责任意识和进取精神，彰显了把公司打造成百年老店、实现基业长青的坚定决心。贯彻公司战略，一要抓好分层衔接，公司规划、计划、预算、考核等各方面工作，都要突出战略导向、强化战略引领，主动与公司战略目标对接，加强横向协同，逐级分解任务，层层抓好落实。二要抓好宣传引导。对内统一思想和行动，推动新战略目标在广大职工中入脑入心，激发干事创业的积极性和创造力；对外展现公司的责

任与担当，塑造良好的企业形象，努力营造和谐有利的发展环境。三要抓好战略闭环。持续深化战略问题研究，健全"四梁八柱"，形成完整的战略框架体系，加强战略运行分析和跟踪评估，提高公司战略管理水平，确保公司始终在科学战略的引领下阔步前进、行稳致远，为建设具有中国特色国际领先的能源互联网企业而不懈奋斗。

2. 国家电网有限公司战略目标"具有中国特色是根本"，同时提出要准确把握其核心内涵，即"5个明确"分别是什么？

答：明确以习近平新时代中国特色社会主义思想为指导；明确坚持党的全面领导；明确坚持以人民为中心的发展思想；明确走符合中国国情的能源转型发展道路；明确走中国特色国有企业改革发展道路。

3. 国家电网有限公司的战略安排分两个时间节点，请指出是哪两个具体节点，具体内容是什么？

答：第一步，2020年至2025年，基本建成具有中国特色国际领先的能源互联网企业，公司部分领域、关键环节和主要指标达到国际领先，中国特色优势鲜明，电网智能化、数字化水平显著提升，能源互联网功能形态作用彰显。第二步，2026年至2035年，全面建成具有中国特色国际领先的能源互联网企业。

4. 习近平总书记在国企党建工作会上指出，国企必须具备的六种力量，具体指的是什么？

答：一是成为党和国家最可信赖的依靠力量；二是成为坚决贯彻执行党中央决策部署的重要力量；三是成为贯彻新发展理念、全面深化改革的重要力量；四是成为实施"走出去"战略、"一带一路"建设等重大战略的重要力量；五是成为壮大综合国力、促进经济社会发展、保障和改善民生的重要力量；六是成为我们党赢得具有许多新的历史特点的伟大斗争胜利的重要力量。

5. 国家电网有限公司承担的社会责任和政治责任主要包括哪些？

答：国家电网有限公司承担的社会责任主要包括促进节能减排、建设生态文明、支持公益事业；承担的政治责任主要包括贯彻中央决策、服务国家大局、落实国家战略。

6. 简要谈谈你对强化党内政治文化引领、建设优秀企业文化的认识。

答：（1）加强党内政治文化建设是深化全面从严治党的治本之要。

（2）强化党内政治文化引领是发挥国有企业"六个力量"作用的根本要求。

（3）建设优秀企业文化是国家电网有限公司实施"三型两网"战略的重要保障。

第五章

其 他 类

第一节 智能用电知识

一、填空题

1. 智能充换电服务网络建设原则是（   ）。

答案：主导快充、兼顾慢充、引导换电、经济实用

2. 智能用电服务系统互动平台互动的方式分为：（   ）和（   ）。

答案：客户远程互动，客户现场互动

3. 新能源汽车包括：（   ）、插电式（含增程式）混合动力汽车、（   ）。

答案：纯电动汽车，燃料电池汽车

4. 给电动汽车提供电能供给主要有（   ）、直流充电和（   ）三种方式。

答案：交流充电，电池更换

5. 充换电设施是指与电动汽车发生电能交换的相关设施的总称，一般包括充电站、（   ）、充电塔、（   ）等。

答案：换电站，分散充电桩

6. 国家标准《电动汽车传导充电用连接装置》（GB/T 20234）中规定，交流充电接口包括（   ）对触头，直流充电接口包括（   ）对触头。

答案：7，9

7. 按照（   ）的原则，对外全面开放充换电市场，支持社会资本参与建设；对内积极参与充换电设施建设，发挥集团化优势，推进公司充换电业务发展。

答案："开放市场、积极作为"

8. 以（   ）、（   ）和（   ）为重点，科学布局充换电站点，优化建设时序。

答案：环渤海，长三角，国家示范城市

9. 利用（   ）促进电动汽车推广应用。

答案：价格杠杆

10. 对向电网经营企业直接报装接电的（   ）用电，执行（   ）价格。2020年前，暂免收基本电费。

答案：经营性集中式充换电设施，大工业用电

11. 居民家庭住宅、居民住宅小区、执行居民电价的非居民用户中设置的充电设施用电，执行（   ）电价。

答案：居民用电价格中的合表用户

12. 党政机关、企事业单位和社会公共停车场中设置的充电设施用电执行（   ）用电价格。

答案:"一般工商业及其他"类

13．对电动汽车充换电服务费实行（　　）。充换电设施经营企业可向电动汽车用户收取（　　）及（　　）两项费用。

答案：政府指导价管理，电费，充换电服务费

14．贯彻落实发展新能源汽车的国家战略，以（　　）为新能源汽车发展的主要战略取向，重点发展（　　）汽车、（　　）汽车和（　　）汽车，以市场主导和政府扶持相结合，建立长期稳定的新能源汽车发展政策体系，创造良好发展环境，加快培育市场，促进新能源汽车产业健康快速发展。

答案：纯电驱动，纯电动，插电式（含增程式）混合动力，燃料电池

15．电动汽车充换电设施用电报装按照"一口对外、服务规范、便捷高效"的原则，提供（　　）、（　　）、（　　）、（　　）、（　　）等多种服务。

答案：营业厅，95598电话，网站，手机App，微信

16．制定充换电服务费标准应遵循"有倾斜、有优惠"的原则，在国家及地方政府通过（　　）、（　　）充换电设施建设场所等方式降低充换电设施建设运营成本的基础上，确保电动汽车使用成本显著低于燃油（或低于燃气）汽车使用成本，增强电动汽车在（　　）的竞争力。

答案：财政补贴，无偿划拨，终端市场

17．引入社会投资参与（　　）、（　　），是公司落实党的十八届三中全会精神，促进公有制为主体、多种所有制经济共同发展的重要举措，有利于充分发挥市场在资源配置中的决定性作用，对推动新能源产业发展具有重要意义。

答案：分布式电源并网工程，电动汽车充换电设施建设

18．新能源汽车推广应坚持双管齐下，公共服务带动的原则，把（　　）作为新能源汽车推广应用的突破口，扩大公共机构采购新能源汽车的规模，通过示范使用增强社会信心，降低购买使用成本，引导个人消费，形成良性循环。坚持因地制宜，明确责任主体的原则，（　　）承担新能源汽车推广应用主体责任，要结合地方经济社会发展实际，制定具体实施方案和工作计划，明确工作要求和时间进度，确保完成各项目标任务。

答案：公共服务领域用车，地方政府

19．各地区、各有关部门要在（　　）等城市客运以及环卫、物流、机场通勤、公安巡逻等领域加大新能源汽车推广应用力度，制定机动车更新计划，不断提高新能源汽车运营比重。新能源汽车推广应用城市新增或更新车辆中的新能源汽车比例不低于（　　）。

答案：公交车、出租车，30%

20．分散式充电桩要加装（　　）保护，不允许倒送电；充换电站如需通过利用

储能电池向电网送电，必须按照公司（　　）要求办理相关手续，并采取专用开关、反孤岛装置等措施。

答案：逆功率，分布式电源

21．地市/区县公司营销部（客户服务中心）在受理客户设计审查申请时，接收并查验客户设计资料，（　　）后正式受理，并组织运维检修部（检修公司），按照国家、行业标准及（　　）要求进行设计审查。答复客户设计审查结果的同时，告知客户（　　）有关要求及注意事项。

答案：审查合格，供电方案，委托施工

22．为确保充电设施安全、稳定、高效运行，须按照国家电网公司（　　）的管理要求。

答案："集团化运作""集约化发展""精益化管理""标准化建设"

23．智能电网是将先进的（　　）、信息通信技术、（　　）和自动控制技术与能源电力技术以及（　　）高度集成而形成的新型现代化电网。

答案：传感量测技术，分析决策技术，电网基础设施

24．坚强智能电网的总体发展目标是到（　　）年，基本建成以特高压电网为骨干网架，各级电网协调发展，以信息化、自动化、互动化为特征的坚强国家电网，全面提高电网的安全性、经济性、适应性和互动性。

答案：2020

25．坚强智能电网建设的两条主线是指（　　）和（　　）。

答案：技术主线，管理主线

26．坚强智能电网建设的两条主线是指技术主线和管理主线。技术上体现为（　　）；管理上体现为（　　）。

答案：信息化、自动化、互动化，集团化、集约化、精益化、标准化

27．交流充电桩是采用（　　）方式为具有车载充电机的电动汽车提供交流电源的专用供电装置。

答案：传导

28．"互联网＋"是把互联网的创新成果与经济社会各领域深度融合，推动（　　）、（　　）和（　　），提升实体经济（　　）和（　　），形成更广泛的以互联网为（　　）和（　　）的经济社会发展新形态。

答案：技术进步、效率提升、组织变革，创新力，生产力，基础设施，创新要素

29．全球能源互联网是集能源传输、资源配置、市场交易、信息交互、智能服务于一体的"（　　）"，实质就是"特高压电网＋智能电网＋清洁能源"，特高压电网是（　　），智能电网是（　　），清洁能源是（　　）。

答案：物联网，关键，基础，根本

30."国网云"包括（　　　）、（　　　）和（　　　）（简称三朵云），由一体化"国网云"平台（简称云平台）及其支撑的各类业务应用组成。

答案：企业管理云，公共服务云，生产控制云

31.（　　　）1000kV 特高压交流输变电工程顺利完成 72h 试运行，正式投入运行，标志着列入国家（　　　）行动计划重点输电通道的"四交"特高压工程建设任务全部圆满完成。

答案：榆横一潍坊，大气污染防治

32.（　　　）工程 2017 年 4 月 6 日在西藏林芝开工建设，这一工程是世界上海拔最高、海拔跨度最大、自然条件最复杂的超高压输变电工程。

答案：藏中联网

33.国家电网公司自 2017 年 6 月 17 日 0:00 至 23 日 24:00，连续 7 天合计 168h 内，全部以太阳能、风能和水力发电供应青海全省用电，又称"（　　　）"，对于促进我国能源发展具有重要示范意义。

答案：绿电 7 日

34.昌吉一古泉（　　　）kV 特高压输电工程是目前世界上电压等级最高、输送容量最大、输送距离最远、技术水平最先进的特高压输电工程。

答案：±1100

二、选择题

（一）单选题

1.对电动汽车充换电设施用电实行（　　　）电价政策。

A．优惠　　　　　　B．扶持性　　　　　　C．差别　　　　　　D．经营性

答案：B

2.以下（　　　）不是智能用电主要涉及的技术领域。

A．双向互动服务技术领域　　　　　　B．用电信息采集技术领域

C．智能用能服务技术领域　　　　　　D．电动汽车充放电技术领域

E．高级量测技术领域

答案：E

3.电池更换站的消防设计应贯彻（　　　）的方针。

A．安全第一，预防为主　　　　　　B．安全第一，防消结合

C．预防为主，防消结合　　　　　　D．安全第一，注重预防

答案：C

（二）多选题

1.2014 年 5 月 27 日，国家电网公司在京召开"开放（　　　）"新闻发布会。

A. 电动汽车充换电设施市场　　　B. 输变电设备准入

C. 分布式电源并网工程　　　　　D. 光伏发电设备生产

答案：AC

2. 电动汽车充电站的基本功能包括（　　）。

A. 充电　　　　　B. 监控　　　　　C. 计量　　　　　D. 电池检测

E. 电池维护

答案：ABC

3.《国家电网公司关于 2014 年智能充换电服务网络建设运营工作的意见》规定，严格建设管控，推广典型设计，降低工程造价，以（　　）为条件，与车辆推广同步建设，项目启动前需报国网营销部核准。

A. 车辆采购合同　　B. 建设用地优惠　　C. 补贴资金发放　　D. 支持政策到位

答案：ABD

4. 以下（　　）是双向互动服务的内容和渠道。

A. 信息提供　　　　B. 业务受理　　　　C. 客户缴费　　　　D. 接入服务

E. 增值服务

答案：ABCDE

5. 电池更换站可分为（　　）。

A. 综合型电池更换站　　　　　　B. 商用车电池更换站

C. 乘用车电池更换站　　　　　　D. 电池配送站

答案：ABCD

6. 智能用电的发展目标是（　　）。

A. 构建智能用电服务体系，实现营销管理的现代化运行和营销业务的智能化应用

B. 全面开展双向互动用电服务，实现电网与用户的双向互动，提升用户服务质量，满足用户多元化需求

C. 推动智能用电领域技术创新，带动相关产业发展

D. 推动终端用户用能模式的转变，提升用电效率，提高电能在终端能源消费中的比重

E. 建设和完善智能双向互动服务平台和相关技术支持系统，实现与电力用户电力流、信息流、业务流的双向互动，全面提升国家电网公司双向互动用电服务能力

答案：ABCDE

7. 智能用电主要涉及（　　）技术领域。

A. 双向互动服务技术领域　　　　B. 用电信息采集技术领域

C. 智能用能服务技术领域　　　　D. 电动汽车充放电技术领域

E．智能量测技术领域

答案：ABCDE

8．智能用电服务系统的建设应遵循的原则有（　　　）。

A．统一规划、标准先行的原则　　　　B．技术先进、注重应用的原则

C．继承发展、突出前瞻的原则　　　　D．规范实施、稳步推进的原则

答案：ABCD

9．坚强智能电网的内涵包括（　　　）。

A．坚强可靠　　　B．经济高效　　　C．清洁环保　　　D．透明开放

E．友好互动

答案：ABCDE

三、判断题

1．特高压输电具有远距离、大容量、低损耗、高效率的优势。（　　　）

答案：√

2．电动汽车充换电设施按其所在场所执行分类目录电价。（　　　）

答案：×

正确答案：对于经营性集中式以外的电动汽车充换电设施按其所在场所执行分类目录电价。

3．电动汽车充换电设施产权分界点至电网的配套接网工程，由电网企业负责建设和运行维护，按容量向客户收取接网费用。（　　　）

答案：×

正确答案：不得收取接网费用。

4．地市/区县公司营销部（客户服务中心）在受理客户充换电设施竣工检验申请后，组织进行工程验收，并出具验收报告。验收过程应重点检查是否存在超出电动汽车充电以外的用电行为，充换电设施的电气参数、性能要求、接口标准、谐波治理等是否符合国家或行业标准。（　　　）

答案：×

正确答案：超出电动汽车充电以外的转供电行为。

5．智能电网具有实时、在线和连续的安全评估和分析能力，强大的预警和预防控制能力，体现了智能电网自愈的特征。（　　　）

答案：√

6．充电站是指由 3 台以上充电设备（至少有一台非车载充电机）组成，为电动汽车进行充电，并能够在充电过程中对充电设备、动力蓄电池进行状态监控的场所。（　　　）

答案：×

正确答案：3 台及以上。

7. 电动汽车充放电管理系统由主站、通信信道、智能监控终端、充放电设施等部分组成。该系统以用电信息采集系统为支撑，实现电动汽车充放电的网络化管理，是智能用电服务专业应用系统。（　　　）

答案：√

四、简答题

1. 智能电网具备哪些主要特征？

答：①坚强。②自愈。③兼容。④经济。⑤集成。⑥优化。

2. 坚强智能电网的总体发展目标是什么？

答：到 2020 年，基本建成以特高压电网为骨干网架，各级电网协调发展，以信息化、自动化、互动化为特征的坚强国家电网，全面提高电网的安全性、经济性、适应性和互动性。

3. 坚强智能电网建设的两条主线是什么？

答：两条主线是指技术主线和管理主线。技术上体现为信息化、自动化、互动化；管理上体现为集团化、集约化、精益化、标准化。

4. 坚强智能电网建设包括哪些环节？

答：坚强智能电网建设是一项高度复杂的系统工程，包括发电、输电、变电、配电、用电、调度六个环节以及支撑各个环节的通信信息平台。

5. 电网智能化规划提出的坚强智能电网发展远景是什么？

答：具体包括以下八个方面：①具备强大的资源优化配置能力；②具备很高的安全稳定运行水平；③适应并促进清洁能源发展；④实现高度智能化的电网调度；⑤满足电动汽车等新型电力用户的服务要求；⑥实现电网管理信息化和精益化；⑦实现电力用户与电网之间的便捷互动；⑧发挥电网的增值服务潜力。

6. 发展智能电网对我国能源发展有何重大意义？

答：发展智能电网，能够有效解决我国能源发展面临的总量供应、资源配置、能源效率、生态环境等四大问题，实现我国能源安全发展、清洁发展、环保发展、友好发展。安全发展，就是以智能电网为市场载体和配置平台，统筹利用国际国内资源，促进能源大规模集约开发、大范围优化配置、高效率充分利用，增加供应总量，降低能源强度，减少能源损耗，防止供需失衡，保证能源供应稳定性和可靠性。清洁发展，就是通过智能电网促进新能源和分布式电源发展，改善能源结构，保护自然生态，最大限度降低对化石能源的依赖。环保发展，就是充分发挥智能电网作用，统筹利用全国环境容量，实现以电代煤、以电代油、电从远方来，提高电气化水平，有效解决东中部地区大气（雾霾）、水质、土壤污染问题。友好发展，就是基于智能电网开放互动优势，灵活适应各类电源发电上网和客户多样化用电需求，使能源开发和消费方便快捷，让生活更加舒适、经济。

7. 现阶段智能电网建设重点任务是什么？

答：加快建设特高压网架，构建以"三华"高压同步电网为重点，力争到 2020 年建成"五纵五横"特高压交流网架和23回特高压直流工程。

加快配电网建设改造，建设技术领先，结构优化，布局合理，高效灵活，具备故障自愈能力的智能配电网，适应分布式电源、微电网加快发展的需求。

加快提升电网互动能力，建设智能用户管理管理与双向互动平台。

架空构建全国电力市场体系，以智能电网为载体，构建集能源输送、资源配置、市场交易、客户服务于一体，统一开放、竞争有序的全国电力市场体系。

8. 智能电网创新示范工程建设总体思路是什么？

答：按照"加快建设坚强智能电网，承载和推动第三次工业革命"的总体要求，以国家电网公司"十二五"电网智能化规划为依据，面向社会广泛关注和普遍认识的重点领域，建设新能源开发工程、分布式电源应用工程、便捷用电工程、电动汽车发展工程、智慧城市建设工程、电网智能化工程等六类智能电网创新示范工程，稳步推进基本建设任务，重点实施示范任务建设，应用展示最新技术，并总结建设成果，形成一批标准，提出国家标准提案，实现坚强智能电网重点突破，打造一批国际领先的智能电网精品工程和亮点工程。

9. 电动汽车主要有哪几种类型？

答：纯电动汽车、插电式（含增程式）混合动力汽车和燃料电池汽车。

10. 电动汽车充电模式有哪几类？

答：交流充电、直流充电、电池更换。

11. 充换电设施用电报装业务分哪两类？

答：（1）居民客户在自有产权或拥有使用权的停车位（库）建设的充电设施。

（2）其他非居民客户（包括高压客户）在政府机关、公用机构、大型商业区、居民社区等公共区域建设的充换电设施。

12. 智能用电服务系统的建设应遵循的原则有哪些？

答：（1）统一规划、标准先行的原则。

（2）技术先进、注重应用的原则。

（3）继承发展、突出前瞻的原则。

（4）规范实施、稳步推进的原则。

13. 智能充换电服务网络建设运营重点工作任务？

答：优化规则布局。开展规则的编写与编修，以环渤海、长三角和国家示范城市为重点，科学布局充换电站点，优化建设时序。

加强运营管理，确保运行安全。开展智能充换电服务网络运营监控系统建设，收集运营数据，强化安全管理，开展运营分析，完善运营模式。

加强技术研究。承担与参与国际标准、国家标准、行业标准、企业标准制定工作，开展充换电技术研究和设备研制。

加强合作交流。向各地政府主管部门沟通汇报，建立相关方沟通合作机制，争取补贴政策，开展项目合作。

14．国家电网公司智能充换电服务网络建设运营工作指导思想是什么？

答：以科学发展观为指导，落实国家能源战略和防治大气污染要求，服务电动汽车推广，推进以电代油，按照"主导快充、兼顾慢充、引导换电、经济实用"的原则，科学有序建设充换电设施，推动公司充换电业务可持续发展。

15．国家电网公司智能充换电设施建设原则是什么？

答：按照"开放市场、积极作为"的原则，对外全面开放充换电市场，支持社会资本参与建设；对内积极参与充换电设施建设，发挥集团化优势，推进公司充换电业务发展。

16．完善电动汽车充换电设施用电价格政策的具体规定是什么？

答：（1）充电设施经营企业可向电动汽车用户收取电费和充电服务费。2020年前，对电动汽车充电服务费实行政府指导价管理。

（2）对向电网经营企业直接报装接电的经营性集中式充电设施用电，执行大工业用电价格；对居民家庭住宅、居民住宅小区等非经营性分散充电桩按其所在场所执行分类目录电价；对党政机关、企事业单位和社会公共停车场中设置的充电设施用电执行一般工商业及其他类用电价格。

（3）电动汽车充电设施用电执行峰谷分时电价政策。

（4）将电动汽车充电设施配套电网改造成本纳入电网企业输配电价。

17．客户充换电设施供受电工程建设出资原则是什么？

答：客户充换电设施受电及接入系统工程由客户投资建设，其设计、施工及设备材料供应单位由客户自主选择；公司在充换电设施用电申请受理、设计审查、装表接电等全过程服务中，不收取任何服务费用，并投资建设因充换电设施接入引起的公共电网改造。对应用覆盖率达到一定规模的居住区，新建低压配网，保证电动汽车充换电设施用电需求。

18．电动汽车充电站的负荷等级如何划分？

答：根据电动汽车充电站的规模和重要性，将其列入不同的负荷等级：

（1）具有重大政治、经济、安全意义的充电站，如为大型国际活动或公共活动服务等，或中断供电将对公共交通造成较大影响或影响重要单位正常工作的充电站，如大型公共交通充电站，电力抢修车辆专用充电站等，列入二级负荷。

（2）其他充电站列为三级负荷。

19．建设坚强智能电网的社会经济效益主要表现在哪些方面？

答：（1）在电力系统方面。可以节约系统有效装机容量；降低系统总发电燃料费用；提高电网设备利用效率，减少建设投资；提升电网输送效率，降低线损。

（2）在用电客户方面。可以实现双向互动，提供便捷服务；提高终端能源利用效率，节约电量消费；提高供电可靠性，改善电能质量。

（3）在节能与环境方面。可以提高能源利用效率，带来节能减排效益；促进清洁能源开发，实现替代减排效益；提升土地资源整体利用率，节约土地占用。

（4）其他方面。可以带动经济发展，拉动就业；促进区域合理分工，缩小区域差距；提高能源供应安全；改输煤为输电，减少铁路煤炭运输压力，节约供电成本。

20．建设坚强智能电网对于节能减排有何重要意义？

答：（1）支持清洁能源机组大规模入网，加快清洁能源发展，推动我国能源结构的优化调整。

（2）引导用户降低高峰负荷，稳定火电机组出力，降低发电煤耗。

（3）促进特高压、柔性输电、经济调度等先进技术的推广和应用，降低输电损失率，提高电网运行经济性。

（4）实现电网与用户有效互动，促进用户智能用电，提高用电效率。

（5）推动电动汽车的大规模应用，促进低碳经济发展，实现减排效益。

第二节 补 充 资 料

一、填空题

1．《电力设施保护条例》规定，220kV 架空电力线路保护区是指导线边线向外侧延伸（　　）所形成的两平行线内的区域，地下电缆线路保护区为线路两侧各（　　）所形成的两平行线内的区域。

答案：15m，0.75m

2．《供电监管办法》规定，电力监管机构对供电企业设置电压监测点的情况实施监管，低压供电用户，每百台配电变压器选择具有代表性的用户设置（　　）电压监测点，所选用户应当是重要电力用户和（　　）。

答案：1 个以上，低压配电网的首末两端用户

3．《供电监管办法》规定，因电网发生故障或者电力供需紧张等原因需要停电、限电的，供电企业应当按照所在地人民政府批准的（　　）执行。引起停电或者限电

的原因消除后，供电企业应当（　　　）恢复正常供电。

答案：有序用电方案或者事故应急处置方案，尽快

4. 将电气设备的外壳和在正常情况下不带电的金属部分与接地极之间用导线连接起来，叫（　　　）。将电气设备的金属外壳与三相四线制供电系统的零线相连接，叫（　　　）。

答案：保护接地，保护接零

5. 特高压分为交流特高压和直流特高压。交流特高压是指（　　　）的电压，直流特高压是指（　　　）的直流系统。

答案：1000kV 及以上，±800kV 及以上

6. 在营销稽查监控过程中发现的异常问题，但经现场核查后判定为正常的，并在一定周期内不列入监控范围的数据可纳入（　　　）。

答案：白名单

7. 国家电网公司《营销稽查监控系统业务模型说明书》中，"95598 服务畅通性"是通过对一段时间内 95598 铃响三声接通率稽查督促 95598 畅通性情况，提高 95598 的客户服务水平和质量。监控阈值为：网省公司=（　　　），地市公司=（　　　）。

答案：100%，100%

8.《国家电网公司电力服务事件处置应急预案》中电力服务事件应急处置的基本原则是以人为本，减少危害；（　　　）；统一领导、分级负责；考虑全局、突出重点；（　　　）；依靠科技，提高素质。

答案：居安思危、预防为主，快速反应、协同应对

9.《供电企业信息公开实施办法（试行）》中供电企业信息公开应当遵循（　　　）、（　　　）、（　　　）的原则，并对本企业发布的信息内容负责。

答案：真实准确，规范及时，便民利民

10. 电力监管机构投诉举报热线的电话号码是（　　　）；中国电力信息公开网网址是（　　　）。

答案：12398，www.12398.gov.cn

11.《国家电网公司营销安全风险防范与管理规范（试行）》根据营销业务特点，营销安全风险分为（　　　）、电费安全风险、现场作业安全风险、（　　　）和营销自动化系统安全风险。

答案：供用电安全风险，供电服务安全风险

12.《国家电网公司营销安全风险防范与管理规范（试行）》中客户服务安全风险分为（　　　）、（　　　）、（　　　）、（　　　）。

答案：服务意识风险，服务质量风险，服务法律风险，应急处置风险

13. 供电企业对申请临时用电的客户收取（　　　）。办理临时用电的电力客户应

与供电企业以合同方式约定临时用电期限并预交相应容量的（　　　）。临时用电期限一般不超过（　　　）。

答案：临时接电费用，临时接电费用，3年

14．在变电站电气设备上工作，保证安全的技术措施有（　　　）、验电、接地、（　　　）和装设遮栏（围栏）。

答案：停电，悬挂标示牌

15．用电信息采集总体建设目标是（　　　）。

答案："全覆盖、全采集、全费控"

16．具有正、反向送电的计量点应装设计量（　　　）有功电量，以及（　　　）无功电量的电能表。

答案：正向和反向，四象限

17．用户提出减少用电容量的期限最短不得少于（　　　），但同一历日年内暂停满6个月申请办理减容的用户减容期限不受时间限制。

答案：6个月

18．减容必须是（　　　）或（　　　）变压器的停止或（　　　）变压器用电，根据用户提出的减容日期，将对申请减容的设备进行拆除（或调换）。从拆除（或调换）之日起，减容部分免收基本电费。其减容后的容量达不到实施两部制电价规定容量标准的，应改为相应用电类别（　　　）电价计费，并执行相应的（　　　）标准。

答案：整台，整组，更换小容量，单一制，分类电价

19．减容后执行最大需量计费方式的，合同最大需量按（　　　）总容量申报，申请减容周期应以（　　　）或（　　　）为基本单位，起止时间应与抄表结算起止时间一致或为整日历月。合同最大需量核定值在下一个抄表结算周期或日历月生效。

答案：减容后，抄表结算周期，日历月

20．减容分为（　　　）和（　　　）。非永久性减容在减容期限内供电企业保留用户减少容量的使用权。减容两年内恢复的，按（　　　）办理；超过两年的按（　　　）或（　　　）手续办理。

答案：永久性减容，非永久性减容，减容恢复，新装，增容

21．用户申请减容恢复，应在（　　　）工作日前提出申请；用户提出恢复用电容量的时间是否超过2年，超过2年应按（　　　）办理。

答案：5个，新装或增容

22．用户申请暂停须在（　　　）工作日前提出申请；暂停用电必须是（　　　）变压器停止。

答案：5个，整台或整组

23．用户申请暂停，自设备加封之日起，暂停部分免收基本电费。如暂停后容量

达不到实施两部制电价规定容量标准的，应改为相应用电类别（　　）电价计费，并执行相应的电价标准。

答案：单一制

24. 用户申请暂停恢复，须在恢复日前（　　）提出申请，暂停恢复后容量再次达到实施两部制电价规定容量标准的，应将暂停时执行的单一制电价计费，恢复为原两部制电价计费。

答案：5个工作日

25. 基本电价计费方式变更周期为按（　　）变更。用户可提前（　　）向电网企业申请变更下一周期的基本电价计费方式。

答案：季度，15个工作日

二、选择题

（一）单选题

1.《电力设施保护条例》规定，以下（　　）不是县以上地方各级电力主管部门保护电力设施的职责。

A. 对电力设施的保护负责监督、检查、指导和协调

B. 监督、检查本条例及根据本条例制定的规章的贯彻执行

C. 开展保护电力设施的宣传教育工作

D. 会同有关部门及沿电力线路各单位，建立群众护线组织并健全责任制

E. 会同当地公安部门，负责所辖地区电力设施的安全保卫工作

答案：A

2. 出现下列（　　）情况为服务事件四级预警。

A. 可能对直辖市、省会城市和自治区首府 5%以上用电客户，副省级城市、计划单列市 15%以上用电客户，地级城市 25%以上用电客户的正常用电造成影响

B. 客户表示将向政府部门、电力管理部门、新闻媒体、消费者权益保护协会等反应，可能造成不良影响的客户投诉事件

C. 可能引起地市级新闻媒体关注，并有可能产生一定影响的停电或供电服务事件

D. 可能造成临时重要电力客户停电，并产生重大影响的停电事件

答案：C

3. 电能计量装置根据计量对象的（　　），一般分为高供高计、高供低计和低供低计的计量方式。

A. 用电容量　　　　B. 电压等级　　　　C. 用电类别　　　　D. 用电性质

答案：B

4. 减容一般只适用于高压供电用户，用户申请减容，应提前（　　）办理相关

手续。

    A．5 个工作日   B．5 天   C．3 个工作日   D．3 天

答案：A

（二）多选题

1.《电力设施保护条例》规定，任何单位或个人必须经县级以上地方电力主管部门批准，并采取安全措施后，方可进行下列（　　）作业或活动。

    A．在架空电力线路保护区内进行农田水利基本建设工程及打桩、钻探、开挖等作业

    B．起重机械的任何部位进入架空电力线路保护区

    C．小于导线距穿越物体之间的安全距离，通过架空电力线路保护区

    D．在电力电缆线路保护区内进行作业

答案：ACD

2.以下（　　）是造成功率因数低的原因。

    A．大量采用感应电动机或其他感应用电设备

    B．电感性用电设备不配套或使用不合理，造成设备长期轻载或空载运行

    C．采用日光灯、路灯照明时，没有配电容器

    D．变电设备负载率和年利用小时数过低

答案：ABCD

3.以下（　　）变损电量执行错误。

    A．供电电压小于 1kV 的客户计取变损

    B．高供低计并且运行容量不为 0 未计变损

    C．无抄表电量有铜损

    D．高供高计并且运行容量不为 0 未计变损

答案：ABC

4.营销差错是指用电营销人员在营销工作范畴中由于（　　）造成的有可能或已经导致企业利益受到侵害或经济上遭受损失的行为。

    A．工作疏忽   B．工作失职   C．个人故意   D．以上均不是

答案：ABC

5.电力服务事件应急处置的基本原则是（　　）。

    A．以人为本，减少危害   B．居安思危、预防为主

    C．统一管理、分级负责   D．考虑全局、突出重点

    E．快速反应、协同应对   F．依靠科技，提高素质

答案：ABDEF

6.风险监测方法和信息收集渠道主要有（　　）。

A．国家发布的自然灾害或出现夏季高温、冬季低温预警、事故灾难预警、社会安全事件预警等预警信息

B．政府部门、监管机构、社会团体、新闻媒体对某些涉及供电服务相关事项进行的重点关注

C．通过技术或其他手段监测到的大面积停电风险

D．重要电力客户停电监测

E．95598 供电服务热线、供电营业厅等服务渠道发现的异常情况

答案：ABCDE

7．出现下列（　　）情况为服务事件一级预警。

A．可能对直辖市、省会城市和自治区首府 30%以上用电客户，副省级城市、计划单列市40%以上用电客户的正常用电造成影响

B．可能造成一级重要电力客户停电并产生重大影响的停电事件

C．可能引起中央或全国性新闻媒体关注，并有可能造成重大影响的停电或供电服务事件

D．客户有可能向国家有关管理部门直接反映的投诉服务事件

答案：AC

8．出现下列（　　）情况为服务事件二级预警。

A．可能对直辖市、省会城市和自治区首府 20%以上用电客户，副省级城市、计划单列市 30%以上用电客户，地级城市 40%以上用电客户的正常用电造成影响

B．可能造成一级重要电力客户停电并产生重大影响的停电事件

C．可能引起省会城市、副省级新闻媒体关注，并有可能造成重大影响的停电或供电服务事件

D．客户有可能向省级有关部门反映的集体投诉服务事件

E．公司应急领导小组确定为二级预警者

答案：BDE

9．出现下列（　　）情况为服务事件三级预警。

A．可能对直辖市、省会城市和自治区首府 10%以上用电客户，副省级城市、计划单列市 20%以上用电客户，地级城市 30%以上用电客户的正常用电造成影响

B．可能造成三级重要电力客户和临时重要电力客户停电，并产生重大影响的停电事件

C．可能引起省会城市、副省级城市外的地方媒体关注，并有可能产生较大影响的停电或供电服务事件

D．客户有可能向市级政府有关部门反映的集体投诉服务事件

E．公司应急领导小组确定为三级预警者

答案：ADE

10．《供电企业信息公开实施办法（试行）》中要求供电企业应主动公开的信息包括（　　　　）。

A．企业基本情况

B．办理用电业务的程序及时限

C．执行的电价和收费标准

D．供电质量和"两率"情况

E．停限电有关信息

F．供电服务所执行的法律法规以及供电企业制定的涉及用户利益的有关规定

G．供电服务承诺以及投诉电话

答案：ABCDEFG

11．客户服务过程中未实行"一口对外"会带来下列哪些风险影响？（　　　　）

A．造成客户多部门办理业务　　　　B．造成客户业务办理不便

C．造成客户重复办理业务　　　　　D．造成后台部门直接面对客户

E．造成供电服务监管机构通报

答案：ACD

12．客户服务过程中"停限电公告不及时"会带来下列哪些风险影响？（　　　　）

A．造成客户生产、生活安排不便　　B．造成客户经济损失

C．造成客户安全风险　　　　　　　D．监管机构查处通报，行政处罚

E．造成客户不满、抱怨和投诉

答案：ABCD

13．供电企业信息公开应当遵循（　　　）的原则，并对本企业发布的信息内容负责。

A．全面完整　　　B．真实准确　　　C．规范及时　　　D．便民利民

E．分级负责

答案：BCD

14．以下哪种情况，应视为一级负荷？（　　　　）

A．中断供电将造成人员伤亡的负荷

B．中断供电将影响较重要用电单位的正常工作的负荷

C．中断供电将在经济上造成重大损失的负荷

D．中断供电将发生中毒、爆炸和火灾等情况的负荷

E．特别重要场所的不允许中断供电的负荷

答案：ACDE

15．以下哪些电源可作为应急电源？（　　　　）

A. 供电网络中独立于正常电源的专用的馈电线路

B. 干电池

C. 独立于正常电源的发电机组

D. 蓄电池

答案：ABCD

16. 供用电合同包括（   ）。

A. 居民供用电合同

B. 临时供用电合同

C. 低压供用电合同

D. 趸购电合同

E. 高压供用电合同

F. 委托转供电合同

答案：ABCDEF

17. 在电气设备上工作，保证安全的组织措施有（   ）。

A. 工作票制度

B. 工作勘查制度

C. 工作许可制度

D. 工作间断、转移和终结制度

E. 工作监护制度

答案：ACDE

18. 电力系统中主要有（   ）类型的过电压。

A. 设备过电压　　　B. 操作过电压　　　C. 外部过电压　　　D. 内部过电压

答案：CD

19. 高压设备的电气试验有（   ）几种类型。

A. 型式试验　　　B. 出厂试验　　　C. 交接试验　　　D. 预防性试验

E. 检修试验　　　F. 重复操作试验

答案：ABCDE

20. 测量误差可分为（   ）。

A. 系统误差　　　B. 随机误差　　　C. 粗大误差　　　D. 固定误差

答案：ABC

21. 智能电能表实现费控管理有（   ）几种方式。

A. 人工实施费控

B. 主站实施费控

C. 终端实施费控

D. 电能表实施费控

答案：BCD

22. 选择电流互感器时，应根据（   ）等主要参数选择。

A. 额定电压

B. 准确度等级

C. 一次额定电流及变比

D. 二次额定容量

答案：ABCD

23. 智能电能表与传统电能表相比有以下（   ）新功能。

A．有功电能和无功电能双向计量，支持分布式能源用户的接入

B．具备阶梯电价、预付费及远程通断电功能，支持智能需求侧管理

C．可以实时监测电网运行状态、电能质量和环境参量，支持智能用电用能服务

D．具备异常用电状况在线监测、诊断、报警及智能化处理功能，满足计量装置故障处理和在线监测的需求

E．配备专用安全加密模块，保障电能表信息安全储存、运算和传输

答案：ABCDE

24．根据《营销业务应用标准化设计业务模型说明书》规定变压器损耗有（   ）。

A．有功铁损   B．有功铜损   C．无功铁损   D．无功铜损

答案：ABCD

25．国家电网公司自身节电项目主要包括但不限于（   ）。

A．办公场所、生产及辅助设施   B．所属调峰电厂

C．电网技术改造与大修   D．电网经济运行

答案：ABCD

三、判断题

1．电力监管机构对供电企业执行国家规定的电价政策和收费标准的情况实施监管。供电企业应当严格执行国家电价政策，可以按照市场交易价，依据计量检定机构依法认可的用电计量装置的记录，向用户计收电费。（   ）

答案：√

2．用户计量装置在室外时，从低压电力线路到用户室外第一支持物的一段线路为接户线；从用户室外第一支持物至用户室外计量装置的一段线路为进户线。（   ）

答案：×

正确答案：用户计量装置在室内时，从低压电力线路到用户室外第一支持物的一段线路为接户线；从用户室外第一支持物至用户室内计量装置的一段线路为进户线。

3．变压器的空载损耗指变压器二次绕组开路，一次绕组加上额定频率的额定电压时产生的有功功率损耗，也称为铜损。（   ）

答案：×

正确答案：也称为铁损。

4．因违反员工"十个不准"、客户服务推诿、信息披露不及时引起的客户投诉风险为服务意识风险。（   ）

答案：×

正确答案：服务意识风险是指因服务人员意识不强、服务技能欠缺、违反员工"十个不准"等原因引起的客户不满、客户投诉、影响公司形象等风险。

5. 营销自动化系统安全风险分为系统故障风险、网络安全风险、应用程序风险、业务数据风险、运行管理风险。（　　　）

答案：√

6. 供电企业信息公开应当遵循真实准确、及时发布、便民利民的原则，并对本企业发布的信息内容负责。（　　　）

答案：×

正确答案：真实准确、规范及时、便民利民。

7. 电力服务事件分为特级、一级、二级和一般四个等级。（　　　）

答案：×

正确答案：电力服务事件分为特别重大、重大、较大和一般服务事件。

8. 供电服务安全风险是指在电力供应与使用过程中，因业扩报装管理不规范、客户电气设备带缺陷运行、重要客户安全隐患未及时有效治理、未依法签订并履行供用电合同等原因，引起的客户设备损坏、人身伤亡、异常停电等安全用电事故风险。（　　　）

答案：×

正确答案：供用电安全风险。

9. 供电企业对申请临时用电的客户收取临时接电费用。办理临时用电的电力客户应与供电企业以合同方式约定临时用电期限并预交相应容量的临时接电费用。临时用电期限一般不超过 6 个月。（　　　）

答案：×

正确答案：临时用电期限一般不超过 3 年。

10. 业扩受理的危险点包括客户申请资料不完整或与实际不符，致后续环节存在安全业扩报装类隐患。（　　　）

答案：√

11. 在受理高耗能、高排放行业用电申请时需客户提供政府主管部门立项或批复文件、环境评估报告、土地预审批文等。（　　　）

答案：√

12. 依据《国家电网公司客户安全用电服务若干规定（试行）》，用电安全检查分为定期检查、专项检查和特殊检查三大类。定期检查可以和专项检查相结合，特殊检查是指因重要保电任务或其他需要而开展的用电安全检查。（　　　）

答案：√

13. 在变电站电气设备上工作，保证安全的技术措施共包括停电、验电、接地和装设遮栏（围栏）四项。（　　　）

答案：×

正确答案：还有悬挂标示牌。

14. 运行中的电气设备指全部带有电压或一经操作即带有电压的电气设备。（ ）

答案：×

正确答案：还有一部分带有电压的电气设备。

15. 无功补偿包括集中补偿和分散补偿，其中分散补偿分为个别补偿和总体补偿两种形式。（ ）

答案：×

正确答案：分散补偿分为个别补偿和分组补偿两种形式。

16. 计量器具是指能用以直接或间接测出被测对象量值的装置、仪器仪表、量具和用于统一量值的标准物质，包括计量基准、计量标准、工作计量器具。（ ）

答案：√

17. 法定计量检定机构是指质量技术监督部门依法设置，并经质量技术监督部门组织考核合格的计量检定机构称为法定计量检定机构。（ ）

答案：×

正确答案：法定计量检定机构是指质量技术监督部门依法设置或授权建立的。

18. 检定结果通知书是指说明计量器具被发现不符合或不再符合相关法定要求的文件。（ ）

答案：√

19. 根据《法定计量检定机构考核规范》检定证书是指证明计量器具已经检定并符合相关法定要求的文件。（ ）

答案：√

20. 互感器二次侧和电能表及其附件相连接的线路称为电能计量装置二次回路。（ ）

答案：√

21. 电能表的标定电流是指电能表能满足其制造标准规定的准确度的最大电流值，用 I_{max} 表示。（ ）

答案：×

正确答案：应该是额定最大电流。

22. 需量是指每个需量周期内的平均功率，最大需量是指某段积算时间内各需量中的最大值。（ ）

答案：√

23. 复费率电能表是指有多个计度器分别在规定的不同费率时段内记录有功电能的电能表。（ ）

答案：×

正确答案：还有记录无功电量。

24．根据《营销业务应用标准化设计业务模型说明书》抄表周期是指连续两次抄表间隔的时间。分一月一次、一月多次。（　　）

答案：×

正确答案：还有多月一次等。

25．根据《营销业务应用标准化设计业务模型说明书》规定：抄表例日是指定抄表段在一个抄表周期内默认的抄表日。（　　）

答案：√

26．客户的最大需量是指客户在本结算周期内，每 15min 内的最大平均负荷。最大需量通过抄录在客户处安装的最大需量表来得到。（　　）

答案：√

27．根据《营销业务应用标准化设计业务模型说明书》主表下存在多个同级分表的，应首先扣减被转供户的电量，其次扣减定比定量，再次扣减实抄分表电量。（　　）

答案：×

正确答案：应为其次扣减实抄分表电量，再次扣减定比定量。

28．凡未通过专用变压器接用的高压电动机，均应计算基本电费。（　　）

答案：√

29．功率因数调整电费是按照用户的实际功率因数及该用户所执行的功率因数标准对用户承担的电费按功率因数调整电费表系数进行相应调整的电费。（　　）

答案：√

30．统计期的售电单价是供电营业区域内，一个时期总电力销售收入与全口径售电量之和的商值，就是该供电营业区在此统计期的售电单价。（　　）

答案：√

31．根据《国家发展改革委，教育部关于学校水电价格有关问题的通知》（发改价格〔2007〕2463 号），规定学校教学和学生生活用电价格按照居民用电价格执行。根据"通知"规定，用电价格执行居民电价的学校，是指经国家有关部门批准，由政府及其有关部门和社会组织举办的公办学校。（　　）

答案：×

正确答案：应为由政府及其有关部门、社会组织和公民个人举办的公办、民办学校。

32．差别电价主要涉及八大行业，即电解铝、铁合金、电石、烧碱、水泥、钢铁、黄磷、锌炼铁。（　　）

答案：√

33．《销售电价管理暂行办法》（发改价格〔2005〕514 号）规定：销售电价由购

电成本、输配电价及政府性基金三部分构成。（　　）

答案：×

正确答案：由购电成本、输配电损耗、输配电价及政府性基金四部分构成。

34．合同能源管理是一种新型的市场化节能机制。其实质就是以减少的能源费用来支付节能项目全部成本的节能业务方式。依照具体的业务方式，可以分为分享型合同能源管理业务（节能效益分享型）、承诺型合同能源管理业务（节能量保证型）、能源费用托管型合同能源管理业务（能源费用托管型）。（　　）

答案：√

35．用户减容最短期限不得少于六个月，最长期限不得超过二年。（　　）

答案：×

正确答案：用户减容最短期限不得少于六个月，但同一历日年内暂停满六个月申请办理减容的用户减容期限不受时间限制。

36．申请暂停用电，每次应不少于十五天，每一日历年内暂停时间累计不超过六个月，一年暂停不能超过两次。暂停时间少于十五天的，则暂停期间基本电费照收。

答案：×

正确答案：申请暂停用电，每次应不少于十五天，每一日历年内暂停时间累计不超过六个月，次数不受限制。

37．当年内暂停累计期满六个月后，如需继续停用的，可申请减容，减容期限不能超过两年。

答案：×

正确答案：当年内暂停累计期满六个月后，如需继续停用的，可申请减容，减容期限不受限制。

38．减容期满后的用户以及新装、增容用户，二年内申办暂停的，暂停部分容量按百分之五十计收基本电费。

答案：×

正确答案：减容期满后的用户以及新装、增容用户，二年内申办暂停的，不再收取暂停部分容量百分之五十的基本电费。

39．选择最大需量计费方式的用户暂停后，合同最大需量核定值按照暂停后总容量申报。申请暂停周期应以抄表结算周期或日历月为基本单位，起止时间应与抄表结算起止时间或整日历月一致。合同最大需量核定值在下一个抄表结算周期或日历月生效。

答案：√

40．暂停期满或每一日历年内累计暂停用电时间超过六个月的用户，用户未申请恢复用电，供电企业则不能计收暂停部分容量的基本电费。

答案：×

正确答案：不论是否申请恢复用电，供电企业须从期满之日起，恢复其原电价计费方式，并按合同约定的容量计收基本电费。

四、简答题

1. 用电检查人员实施现场前的准备工作有哪些？

答：（1）供电企业用电检查人员实施现场检查时，用电检查员的人数不得少于两人。

（2）执行用电检查任务前，用电检查人员应按规定填写《用电检查工作单》，经审核批准后，方能赴用户执行查电任务。查电工作终结后，用电检查人员应将《用电检查工作单》交回存档。《用电检查工作单》内容应包括：用户单位名称、用电检查人员姓名、检查项目及内容、检查日期、检查结果，以及用户代表签字等栏目。

2. 任何单位或个人不得从事哪些危害电力设施建设的行为？

答：（1）非法侵占电力设施建设项目依法征用的土地。

（2）涂改、移动、损害、拔除电力设施建设的测量标桩和标记。

（3）破坏、封堵施工道路，截断施工水源或电源。

3. 供电企业对产权属于用户的电气设备提供有偿服务时，应如何收费？

答：供电企业应用户要求对产权属于用户的电气设备提供有偿服务时，应当执行政府定价或者政府指导价。没有政府定价和政府指导价的，参照市场价格协商确定。

4. 如何帮助用户提高功率因数？

答：提高功率因数有两种方法，一是自然改善，二是加补偿装置。自然功率因数的高低，取决于负荷性质，一般采取以下技术措施：

（1）减少"大马拉小车"现象，提高使用设备效率。

（2）调整负荷，提高设备利用率。

（3）利用新技术，加强设备维护。

虽然采取了以上技术措施，往往是达不到理想的标准，所以还须加装补偿装置，即安装电力电容器，根据功率因数的高低，加装适量的电力电容器，这是比较经济和卓有实效的一种方法。

5. 提高功率因数的意义有哪些？

答：通过改善功率因数，可减少发供电企业的设备投资，并且降低了设备本身电能的损耗；可减少供电系统中的电压损失，可以使负载电压更稳定，改善电能的质量；可增加发供电设备的能力；可以降低客户用电设备自身的损耗，也可以改善客户的电能质量，依据"依功率因数调整电费的办法"，客户可得到电费的优惠政策，从而降低客户的电费支出。

6. 电费违约金、违约使用电费、罚款的概念和区别分别是什么？

答：（1）电费违约金是用户未能履行供用电双方签订的《供用电合同》，未在规定的期限内交清电费，而承担的电费滞纳的违约责任。电费违约金由电费部门按迟交金额×迟交天数×规定的比例 0.1%～0.3%计算。

（2）违约使用电费是用户违反供用电双方签订的《供用电合同》中约定的正常用电行为，应承担其相应的违约责任。它由供电企业根据违约行为的性质按规定收取。违约使用电费不是电费收入，而是供电企业的营业外收入。

（3）罚款是电力管理部门对供用电各方违反《电力法》和《电力供应与使用条例》等法律法规的规定而给予的行政处罚。罚款是行政处罚行为，罚款应上交各级地方财政。

7. 执行居民生活电价的学校有哪些？

答：根据《国家发展改革委，教育部关于学校水电价格有关问题的通知》（发改价格〔2007〕2463 号），规定学校教学和学生生活用电价格按照居民用电价格执行。根据"通知"规定，用电价格执行居民电价的学校，是指经国家有关部门批准，由政府及其有关部门、社会组织和公民个人举办的公办、民办学校。执行学校用电的范围包括：

（1）普通高等学校（包括大学、独立设置的学院和高等专科学校）。

（2）普通高中、成人高中和中等职业学校（包括普通中专、成人中专、职业高中、技工学校）。

（3）普通初中、职业初中、成人初中。

（4）普通小学、成人小学。

（5）幼儿园（托儿所）。

（6）特殊教育学校（对残疾儿童、少年实施义务教育的机构）。

8. 什么是多功能电能表？

答：多功能电能表是指由测量单元和数据处理单元等组成，除计量有功（无功）电能量外，还具有分时、测量需量等两种以上功能，并能显示、储存和输出数据的电能表。

9. 为什么要选用 S 级的电流互感器？

答：由于 S 级电流互感器能在额定电流的 1%～120%之间准确计量，所以对于长期处在负载电流小、但又有大负荷电流的用户，或有大冲击负荷的用户和线路，为了提高计量准确度，可选用 S 级电流互感器。

10. 供电企业对申请新装及增加用电容量的两路及以上多回路供电客户收取什么费用？如何计收？

答：收取高可靠性供电费用。对申请新装及增加用电容量的两路及以上多回路供电（含备用电源、保安电源）客户，在国家没有统一出台高可靠性电价政策前，除供电容量最大的供电回路外，对其余供电回路可适当收取高可靠性供电费用。

11．重要电力用户的自备应急电源配置应符合哪些要求？

答：应符合以下要求：

（1）自备应急电源配置容量标准应达到保安负荷的120%。

（2）自备应急电源启动时间应满足安全要求。

（3）自备应急电源与电网电源之间应装设可靠的电气或机械闭锁装置，防止倒送电。

（4）临时性重要电力用户可以通过租用应急发电车（机）等方式，配置自备应急电源。

第六章

配电安规知识

一、填空题

1. 环网柜应在（　　）、（　　）、合上接地开关后，方可打开柜门。

答案：停电，验电

2. 运用中的配电线路和设备，指（　　）的配电线路和设备。

答案：全部带有电压、一部分带有电压、一经操作即带有电压

3. 配电站、开闭所户外高压配电线路、设备的裸露部分在跨越人行过道或作业区时，若10kV、20kV导电部分对地高度分别小于（　　）m，则该裸露部分底部和两侧应装设护网。

答案：2.7、2.8

4. 在配电线路和设备上工作，为保证安全的组织措施有（　　）。

答案：现场勘察制度、工作间断、转移制度、工作终结制度

5. 停电时应拉开隔离开关（刀闸），手车开关应拉至（　　）位置，使停电的线路和设备各端都有明显断开点。

答案：试验或检修

6. 计量、负控装置工作时，应有防止（　　）的措施。

答案：电流互感器二次侧开路、电压互感器二次侧短路、相间短路、相对地短路、电弧灼伤

7. 承、发包工程，工作票可实行（　　）。签发工作票时，双方工作票签发人在工作票上分别签名，各自承担相应的（　　）。

答案："双签发"，安全责任

8. 已终结的工作票含工作任务单、故障紧急抢修单、现场勘察记录至少应保存（　　）。

答案：1年

9. 工作票只能延期（　　）。延期手续应记录在（　　）。

答案：一次，工作票上

10. 配电工作票的有效期，以批准的（　　）为限。

答案：检修时间

11. 配电工作票批准的检修时间为调度控制中心或设备运维管理单位批准的（　　）时间。

答案：开工至完工

12. 用户侧设备检修，需电网侧设备配合停电时，应得到用户停送电联系人的（　　），经批准后方可停电。

答案：书面申请

13. 对同杆（塔）架设的多层电力线路验电，应先验（ ）、后验（ ），先验（ ）、后验（ ），先验（ ）、后验（ ）

答案：低压，高压，下层，上层，近侧，远侧

14. 大风天气巡线，应沿线路（ ）前进，以免触及断落的导线。

答案：上风侧

15. 巡视中发现高压配电线路、设备接地或高压导线、电缆断落地面、悬挂空中时，室内人员应距离故障点（ ）以外，室外人员应距离故障点（ ）以外。处理前应防止人员接近（ ），以免跨步电压伤人。

答案：4m，8m，接地或断线地点

16. 配电站、开闭所的环网柜应在（ ）的状态下更换熔断器。

答案：没有负荷

17. 配电变压器柜的柜门应有防误入带电间隔的措施，新设备应安装防误入带电间隔（ ）。

答案：闭锁装置

18. 电源侧不停电更换电能表时，直接接入的电能表应将出线负荷（ ）；经电流互感器接入的电能表应将电流互感器二次侧（ ）后进行。

答案：断开，短路

19. 现场校验电流互感器、电压互感器应（ ），试验时应有防止（ ）、防止人员触电的措施。

答案：停电进行，反送电

20. 在低压用电设备上停电工作前，应断开电源、取下熔丝，加锁或悬挂标示牌，确保（ ）。

答案：不误合

21. 接入高压配电网的分布式电源，并网点应安装（ ）、具有明显断开点、可开断故障电流的开断设备，电网侧应能接地。

答案：易操作、可闭锁

二、单选题

1. 配电线路系指（ ）kV 及以下配电网中的架空线路、电缆线路及其附属设备等。

A. 6　　　　　　　B. 10　　　　　　　C. 20　　　　　　　D. 35

答案：C

2. 作业人员应经医师鉴定，无妨碍工作的病症，体格检查每（ ）至少一次。

A. 半年　　　　　　B. 一年　　　　　　C. 两年　　　　　　D. 三年

答案：C

3. 作业人员应具备必要的安全生产知识，学会紧急救护法，特别要学会（　　）。

A. 创伤急救　　　　B. 触电急救　　　　C. 溺水急救　　　　D. 灼伤急救

答案：B

4. 作业人员应接受相应的安全生产知识教育和岗位技能培训，掌握配电作业必备的电气知识和业务技能，并按工作性质，熟悉本规程的相关部分，经（　　）合格上岗。

A. 培训　　　　　　B. 口试　　　　　　C. 考试　　　　　　D. 考核

答案：C

5. 参与公司系统所承担电气工作的外单位或外来人员应熟悉本规程；经考试合格，并经（　　）认可后，方可参加工作。

A. 工程管理单位　　　　　　　　B. 设备运维管理单位

C. 公司领导　　　　　　　　　　D. 安监部门

答案：B

6. 进入作业现场应正确佩戴安全帽，现场作业人员还应穿（　　）、绝缘鞋。

A. 绝缘服　　　　　　　　　　　B. 屏蔽服

C. 防静电服　　　　　　　　　　D. 全棉长袖工作服

答案：D

7. 作业人员对《国家电网公司电力安全工作规程》应每年考试一次。因故间断电气工作连续（　　）及以上者，应重新学习本规程，并经考试合格后，方可恢复工作。

A. 一个月　　　　　B. 两个月　　　　　C. 三个月　　　　　D. 六个月

答案：C

8. 作业人员对《国家电网公司电力安全工作规程》应（　　）考试一次。因故间断电气工作连续三个月及以上者，应重新学习本规程，并经考试合格后，方可恢复工作。

A. 每月　　　　　　B. 每半年　　　　　C. 每年　　　　　　D. 每两年

答案：C

9. 新参加电气工作的人员、实习人员和临时参加劳动的人员（管理人员、非全日制用工等），应经过（　　）后，方可下现场参加指定的工作，并且不得单独工作。

A. 专业技能培训　　　　　　　　B. 安全生产知识教育

C. 考试合格　　　　　　　　　　D. 电气知识培训

答案：B

10. 在多电源和有自备电源的用户线路的（　　）处，应有明显断开点。

A．低压系统接入点　　　　　　　　B．分布式电源接入点

C．高压系统接入点　　　　　　　　D．产权分界点

答案：C

11．在多电源和有自备电源的用户线路的高压系统接入点，应有明显（　　）。

A．电气指示　　　B．机械指示　　　C．警示标识　　　D．断开点

答案：D

12．在绝缘导线所有电源侧及适当位置（如支接点、耐张杆处等）、柱上变压器高压引线，应装设（　　）或其他验电、接地装置。

A．验电环　　　　B．接地环　　　　C．带电显示器　　　D．验电接地环

答案：D

13．柱上断路器应有分、合位置的（　　）指示。

A．机械　　　　　B．电气　　　　　C．仪表　　　　　D．带电

答案：A

14．作业现场的（　　）和安全设施等应符合有关标准、规范的要求，作业人员的劳动防护用品应合格、齐备。

A．安全装置　　　B．环境卫生　　　C．生产条件　　　D．技术措施

答案：C

15．作业现场的生产条件和安全设施等应符合有关标准、规范的要求，作业人员的（　　）应合格、齐备。

A．劳动防护用品　B．工作服　　　　C．安全工器具　　D．施工机具

答案：A

16．地下配电站过道和楼梯处，应设（　　）和应急照明等。

A．防踏空线　　　B．逃生指示　　　C．防绊跤线　　　D．挡鼠板

答案：B

17．配电站、开闭所户内高压配电设备的裸露导电部分对地高度小于（　　）m，该裸露部分底部和两侧应装设护网。

A．2.8　　　　　　B．2.5　　　　　　C．2.6　　　　　　D．2.7

答案：B

18．配电站、开闭所户外 10kV 高压配电线路、设备所在场所的行车通道上，车辆（包括装载物）外廓至无遮栏带电部分之间的安全距离为（　　）m。

A．0.7　　　　　　B．0.95　　　　　C．1.05　　　　　D．1.15

答案：B

19．配电站、开闭所户外 20kV 高压配电线路、设备所在场所的行车通道上，车辆（包括装载物）外廓至无遮栏带电部分之间的安全距离为（　　）m。

A. 0.7　　　　　B. 0.95　　　　　C. 1.05　　　　　D. 1.15

答案：C

20. 装设于（　　）的配电变压器应设有安全围栏，并悬挂"止步，高压危险！"等标示牌。

A. 室外　　　　　B. 室内　　　　　C. 柱上　　　　　D. 地面

答案：D

21. 10kV 及以下高压线路、设备不停电时的安全距离为（　　）m。

A. 0.35　　　　　B. 0.6　　　　　C. 0.7　　　　　D. 1.0

答案：C

22. 同一电压等级、同类型、相同安全措施且依次进行的（　　）上的不停电工作，可使用一张配电第二种工作票。

A. 不同配电线路或不同工作地点　　　B. 不同配电线路

C. 不同工作地点　　　　　　　　　　D. 相邻配电线路

答案：A

23. （　　）不得延期。

A. 配电第一种工作票　　　　　　　　B. 配电第二种工作票

C. 带电作业工作票　　　　　　　　　D. 低压工作票

答案：C

24. 填用配电第二种工作票的配电线路工作，可不履行（　　）手续。

A. 工作票　　　B. 工作许可　　　C. 工作监护　　　D. 工作交接

答案：B

25. 禁止（　　）停、送电。

A. 同时　　　　　B. 约时　　　　　C. 分时　　　　　D. 按时

答案：B

26. 接地线拆除后，（　　）不得再登杆工作或在设备上工作。

A. 工作班成员　　　B. 任何人　　　C. 运行人员　　　D. 作业人员

答案：B

27. 工作完工后，应清扫整理现场，工作负责人（包括小组负责人）应检查（　　）的状况。

A. 停电地段　　　B. 检修地段　　　C. 工作地段　　　D. 杆塔上

答案：C

28. 任何运行中星形接线设备的中性点，应视为（　　）设备。

A. 大电流接地　　　B. 不带电　　　C. 带电　　　D. 停电

答案：C

29．作业人员工作中正常活动范围与 10kV 高压线路、设备带电部分的安全距离为（   ）m。

A．0.35   B．0.6   C．0.7   D．1.0

答案：A

30．电气设备（   ）在母线或引线上的，设备检修时应将母线或引线停电。

A．直接连接   B．间接连接   C．可靠连接   D．连接

答案：A

31．高压验电前，验电器应先在有电设备上试验，确证验电器良好；无法在有电设备上试验时，可用（   ）高压发生器等确证验电器良好。

A．工频   B．高频   C．中频   D．低频

答案：A

32．雨雪天气室外设备宜采用间接验电；若直接验电，应使用（   ），并戴绝缘手套。

A．声光验电器   B．高压声光验电器

C．雨雪型验电器   D．高压验电棒

答案：C

33．禁止作业人员越过（   ）的线路对上层线路、远侧进行验电。

A．未停电   B．未经验电、接地

C．未经验电   D．未停电、接地

答案：B

34．当验明确已无电压后，应立即将检修的高压配电线路和设备接地并（   ）短路。

A．单相   B．两项   C．三相   D．中相和边相

答案：C

35．配合停电的交叉跨越或邻近线路，在交叉跨越或邻近线路处附近应装设（   ）接地线。

A．一组   B．两组   C．相应   D．三组

答案：A

36．装设、拆除接地线均应使用（   ）并戴绝缘手套，人体不得碰触接地线或未接地的导线。

A．绝缘绳   B．专用的绝缘绳   C．绝缘棒   D．软铜线

答案：C

37．装设接地线应（   ），拆除接地线的顺序与此相反。

A．先接母线侧、后接负荷侧   B．先接负荷侧、后接母线侧

C. 先接导体端、后接接地端　　　　　　D. 先接接地端、后接导体端

答案：D

38. 接地线截面积应满足装设地点短路电流的要求，且高压接地线的截面积不得小于（　　）mm^2。

A. 16　　　　　　B. 25　　　　　　C. 36　　　　　　D. 20

答案：B

39. 成套接地线应由有（　　）的多股软铜线和专用线夹组成。

A. 绝缘护套　　　B. 护套　　　　　C. 透明护套　　　D. 橡胶护套

答案：C

40. 低压接地线和个人保安线的截面积不得小于（　　）mm^2。

A. 12　　　　　　B. 16　　　　　　C. 25　　　　　　D. 36

答案：B

41. 接地线应使用专用的线夹固定在导体上，禁止用（　　）的方法接地或短路。

A. 压接　　　　　B. 缠绕　　　　　C. 固定　　　　　D. 熔接

答案：B

42. 低压配电设备、低压电缆、集束导线停电检修，无法装设接地线时，应采取（　　）或其他可靠隔离措施。

A. 停电　　　　　B. 悬挂标示牌　　C. 绝缘遮蔽　　　D. 装设遮栏

答案：C

43. 城区、（　　）或交通道口和通行道路上施工时，工作场所周围应装设遮栏（围栏），并在相应部位装设警告标示牌。

A. 山区　　　　　B. 郊区　　　　　C. 有人区域　　　D. 人口密集区

答案：D

44. 正常巡视应（　　）。

A. 穿绝缘鞋　　　B. 穿纯棉工作服　C. 穿绝缘靴　　　D. 戴手套

答案：A

45. 夜间巡线应携带足够的（　　）。

A. 干粮　　　　　B. 照明用具　　　C. 急救药品　　　D. 防身器材

答案：B

46. 操作票至少应保存（　　）。

A. 6 个月　　　　B. 1 年　　　　　C. 2 年　　　　　D. 1 个月

答案：B

47. 停电拉闸操作应按照（　　）的顺序依次进行，送电合闸操作应按与上述相反的顺序进行。禁止带负荷拉合隔离开关（刀闸）。

A．断路器（开关）—负荷侧隔离开关（刀闸）—电源侧隔离开关（刀闸）

B．负荷侧隔离开关（刀闸）—断路器（开关）—电源侧隔离开关（刀闸）

C．断路器（开关）—电源侧隔离开关（刀闸）—负荷侧隔离开关（刀闸）

D．负荷侧隔离开关（刀闸）—电源侧隔离开关（刀闸）—断路器（开关）

答案：A

48．断路器（开关）与隔离开关（刀闸）无机械或电气闭锁装置时，在拉开隔离开关（刀闸）前应（　　）。

A．确认断路器（开关）操作电源已完全断开

B．确认断路器（开关）已完全断开

C．确认断路器（开关）机械指示正常

D．确认无负荷电流

答案：B

49．（　　）时，禁止就地倒闸操作和更换熔丝。

A．大风　　　　　　B．雷电　　　　　　C．大雨　　　　　　D．大雪

答案：B

50．装设柱上开关（包括柱上断路器、柱上负荷开关）的配电线路停电，应（　　）。送电操作顺序与此相反。

A．先断开柱上开关，后拉开隔离开关

B．先拉开隔离开关，后断开柱上开关

C．先停主线开关，后停支线柱上开关

D．先停支线柱上开关，后停主线开关

答案：A

51．配电变压器停电，应（　　），送电操作顺序与此相反。

A．先拉开高压侧熔断器，后拉开低压侧隔离开关

B．先拉开低压侧隔离开关，后拉开高压侧熔断器

C．先拉开低压侧分路开关，后拉开低压侧总开关

D．先拉开低压侧总开关，后拉开低压侧分路开关

答案：B

52．架空绝缘导线不得视为（　　）。

A．绝缘设备　　　　B．导电设备　　　　C．承力设备　　　　D．载流设备

答案：A

53．环网柜部分停电工作，若进线柜线路侧有电，进线柜应设遮栏，悬挂"（　　）"标示牌。

A．止步，高压危险！　　　　　　　　　　B．禁止合闸，有人工作！

C．禁止攀登、高压危险！ D．从此进出

答案：A

54．配电站的变压器室内工作，人体与10kV高压设备带电部分应保持（   ）m安全距离。

A．0.7 B．1.0 C．1.5 D．3.0

答案：A

55．低压配电网中的开断设备应易于操作，并有明显的（   ）指示。

A．仪表 B．信号 C．开断 D．机械

答案：C

56．低压装表接电时，（   ）。

A．应先安装计量装置后接电 B．应先接电后安装计量装置

C．计量装置安装和接电的顺序无要求 D．计量装置安装和接电应同时进行

答案：A

57．当发现配电箱、电表箱箱体带电时，应（   ），查明带电原因，并做相应处理。

A．检查接地装置 B．断开上一级电源

C．通知用户停电 D．先接地

答案：B

58．在低压用电设备上工作，需高压线路、设备配合停电时，应填用相应的（   ）。

A．工作票 B．任务单 C．工作记录 D．派工单

答案：A

59．风力大于5级，或湿度大于（   ）时，不宜带电作业。

A．60% B．70% C．80% D．90%

答案：C

60．禁止（   ）断、接引线。

A．带负荷 B．带电 C．停电 D．无负荷

答案：A

61．电流互感器和电压互感器的二次绕组应有（   ）永久性的、可靠的保护接地。

A．一点且仅有一点 B．两点

C．多点 D．至少一点

答案：A

62．高压回路上使用钳形电流表的测量工作，至少应两人进行。非运维人员测量时，应（   ）。

A．填用配电第一种工作票　　　　　　B．填用配电第二种工作票

C．填用配电带电作业工作票　　　　　D．按口头或电话命令执行

答案：B

63．在有分布式电源接入的低压配电网上工作，宜（　　　）。

A．采取停电工作方式　　　　　　　　B．采取带电工作方式

C．使用低压工作票　　　　　　　　　D．使用第二种工作票

答案：B

64．触电急救脱离电源，就是要把触电者接触的那一部分带电设备的（　　　）断路器（开关）、隔离开关（刀闸）或其他断路设备断开；或设法将触电者与带电设备脱离开。

A．有关　　　　B．所有　　　　C．高压　　　　D．低压

答案：B

65．触电伤员脱离电源后，正确的抢救体位是（　　　）。

A．左侧卧位　　　B．右侧卧位　　　C．仰卧位　　　D．俯卧位

答案：C

66．触电急救，胸外心脏按压频率应保持在（　　　）次/min。

A．60　　　　　B．80　　　　　C．100　　　　　D．120

答案：C

三、判断题

1．低压电气设备电压等级为 1000V 以下。（　　　）

答案：×

正确答案：低压电气设备电压等级为 1000V 及以下。

2．高压电气设备电压等级为 1000V 以上。（　　　）

答案：√

3．环网柜、电缆分支箱等箱式配电设备宜装设验电、接地装置。（　　　）

答案：√

4．经常有人工作的场所及施工车辆上应配备急救箱，存放急救用品，并应指定专人定期检查、补充或更换。（　　　）

答案：×

正确答案：经常有人工作的场所及施工车辆上应配备急救箱，存放急救用品，并应指定专人经常检查、补充或更换。

5．低压配电工作，不需要将低压线路、设备停电或做安全措施者，应填用低压工作票。（　　　）

答案：×

正确答案：低压配电工作，不需要将高压线路、设备停电或做安全措施者，应填用低压工作票。

6．接户、进户计量装置上的停电工作，可使用其他书面记录或按口头、电话命令执行。（　　　）

答案：×

正确答案：接户、进户计量装置上的不停电工作，可使用其他书面记录或按口头、电话命令执行。

7．对同一个工作日的多条低压配电线路或设备上的工作，可使用一张低压工作票。（　　　）

答案：×

正确答案：对同一个工作日、相同安全措施的多条低压配电线路或设备上的工作，可使用一张低压工作票。

8．停电时应拉开隔离开关，手车开关应拉至试验或检修位置，使停电的线路和设备两端都有明显断开点。（　　　）

答案：×

正确答案：停电时应拉开隔离开关，手车开关应拉至试验或检修位置，使停电的线路和设备各端都有明显断开点。

9．任何人不得解除闭锁装置。（　　　）

答案：×

正确答案：任何人不得随意解除闭锁装置。

10．倒闸操作有就地操作和遥控操作两种方式。（　　　）

答案：√

11．操作柱上充油断路器（开关）或与柱上充油设备同杆（塔）架设的断路器（开关）时，应防止充油设备爆炸伤人。（　　　）

答案：√

12．更换配电变压器跌落式熔断器熔丝，应拉开低压侧开关（刀闸）和高压侧隔离开关或跌落式熔断器。（　　　）

答案：√

13．操作人员接触低压金属配电箱（表箱）前应先验电。（　　　）

答案：√

14．有总断路器（开关）和分路断路器（开关）的回路停电，应先断开总路断路器（开关），后断开分断路器（开关）。送电操作顺序与此相反。（　　　）

答案：×

正确答案：有总断路器（开关）和分路断路器（开关）的回路停电，应先断开分路断路器（开关），后断开总断路器（开关）。送电操作顺序与此相反。

15．有隔离开关和熔断器的回路停电，应先取下熔断器，后拉开隔离开关。送电操作顺序与此相反。（　　　）

答案：×

正确答案：有隔离开关和熔断器的回路停电，应先拉开隔离开关，后取下熔断器。送电操作顺序与此相反。

16．有断路器和插拔式熔断器的回路停电，应先断开断路器，并在负荷侧 A 相验明确无电压后，方可取下熔断器。（　　　）

答案：×

正确答案：有断路器和插拔式熔断器的回路停电，应先断开断路器，并在负荷侧逐相验明确无电压后，方可取下熔断器。

17．风力超过 5 级时，禁止砍剪高出或接近带电线路的树木。（　　　）

答案：√

18．架空绝缘导线可视为绝缘设备，作业人员在做好相应的安全措施后可直接接触或接近。（　　　）

答案：×

正确答案：架空绝缘导线不得视为绝缘设备，作业人员或非绝缘工器具、材料不得直接接触或接近。

19．配电站、开闭所的环网柜可以在低负荷的状态下更换熔断器。（　　　）

答案：×

正确答案：配电站、开闭所的环网柜应在没有负荷的状态下更换熔断器。

20．环网柜部分停电工作，若进线柜线路侧有电，进线柜应设遮栏，悬挂"止步，高压危险！"标示牌。（　　　）

答案：√

21．计量、负控装置工作时，应有防止电流互感器二次侧开路、电压互感器二次侧短路和防止相间短路、相对地短路、电弧灼伤的措施。（　　　）

答案：√

22．现场校验电流互感器、电压互感器应停电进行，试验时应有防止反送电、防止人员触电措施。（　　　）

答案：√

23．低压电气带电工作应戴手套、护目镜，并保持对地绝缘。（　　　）

答案：√

24．低压电气工作，应采取措施防止误入相邻间隔、误碰相邻带电部分。（　　　）

答案：√

25．低压电气工作时，拆开的引线、断开的线头应采取胶布包裹等遮蔽措施。（   ）

答案：×

正确答案：低压电气工作时，拆开的引线、断开的线头应采取绝缘包裹等遮蔽措施。

26．低压电气带电工作，应采取绝缘隔离措施防止相间短路和单相接地。（   ）

答案：√

27．低压电气带电工作时，作业范围内电气回路的剩余电流动作保护装置应投入运行。（   ）

答案：√

28．人体可同时接触两根零线线头。（   ）

答案：×

正确答案：禁止人体同时接触两根线头。

29．配电变压器测控装置二次回路上工作，应按低压带电工作进行，并采取措施防止电流互感器二次侧短路。（   ）

答案：×

正确答案：配电变压器测控装置二次回路上工作，应按低压带电工作进行，并采取措施防止电流互感器二次侧开路。

30．在低压用电设备上停电工作前，应验明确无电压，方可工作。（   ）

答案：√

31．二次设备箱体应可靠接地且接地电阻应满足要求。（   ）

答案：√

32．在带电的电流互感器二次回路上工作，应采取措施防止电流互感器二次侧短路。（   ）

答案：×

正确答案：在带电的电流互感器二次回路上工作，应采取措施防止电流互感器二次侧开路。

33．电压互感器的二次回路通电试验时，应将二次回路断开，并取下电压互感器高压熔断器或拉开电压互感器一次刀闸，防止由一次侧向二次侧反送电。（   ）

答案：×

正确答案：电压互感器的二次回路通电试验时，应将二次回路断开，并取下电压互感器高压熔断器或拉开电压互感器一次刀闸，防止由二次侧向一次侧反送电。

34．人体应与带电设备保持安全距离，并注意防止绝缘杆被人体或设备短接，以保持有效的绝缘长度。（   ）

答案：√

35．凡在坠落高度基准面 1.5m 及以上的高处进行的作业，都应视作高处作业。（ ）

答案：×

正确答案：凡在坠落高度基准面 2m 及以上的高处进行的作业，都应视作高处作业。

36．胸外心脏按压时，胸外心脏按压与人工呼吸的比例关系通常是，成人为 30:2，婴儿、儿童为 15:2。（ ）

答案：√

37．一张工作票中，工作票签发人、工作许可人和工作负责人三者不得为同一人。工作许可人中只有现场工作许可人（作为工作班成员之一，进行该工作任务所需现场操作及做安全措施者）可与工作负责人相互兼任。若相互兼任，应具备相应的资质，并履行相应的安全责任。（ ）

答案：√

38．带电作业工作票不得延期。（ ）

答案：√

39．进出配电站、开闭所应随手关门。（ ）

答案：√

40．工作人员禁止擅自开启高压配电设备柜门、箱盖、封板等。（ ）

答案：×

正确答案：工作人员禁止擅自开启直接封闭带电部分的高压配电设备柜门、箱盖、封板等。

41．配电站、开闭所、箱式变电站的门应朝向外开。（ ）

答案：√

42．带电作业工作票，如需办理延期，应在工作结束前办理，并且只能办理一次。（ ）

答案：×

正确答案：带电作业工作票不得延期。

43．工作中，遇雷、雨、大风等情况威胁到工作人员的安全时，工作组成员应立即停止工作。（ ）

答案：×

正确答案：工作中，遇雷、雨、大风等情况威胁到工作人员的安全时，工作负责人或专责监护人应下令停止工作。

44．事故巡视应始终认为线路带电，保持安全距离。夜间巡线，应沿线路内侧进行。（ ）

答案：×

正确答案：事故巡视应始终认为线路带电，保持安全距离。夜间巡线，应沿线路外侧进行。

45．巡线时禁止泅渡。雷电时，禁止巡线。（   ）

答案：√

46．环网柜应在停电后，方可打开柜门。（   ）

答案：×

正确答案：环网柜应在停电、验电、合上接地刀闸后，方可打开柜门。

47．环网柜部分停电工作，若进线柜线路侧有电，进线柜应设遮栏，悬挂"止步，有电危险！"标示牌；在进线柜负荷开关的操作把手插入口加锁，并悬挂"禁止合闸，有人工作！"标示牌；在进线柜接地刀闸的操作把手插入口加锁。（   ）

答案：×

正确答案：环网柜部分停电工作，若进线柜线路侧有电，进线柜应设遮栏，悬挂"止步，高压危险！"标示牌；在进线柜负荷开关的操作把手插入口加锁，并悬挂"禁止合闸，有人工作！"标示牌；在进线柜接地刀闸的操作把手插入口加锁。

48．低压电气工作前，应用低压验电器或测电笔检验检修设备、金属外壳和相邻设备是否有电。（   ）

答案：√

49．所有未停电或未采取绝缘遮蔽、断开点加锁挂牌等可靠措施隔绝电源的低压线路和设备都应视为带电。（   ）

答案：×

正确答案：所有未接地或未采取绝缘遮蔽、断开点加锁挂牌等可靠措施隔绝电源的低压线路和设备都应视为带电。未经验明确无电压，禁止触碰导体的裸露部分。

50．不填用工作票的低压电气工作应单人进行。（   ）

答案：×

正确答案：不填用工作票的低压电气工作可单人进行。

51．低压装表接电时，应先安装计量装置后接电。（   ）

答案：√

52．电容器柜内工作，应断开电容器的电源、逐相充分放电后，方可工作。（   ）

答案：√

53．非运维人员进行的低压测量工作，必须填用低压工作票。（   ）

答案：√

54．直接接入高压配电网的分布式电源的启停应执行营销部（客户服务中心）的指令。（   ）

答案：×

正确答案：直接接入高压配电网的分布式电源的启停应执行电网调度控制中心的指令。

55．在有分布式电源接入的低压配电网上工作，必须采取带电工作方式。（　　　）

答案：×

正确答案：在有分布式电源接入的低压配电网上工作，宜采取带电工作方式。

56．参加高处作业的人员，应至少每年进行一次体检。（　　　）

答案：×

正确答案：参加高处作业的人员，应每年进行一次体检。

57．触电急救，首先要对触电者进行施救，越快越好。因为电流作用的时间越长，伤害越重。（　　　）

答案：×

正确答案：触电急救，首先要使触电者迅速脱离电源，越快越好。因为电流作用的时间越长，伤害越重。

58．抛掷者抛出线后，要迅速离开接地的金属线 8m 以外或双腿并拢站立，防止跨步电压伤人。（　　　）

答案：√

四、简答题

1．现场勘察的内容包含哪些？

答：现场勘察应查看检修（施工）作业需要停电的范围、保留的带电部位、装设接地线的位置、邻近线路、交叉跨越、多电源、自备电源、地下管线设施和作业现场的条件、环境及其他影响作业的危险点。

2．根据工作票制度，在配电线路和设备上工作，按哪些方式进行？

答：在配电线路和设备上工作，应按下列方式进行：

（1）填用配电第一种工作票。

（2）填用配电第二种工作票。

（3）填用配电带电作业工作票。

（4）填用低压工作票。

（5）填用配电故障紧急抢修单。

（6）使用其他书面记录或按口头、电话命令执行。

3．如何办理工作票延期手续？

答：办理工作票延期手续，应在工作票的有效期内，由工作负责人向工作许可人提出申请，得到同意后给予办理；不需要办理许可手续的配电第二种工作票，由工作负责人向工作票签发人提出申请，得到同意后给予办理。

4．电流互感器和电压互感器工作有哪些注意事项？

答：（1）电流互感器和电压互感器的二次绕组应有一点且仅有一点永久性的、可靠的保护接地。工作中，禁止将回路的永久接地点断开。

（2）在带电的电流互感器二次回路上工作，应采取措施防止电流互感器二次侧开路。短路电流互感器二次绕组，应使用短路片或短路线，禁止用导线缠绕。

（3）在带电的电压互感器二次回路上工作，应采取措施防止电压互感器二次侧短路或接地。接临时负载，应装设专用的隔离开关和熔断器。

（4）二次回路通电或耐压试验前，应通知运维人员和其他有关人员，并派专人到现场看守，检查二次回路及一次设备上确无人工作后，方可加压。

（5）电压互感器的二次回路通电试验时，应将二次回路断开，并取下电压互感器高压熔断器或拉开电压互感器一次隔离开关，防止由二次侧向一次侧反送电。

5．紧急救护的基本原则是什么？

答：紧急救护的基本原则是在现场采取积极措施，保护伤员的生命，减轻伤情，减少痛苦，并根据伤情需要，迅速与医疗急救中心（医疗部门）联系救治。

6．紧急救护时，现场工作人员应掌握哪些救护方法？

答：现场工作人员都应定期接受培训，学会紧急救护法，会正确解脱电源，会心肺复苏法，会止血、会包扎、会固定，会转移搬运伤员，会处理急救外伤或中毒等。

7．在配电线路和设备上工作，保证安全的组织措施有哪些？

答：现场勘察制度、工作票制度、工作许可制度、工作监护制度、工作间断、转移制度和工作终结制度。

8．在配电线路和设备上工作，保证安全的技术措施有哪些？

答：停电、验电、接地、悬挂标示牌和装设遮栏（围栏）。

9．就地使用遥控器操作断路器（开关）有哪些规定？

答：就地使用遥控器操作断路器（开关），遥控器的编码应与断路器（开关）编号唯一对应。操作前，应核对现场设备双重名称。遥控器应有闭锁功能，须在解锁后方可进行遥控操作。为防止误碰解锁按钮，应对遥控器采取必要的防护措施。

10．若在有分布式电源接入的低压配电网上停电工作，至少应采取哪些措施防止反送电？

答：接地、绝缘遮蔽和在断开点加锁。